사랑할 만한 삶이란
어떤 삶인가

KB149759

* 이 책에서 다룬 『선악의 저편』 인용문은 『선악의 저편』(박찬국 옮김, 아카넷, 2019)을 참조
했으며, 맥락에 따라 필자가 변용하여 사용했습니다.

사랑할 만한 삶이란
어떤 삶인가

니체의 눈으로 읽는 니체 - 『선악의 저편』

이
진
경

xbooks

차례

들어가며

이 책은 니체의 『선악의 저편』에 대한 강의를 엮은 것입니다. 『도덕의 계보』와 『차라투스트라는 이렇게 말했다』에 대한 강의가 이 강의와 이어져 있는데, 그것 또한 책으로 나오게 될 겁니다. 이 세 권의 책에 대한 강의는 2017년 3월에서 5월까지 〈수유너머n〉이 문을 닫고 새로 〈수유너머〉가 시작될 때, 두 개의 코뮌 사이에서, 그 몰락과 탄생 사이의 시간 속에서 했던 것입니다. 몰락과 탄생, 그것은 생성의 궤적들을 그리는 시간의 마디고, 그 마디의 두 끝이지요. 이는 탄생과 몰락을 그 짝으로 합니다. 몰락이기도 한 탄생, 그것이 바로 생성의 순간입니다. 그 순간을 통과하는 접선의 기울기에 따라 우리는 기뻐하기도 하고 슬퍼하기도 하며, 기대에 부풀기도 하고 실망하며 쪼그라들기도 합니다.

니체는 생성을 긍정할 것을 가르쳤습니다. 하지만 흔히 오해하듯, '생성의 긍정'이란 탄생의 찬사만은 아닙니다. 차라리 그것은 몰락의 긍정과 더 가까이 있어요. 탄생 속에서 몰락을 보고, 몰락 속에서 탄생을 보는 역설적 시선 속에서 생성은 긍정됩니다. 그런 점에서 이 강의는 몰락과 탄생이 교차하는 시간의 기울기 속에서 행해졌다는 점에서, 몰락 속에서 탄생을 보지만 또한 그 탄생이 몰락으로 끝날 것임을 애써 예상하며, 그 도래할 몰락 또한 새로운 탄생의 계기로 받아들이겠다는 조용한 다짐 속에서 행해졌다는 점에서, 니체가 말한 생성의 긍정 속에 있었다는 생각입니다.

우리 자신이 통과해야 했던 몰락과 탄생의 드라마 속에서 삶을, 하나의 공간 속에서 하나의 시간을 함께 산다는 것을, 어떻게 하면 좀 더 평온하게 긍정할 수 있을까 하는 것이 이 강의의 기본적인 문제의식입니다. 니체의 잘 알려진 말 '삶을 사랑하라!'라는 말에서 시작해 '삶을 사랑한다'는 것은 어떤 것인지를 좀 더 적극적으로 사유하고자 한 시도로 이해해 주었으면 하는 바람입니다. 미리 말씀드리자면, 삶을 사랑하라는 말은 그저 지금 내가 사는 삶을 긍정하라는 말이 아닙니다. 그건 차라리 **'사랑할 만한 삶을 살라!'**는 말입니다. 그렇기에 슬로건 같은 그 구호는 답이 아니라 물음으로 바뀌게 됩니다. '사랑할 만한 삶이란 대체 어떤 삶인가?'를 모른다면, 삶을 사랑할 수 없다는 말이 되기 때문입니다. 여러분도 저와 함께 니체를 읽으며 반복하여 물음을 던지게 되기를 바랍니다. "사랑할 만한 삶이란 어떤 삶인가?" 이 물음이 뇌리에 새겨진다면, 그리하여 **이 물음을 통**

해 여러분이 자신의 삶에 대해 통찰하게 된다면, 강의는 성공했다고 자평하려 합니다. 그 성공에 힘을 보태 주시길 부탁드립니다. 그리고 이와 같다고는 할 수 없는 독자적 주제를 갖게 될 다른 두 강의 또한 이런 문제의식과의 흔들리는 연속성 속에서 읽어 봐 주시길 부탁드립니다.

"삶을 사랑하라, 즉 사랑할 만한 삶을 살라!"

1. 필로비오스

이번에 니체 강의를 하는 것은 먼저 개인적인 목적이 있었음을 고백해야 할 듯합니다. 제가 어떻게 하면 좀 '편하게' 살 수 있을까 하는 것이 그것입니다. 어, 웃으셔야 하는데…^^ 정확한 말로는 코뮨, 익숙한 말로는 공동체라고 하지요. 이를 일단 같은 말이라 치고 이야기하자면, 〈수유너머〉에서 시작한 이 공동체를 우리는 스스로 '지식공동체'라고 정의합니다. 연구자, 학생뿐 아니라 활동가, 예술가, 주부, 회사원 등 아주 다른 분들이 드나들지만, 대체로 지식이나 '공부'에 관심을 갖고 그것을 통해 연결되며 그것과 관련된 활동이 주축이라는 의미에서 그리 말합니다. 제가 좀 편하게 살자 생각했다는 것은 이 지식공동체에 드나드시는 분들이 니체를 좀 읽어 주시면 제 인생이 편안해지겠다고 생각했다는 뜻입니다. 서로를 힘들게 하는 이런저런 일들이 없어지진 않아도 좀 줄어들거나, 아니면 그런 일이 발생했을 때 현명하게 처리하는 지혜 같은 것이 니체의 사유 안에 있다고 믿기 때문입니다. 그것의 요체는 무엇보다 여러분 자신이 편안하고 즐겁게 살아 주시는 겁니다. **여러분 각자가 편안하면,** 그와 만나고 그 옆에 있는 저도, 다른 사람도 편안해집니다. 옆에 갔을 때 편안함을 느끼게 되면, 우리는 내게 편안함을 주는 그 사람을 좋아하게 됩니다. 서로 편안하게 해주고, 좋아함을 얻게 되는 관계가 만들어지게 되지요. 그렇기에 이는 명시적 공동체뿐 아니라 누군가와 함께 만나고 교차하는 삶, 피할 수 없는 공동체성을 갖는 우리의 모든 삶에서 다들 좀 더 편안하게 살 수 있는 길이 아닐까 싶습니다.

아시다시피 공동체란 사람들이 모이는 곳입니다. 굉장히 다른 종류의 감각과 생각을 가진 사람들이 모여들고, 함께 생활을 하고 부딪치는 곳이지요. 그러다 보니 사람들이 모여 있는 곳이면 어디나 그렇듯, 마찰도 많고 불편한 일들이 적지 않게 생깁니다. 그런 것 때문에 갈등도 많이 일어나고 서로 반목하게 되기도 하며, 심하면 깨지기도 합니다. 지금도 그런데요, 얼마 안 되는 '인생'이지만, 벌써 몇 번째 깨지고 다시 만들고 하는 건지 모르겠습니다. 아무리 긍정하려 해도 힘든 건 힘든 것인지라, 몸도 그렇듯 공동체도 깨지고 흩어질 때마다 아프고 힘듭니다. 그래서 지쳐서 다시 시작하기를 포기하는 경우도 종종 있지요. 아주 자주 있다 해야 하나요? 어쨌든 저는 아직은, '그래도 한 번 더!' 하고 이 짓을 다시 시작하려 하고 있습니다만, 이럴 때마다 삶이 고달프다는 생각은 면할 길이 없네요.

다들 좋아서 모여, 좋은 거 하자고들 하는 것인데, 왜 이리 힘들까, 마찰이나 갈등이 없다면 얼마나 좋을까 싶은 생각도 들지요. 그러나 어디도 그렇듯 마찰이 없을 수는 없습니다. 마찰이 없기를 바라는 것 자체가 바보짓이지요. 다른 감각과 생각, 니체의 말을 빌리면 다른 호흡과 다른 속도를 가진 사람들이 만나서 함께 지내는데, 어떻게 마찰이 없을 것이며, 어떻게 서로를 충분히 이해할 수 있겠습니까. 소통과 이해를 말하지만, 사실 어디서든 이해는 정말 드물고, 대부분 오해 속에서 산다고 보아야 합니다. 오해야말로 우리의 생존조건입니다. 그러니 마찰들이 생길 수밖에 없습니다. 마찰 또한 생존조건입니다. 물고기에게 물이란 언제나 몸으로 밀고 나가야 하는 마찰의 장이지요. 물고기가 마찰 없는 삶을 바란다는 것은 물 없는 삶을 바란다는 말이지요. 우리의 공기도 그렇습니다. 중요한 것은 그러한 마찰들을 어떻게 넘어서는가입니다. 세상사에 마찰이 없을 수 없는데, 그러한 마찰에 어떻게 대처하고, 갈등을 어떻게 넘어서는가, 그게 사람들을 크게 갈라 놓습니다. 지금은 똑같은 길을 가는 것처럼 보여도 향후에는 아주 다른 길을 가게 되는 이유가 바로 그것입니다.

그런 마찰이나 갈등을 잘 넘어서는 방법을 흔히 '지혜'라고들 하지요. 니체 또한 이러한 갈등이나 마찰을 살아내고 그것을 넘어설 수 있는 '기술'을 제공합니다. 그러나 그것은 이런저런 일에 어떻게 대처하라는 식의 기술이 아니라, 그런 사태를 근본에서 포착하여 대처하는 방법이라 해야 할 듯합니다. 사실 사태는 언제나 다르게 발생하게 마련이니, 특정 사태에 대한 구체적이고 세세한 조언은 많은 경우 무력하고 통하지 않습니다. 핵심적인 것은 오히려 그 사태를 만들어 내는 힘과 그로 인해 촉발된 사람들의 '감정'을 포착하고, **그 사태나 감정 안에서 작동하는 힘의 질을**, 그 힘들의 관계를 읽어 내어, 힘의 관계를 어느 방향으로 바꿀 것인지를 파악하는 것일 겁니다. 이런 일에 익숙해지면 특별해 보이지 않는 사태에 대해서도 적절하게 대처하는 기술을 사용할 수 있게 됩니다. 이를 사고하고 다루는 데 니체가 중요한 자원이 된다고 저는 생각합니다. 제가 니체를 읽으면서 가장 많이 배운 것이 그런 점이고, 여러분들도 니체를 읽으면서 그런 것들을 배우실 수 있으면 좋지 않을까 하는 생각입니다.

　여기에 설마 니체를 모르시는 분은 없겠지요? 니체를 좀 읽어 보셨나요? 많든 적든 조금은 읽어 보셨죠? 학교에서 강의를 하며 물어 보니 니체라는 이름을 모르는 사람은 없지만 니체를 읽어 본 사람은 의외로 별로 없더라고요. 그래도 여기 강의 들으러 오신 분들은 차라투스트라가 어떤 인물인지 대략은 알고 계시지 않을까 싶습니다. 조금이나마 읽어 보셨으면 아시겠지만 니체의 얘기들은 대체로 읽기 쉽게 쓰여졌습니다. 칸트처럼 읽기 힘들게 쓴 책에 대해 니체는 머리를 노쇠하게 하는 책이라고 비판하기도 하지요. 그래서 거꾸로 철학과에서 전공을 하기에는 너무 가벼워서, 십 년 전쯤 한 후배에게 들은 건데, 대학원 가서 니체를 전공하겠다고 했더니 주변 동료들이 '좀 더 진지한 걸 하는 게 어떠냐'는 반응을 보였다고 해요.

　그런데 역으로 이로 인해 니체는 어쩌면 가장 어려울 수 있는 철학자이기도 합니다. 글이 어렵지 않으니 일단 책 속으로 들어가긴 쉬운데, 들어가선 길을 잃기 쉽고, 많은 경우에 단편들로 끊어져 있는 데다 직접적 비판대상이 너무 뚜렷해 오히려 전체적인 문제설정을 보기 어렵기 때문입니다. 들뢰즈/가타리 식으로 말해 '분열적인' 사고란 어떤 것인지를 경험할 수 있는데, 그러다 보니 단편화된 글들을 어떻게 읽어 내는가, 어떻게 배열을 하는가에 따라 아주 다른 해석들이 나올 수 있습니다. 그래도 전체적인 문제의식을 읽어내기 좋은 책은 아마 『선악의 저편』과 『도덕의 계보』일 겁니다. 『선악의 저편』은 적어도 주제에 따라 분류한 글의 논지를 충분히 개진하고 있으며, 『도덕의 계보』는 논문처럼 명확한 주제에 대해 일관되게 다루기 때문입니다. 그래서 니체 자신도 자기 철학에 들어오는 입문서로 이 책들을 권하기도 했지요.

　니체는 자기가 이 세상에 너무 일찍 왔다고 한탄했다고 하지요. 200년은 지나야 자신이 이해될 것이라고 했다고도 해요. 하지만 사람들은 생각보다 훨씬 빨리 니체를 주목했고, 또 생각한 기간보다 빨리 니체를 진지하게 해석한 저작들이 나옵니다. 여러 가지 해석 중에 가장 중요하다고 여겨지는 해석이 두 가지 있는데, 양자가 아주 다른 방향을 향해 있습니다. 하나는 하이데거의 니체인데, 1961년에 두 권으로 출판된 『니체』(박찬국 옮김, 길)에 그 해석이 집약되어 있지만, 그 이전에도 이미 잘 알려져 있었지요. 가령 1950년 출간된 『숲길』(신상희 옮김, 나남)에 실린 논문 「"신은 죽었다"는 니체의 말」, 1954년에 출간된 『강연과 논문』(이기상 외 옮김, 이학사)에 실린 글 「형이상학의 극복」과 「니체의 차라투스트라는 누구인가?」가 그것입니다.

간단히 요약하면 하이데거는 '힘에의 의지'라는 니체의 개념은 의지 자체를 의지하는 것을 요체로 한다는 점에서 '의지에의 의지'를 드러낸다고 하지요. 이 힘에의 의지는 모든 '존재자'의 본질에 대한 개념이고, '동일한 것의 영원회귀'는 그런 본질의 존재자가 '존재'하는 방식이며, 이런 식의 존재방식을 통해 인간을 넘어서는 자가 '초인'이라는 겁니다. 존재자를 지배하고 명령하려는 의지를 향한 의지는 그가 보기에 과학기술의 발전을 통해 존재자를 지배하고 통제하려는 근대 형이상학의 기획과 연장선상에 있고, 그것을 정초해 주고 있으며, 그런 점에서 니체의 사상은 형이상학 비판을 전면에 내세우고 있지만 그것을 극복한 것이 아니라 '마지막'—단지 순서상 끝을 뜻하지 않습니다 — 형이상학이었다는 것입니다. 최후의 형이상학, 아니 궁극의 형이상학이라는 의미일 겁니다.

다른 하나는 들뢰즈의 해석인데, 하이데거의 『니체』가 나온 다음 해인 1962년에 출간되었습니다. 들뢰즈의 니체 해석은 이후 『차이와 반복』에서 좀 더 발전된 형태로 나타나는데, 그 요체는 '영원회귀'를 존재의 일의성에 대한 존재론적 사유로 해석하는 것입니다. 하이데거가 강조하는 '동일한 것'의 되돌아옴은, 즉 되돌아오는 것의 '동일함'은 일의적인 '존재'로 해석되는 점에선 일견 유사해 보이는데, 그 되돌아옴이 언제나 '차이'의 되돌아옴임을 강조한다는 점에서 많이 다릅니다. 되돌아옴이 반복이라면, 그 반복은 차이의 반복이라는 겁니다. 또한 힘에의 의지는 세상을 지배하려는 존재자——특히 '인간'——의 의지 같은 것이 아니라 물리적이고 생물학적인 힘과 관련하여 그것을 방향짓는 미분적인 성분으로 해석됩니다.

두 해석 모두 이런 식의 요약으로는 이해하기 어려울 겁니다. 이에·대해서는 나중에 다시 상세하게 다룰 기회가 있을 테니, 이런 게 있다는 걸 언급하는 정도에 그치고 넘어가기로 하지요. 이번 강의의 목적은 일단 니체에 대한 이런저런 해석을 소개하는 것이 아니라, 앞서 말씀드렸듯이 니체적인 방식으로 산다는 건 어떤 것인가 하는 물음이니까요. '삶을 사랑하는' 방법, '사랑할 만한 삶을 알아보는' 방법 말입니다. 그 방법을 알게 된다면, 일단 삶이 많이 편해질 거라고 저는 확신합니다. 그렇게 주변에 있는 분들이 다들 능동적이고 긍정적인 방식으로 살았으면 하는 바람입니다. 그러면 아마 그 옆에서 부딪치며 사는 제 삶 또한 편안해질 겁니다. 이 강의는 그렇게, 여러분 덕에 나도 좀 편하게 살고 싶다는 개인적 '저의'에서 시작된 겁니다.

강의 소개하는 글을 쓰면서도 '필로비오스'(philobios)라는 말을 만들어서 썼습니다. 이 강의의 주제는 다르게 말하면 필로비오스라고 요약할 수 있다는 생각에서입니다. 아시겠지만 철학을 뜻하는 그리스어 '필로소피아'(philosophia)를 변형시켜 만든 말입니다. 지혜를 뜻하는 '소피아'(sophia) 대신에 '비오스'(bios)란 말을 집어넣은 거지요. 비오스는 삶이나 생명을 뜻하는 '라이프(life), 비(vie), 레벤(leben)'에 해당하는 그리스어입니다. 'biology'(생물학)의 어원이 된 말이지요. '사랑'을 뜻하는 '필로스'(philos)와 합치면 '삶에 대한 사랑'을 뜻하는 말이됩니다. 이젠 잘 알려져 있듯이, 니체는 '아모르파티'(amor fati)라는 말로 자신이 하고자 한 사유를 요약한 적이 있는데, 이는종종 '운명애'라고 번역되기도 하지만, '삶을 사랑하라'는 말로이해하는 것이 적절하리라는 생각입니다. 필로비오스는 이런생각을 하나의 단어로 축약해 주는 말이자 우리가 지금 니체를읽으려는 관점을 요약해 주는 말인 셈이지요.

좀 더 부연하자면, 『반시대적 고찰』에서 니체는 철학이 근대에 이르러서 **삶에서 분리된 '교양'**이 되어 버렸다고 비판합니다. 그러나 근대에만 그랬다고 보기는 어렵지 않나 싶어요. 어쩌면 '소피스트'(sophist)에 대한 비판 속에서 '소피아'(sophia)로부터 철학이 떠나 버린 사태를 겨냥한 말로 바꾸어 이해하는것이 좋을 듯합니다. 소크라테스 이후의 그리스 철학에 대해 니체가 비판했다는 사실은 잘 알려져 있는데, 이 비판에 조금 전에 말한 내용 또한 포함되어 있다 해야 하지 않나 싶습니다. 소피스트들은 삶을 사랑하는 기술을 가르쳤다고 합니다. 그런 기술을 어떤 이들은 '처세'라고 말하지요. 맞습니다. 지혜란 삶을살아가는 올바른 처세의 방법입니다. 단지 세상에 순응하고 돈을 벌고 출세하라는 의미의 처세가 아니라 세상을 사는 방법이란 말 그대로의 의미에서 말입니다. 어쨌건 소크라테스는 삶을 사는 방법 내지 기술로서의 필로소피아를, 불변의 본질에 대한 사유로 바꾸어 버렸지요.

이는 물음을 던지는 방식의 차이로 드러납니다. 소크라테스는 '어떻게'(How) 살아야 하는가 하는 질문을 '무엇인가'(What is)라는 질문으로 바꾸어 버립니다. 가령 '아름다움이란 무엇인가?'는 본성을 묻는 질문입니다. 어떤 조건에서 어떤 것이 아름다운지, 어떻게 해야 아름답다는 느낌을 산출하는지 같은 것이 아니라, 그런 '사례'들과 무관한 아름다움의 본성 자체, 어떤 조건이든 상관없이 아름답다고 느끼게 하는 본성을 묻는 질문입니다. 소크라테스의 이런 질문 방식에는 감각적인 것이나 현세적인 것 혹은 표면적인 것들로부터 벗어나서 현실 — '조건'이란 말의 다른 표현이지요 — 저편에 있는 것, 표면 밑에 있는 것, 혹은 심층에 있는 것들을 찾으라고 요구하는 명령어들이 함축되어 있었던 것입니다. 이것이 플라톤주의라고 부르는 사고방식, 혹은 형이상학이라고 부르는 서구의 오랜 전통적 사고틀을 형성하게 되었고, 철학은 바로 이런 사유의 방식에 갇히게 됩니다. 삶과 분리된 '교양', 아니 삶과 분리된 사유가 되어 버린 거지요.

물론 그런다고 삶과 분리될 수만은 없는 것이어서, 그렇게 분리된 방식으로, 불변의 본질에 대한 질문을 통해 삶에 개입하고 삶을 규정하는 사유가 되었다 해야 더 정확할 겁니다. 그 결과 이제 삶은 헛된 표면에 지나지 않는 것이 되어 버렸고, 진리란, 혹은 삶의 진실은 우리 눈에 보이지 않는 어떤 것들을 찾아 가려는 시도들을 통해서만 얻을 수 있는 것이 됩니다. 이런 식으로 철학은 삶으로부터 점점 더 멀어지게 되어 버린 게 아닌가 싶습니다. 필로소피아라는 말이 확립되는 과정이 아이러니하게도 삶의 소피아(지혜)로부터 철학이 멀어져 갔던 과정이었던 셈이죠. 그런 점에서 이 '멀어짐'이란 단지 거리의 양이 증가함을 뜻한다기보다는 차라리 접근불가능한 간극을 표현하는 말이고, 그 저편을 향해 '건너가 버림'을 뜻하는 말이라 하겠습니다. 삶의 저편, 혹은 삶의 가변성의 근저에 있는 불변성, 혹은 표면의 밑에 있는 심층이란 아무리 가까이 있어도 저편에 있는 것이겠지요. 따라서 필로소피아라고 하는 것을 소피아, 즉 삶의 기술, 삶의 지혜에 되돌려 주는 것, 삶을 위해서 되돌려 주는 것이 필요하다는 것이 철학을 하면서 니체가 가지고 있던 가장 기본적인 문제의식이었을 거라고 저는 믿습니다.

니체는 첫 저작인 『비극의 탄생』(1872)을 내고 몇 년 후에 「자기비판에의 시도」(1886)라는 서문을 붙입니다. 니체 책을 읽겠다고 하면서 가장 많이 읽는 책 중 하나인데, 정작 니체는 그 책이 바그너적이고 쇼펜하우어적이라고 하여 거리를 두지요. 그 서문에서 니체는 자신이 "학문을 예술의 광학으로 바라보고, 예술은 삶의 광학으로 바라본다"라고 쓴 적이 있어요(『비극의 탄생·반시대적 고찰』, 이진우 옮김, 책세상, 2005, 12쪽). 이는 그가 생각하는 '위계'를 보여 주는 말입니다. 학문보다는 예술이, 예술보다는 삶이 더 일차적인 지위를 갖는다는 말이지요. 니체가 말하는 '위계'는 흔히 그 말에서 떠올리는 '나쁜' 의미가 아니라, 반대로 좋은 의미의 높낮이와 관련된 말입니다. 고귀함의 정도가 그가 말하는 위계입니다. 좀 더 높이 있는 게 좀 더 고귀하고 좋은 것이란 말이지요. 좋은 학문은 예술의 광학을 요구하고, 좋은 예술은 삶의 광학을 요구한다는 말이지요.

　니체는 종종 '학문'을 저급한 지식으로 취급하고, 학자들을 바보로 취급합니다. 왜 그랬을까요? 학문이라고 하는 것들은 불변성, 보편성, 법칙성 같은 것들을 찾지 않습니까? 그런데 그렇게 보편적인 것, 모든 것에 공통된 것들치고 정작 소중한 것은 별로 없다는 겁니다. 대개는 누구나 쉽게 알 수 있는 것, 별거 아닌 것이기 마련이라고 해요. 가령 여기 계신 분들의 공통점을 추려 보면, 눈은 둘이요 코는 하나고 얼굴은 둥글고 등을 꼽을 수 있지요. 이는 모든 인간에 공통된 것입니다. 그러나 이런 거 안다고, 여기 있는 분들에 대해, 혹은 인간에 대해 대단한 것을 아는 건 아닙니다. 실은 몰라도 큰 지장 없는 것들이지요. 더욱이 그런 것들은 보편적이고 객관적인 방식으로 다루어야 하기에, 조건이나 상황에 따라 달라져야 할 것들을 놓치거나 보지 못하게 하기 십상입니다. 이 때문에 '어떻게 살 것인가' 하는 문제와는 거리가 멀고, 그나마 관계가 있는 것도 객관적으로, 즉 조건이 요구하는 것이나 그 조건 속에 있는 사람과 관계없는 식으로 서술하는 방식을 취하게 됩니다. 따지고 보면 데카르트나 칸트처럼 난감하게 쓰인 책들도 삶과 결코 무관하지는 않지요. 사실 이들은 삶에 대한 얘기를 하고 있는 것이지만, 삶에 대한 이야기를 굉장히 보편적이고 객관적인 방식으로 하려 하기에, 공허한 보편성을 말하거나 중요한 것이 보이지 않는 방식으로 쓰여집니다.

반면에 예술이라고 하는 것은 어디에나 있는 것, 어디에나 공통된 것 같은 걸 추구하지 않습니다. 철학자나 과학자 같은 사람들은 남들이 동의하는 것에 기초해 다시 모두가 동의할 수 있는 보편적인 것을 추구하지만, 예술가들이 그런 것들을 했다가는 예술가로서 생존하기 힘들죠. 남들 안 하는 것을 해야 하고, 공통된 것에서 이탈하는 것을 해야 합니다. 무엇인가 끊임없이 새로운 것들을 창안하는 방식으로 해야 하는 게 예술가의 숙명이지요. 불변성에서 가변성으로, 보존에서 창조로, 안주에서 이탈로 가는 것 말입니다. 예술의 광학으로 학문을 본다 함은 이처럼 중요한 것을 보존하는 자가 아니라 새로운 것을 창안하는 자, 주어진 것과 다른 것을 생산하는 자의 관점에서 보고 생각함을 뜻합니다. 학문이라고 하는 것도 새로운 것들을 창안하고 창조하고 남다른 것을 할 수 있는 방식, 기존의 영토에 안주하는 게 아니라 그로부터 이탈하여 다른 영토를 만들어 내려는 태도, 새로운 삶의 영역을 만들어 내고 새로운 것을 창조하는 방식으로 해야 한다는 얘기를 하려는 것이겠지요.

그런데 니체는 거기서 멈추지 않습니다. 예술을 삶의 광학으로 보아야 한다고 하지요. 어떤 삶을 살 것인가, 어떻게 하면 좀 더 좋은 삶을 살도록 촉발할 것인가, 지배적인 삶의 방식과 다른 새로운 삶의 방식은 무엇인가라는 관점에서 예술을 보아야 한다는 말이겠죠. 이런 점에서 사실은 삶이라고 하는 것, 그게 니체의 글에서 가장 밑바탕 혹은 가장 전면에 또는 지반에 자리 잡고 있는 것이라 이야기해도 틀리지 않을 겁니다. 결국 철학이란 본질적으로 좋은 삶의 생산을 촉발하는 지식 내지 '학문'이어야 한다는 말입니다.

이런 입장에서 니체는 언제나 가치에 대해 묻습니다. 삶은 언제나 가치를 묻는 과정이라 할 수 있습니다. 어떤 가치가 있는지 묻는 것이고, 어떤 의미가 있는지 묻는 것입니다. 저 옷을 사려 한다고? 왜 그걸 사려는 건데, 즉 넌 거기서 어떤 가치를 발견한 건데? 니체를 읽으려 한다고? 왜 그걸 읽으려는 건데, 즉 니체에게서 무얼 얻고자 하는 건데? 이런 질문이, '옷을 사고 싶어', '니체를 읽고 싶어'라는 판단에 숨어 있거나, 아니면 던져지지 않은 채 각자의 선택에 따라 부지 중에 실행되고 있는 거지요. 이는 어떤 말이나 대상, 행위나 감각 등에 대해 '어떤 것인데?'(Which one?)라는 질문을 던지는 것이기도 합니다. 어떤 옷이고, 어떤 책이고, 어떤 음식이고, 어떤 미감, 어떤 진리인지를 묻는 것 말입니다. 그 옷의 가치, 그 책의 가치, 그 음식의 가치, 그 미감의 가치, 그 진리의 가치를 묻는 겁니다. 그 옷이나 책, 미감이나 진리로 무엇을 하려는 것인지, 무엇을 하게 되는지를 묻는 것이고, 그것들을 하고 읽고 추구하게 하는 것이 무엇인지를 묻는 겁니다.

학문이나 지식, 예술에 대해서도, 또한 삶에 대해서도 우리는 늘 물어야 합니다. 예술이라고 하는데, 그게 어떤 예술

(Which art)인지, 철학이라면 그게 어떤 철학(which philoso-phy)인지, 과학이라면 어떤 과학(which science)인지를 물어야 합니다. 묻지 않으면 부지 중에 거기 함축된 가치들을 따라가고 실행하게 됩니다. 삶의 광학이 일차적이라 함은 이 모든 물음 중 그것들이 어떤 삶을 살게 하는지 묻는 게 일차적임을 뜻합니다. 즉 그 모든 것에 대해서 '삶의 관점에서 평가를 하라!'는 것이 니체가 저 말을 통해 하려는 이야기입니다. '어떤 삶인가?'를 묻는 것은 '좋은 삶'을 위한 것인지를 묻는 것입니다. 그 모두가 삶을 사랑하기 위한 질문이라 할 수 있습니다. 올바른 철학, 아니 좋은 철학이란 이렇게 '삶을 사랑하라!'라는 요구에 부합하는 철학일 겁니다. 그러니 예술이나 철학, 학문을 보면 '삶을 사랑하게 하는 예술, 삶을 사랑하게 하는 철학, 삶을 사랑하게 하는 학문'인지를 물으라는 것이고, 예술이나 철학을 하려면 그렇게 삶을 사랑하게 하는 예술이나 학문을 하라는 말입니다. 필로비오스란 그런 점에서 이런 니체의 문제의식에 딱 들어맞는 이름이란 생각인데, 그렇지 않나요?^^

칸트적인 어법으로 말하면, '삶을 사랑하라!'는 일종의 니체적인 '정언명령'입니다. 정언명령이란 무조건적 명령, 절대적인 명령이자 지고의 명령입니다. 무조건적인 것을 형이상학이라 비판하는 이에게 어울리는 말인가 싶겠지만, 니체의 이 말이 보편적 도덕법칙을 말하거나 누구나 어떤 조건에서나 직접적으로 실행할 구체적인 행동의 양상을 표시하는 것은 아니란 점에서 칸트적인 '도덕형이상학'의 명령은 아닙니다. 하지만 형이상학이 아니라는 것이 사유든 창안이든 아무것이든 좋다, 아무데나 가도 좋다는 말은 아닙니다. 때마다 다르게 치는 파도 속에서 항로를 찾아갈 방향은 있어야 하고, 방향을 잡는 나침반도 있어야 합니다. 어떤 생각도 전제 없이는 불가능하지요.

문제는 나름의 전제가 아니라 보편적 법칙이라고 믿는 것, 전제에 대해 생각해 보지 않고 따라가는 것이지요. 살아 있는 것은 삶을 지속하려 하고, 좀 더 고양된 능력으로, 좀 더 좋은 삶을 살려고 하게 마련입니다. 삶을 사랑하라는 말은 그런 생명의 '자연적' 본성을 긍정하라는 말입니다. 생명이란 끊임없이 변하는 것인데, 그 가변성을 덧없다 생각하여 불변성의 피안을 추구하려는 고상한 형이상학에 대한 비판의 언명이지요. 삶을 사랑하는 방법은 조건에 따라 달라지기에 조건에 따라 다르게 살라는 말입니다. 정언명령이지만 보편법칙과는 다른 종류의 정언명령이지요.

그런데 '삶을 사랑하라'라는 말도 사람마다 해석하는 방식이 많이 다릅니다. 왜냐하면 그 말이 뚝 떨어져 있는 하나의 문장이어서 여러 가지 해석이 열려 있기 때문이지요. '운명애'라고 번역되기도 하는데, 그렇게 되면 자신의 삶을 운명으로 알고 받아들이라는 말처럼 해석될 수 있습니다. '운명'이란 말은 흔히 정해진 채 주어지는 삶을 뜻하는 것으로, 어떻게 해도 피할 수 없는 '필연적인 것'으로 이해되기 때문인데, 이렇게 되면 이 말은 마치 숙명론자의 정언명령처럼 되어 버립니다. 니체의 사상과는 반대되는 것으로 해석되는 거지요. 반면 운명이란 피할 수 없는 것, 내 뜻대로 안 되는 것 정도로 해석한다면, 운명이란 말은 필연적인 것과 반대로 '우연적인 것'을 뜻할 수도 있습니다. 우연적인 것, 뜻대로 되지 않는 것도 피할 수 없기는 마찬가지니까요. 이렇게 되면 우연에 대한 니체의 생각과 크게 멀지는 않다 하겠습니다만, 저 말이 단지 우연이나 뜻대로 안 되는 걸 받아들이란 말이 되면, 되는 대로, 흘러가는 대로 살라는 걸 뜻한다고 생각하기 쉽습니다. 이것도 니체의 사상과는 거리가 멀다는 생각입니다.

그래서 저는 '운명애'라는 말은 니체가 하려던 말을 담기 어려운 번역이라 생각합니다. 그렇기에 '파티'(fati)란 말이 '운명'(fate)을 뜻하지만, 오히려 피안 아닌 차안의 '삶'(vita)을 뜻하는 것으로 해석하는 게 좋지 않을까 싶습니다. '아모르'(amor)는 '사랑하다'(amare)와 상관적인 명사니까, '아모르 파티'(amor fati)란 '삶에 대한 사랑'이 될 터인데, 이를 동사적으로 풀어서 '삶을 사랑하라!'라는 문장으로 번역하는 게 좋다는 생각입니다. '아마 비타!'(ama vita)라고 다시 쓸 수도 있겠지요. 이렇게 되면 이 문장은 니체가 저 많은 글들을 통해 하고자 했던 말을 집약해서 표현하는 '슬로건'이 됩니다.

그러나 '삶을 사랑하라!'로 번역해도 여전히 문제는 남습니다. 차안적인 삶, 현실적인 삶을 사랑하라는 말이니, 지금 현재 사는 삶을 사랑하라는 말로 해석될 수 있기 때문입니다. 그저 그것뿐이라면 저렇게 많은 책을 쓰고 많은 말을 하며 좋은 삶을 가르칠 이유가 없겠지요. 다시 말해 삶을 사랑하라는 말은 배고플 때 밥 먹고, 외로울 때 연애하고, 먹고살기 위해 돈을 벌고 하는 현행의 삶을 사랑하라는 말이 아닙니다. 그런 것이라면 굳이 철학이란 이름으로 따로 말할 필요도 없습니다. 다들 그런 삶을 너무나 사랑하지 않습니까? 진리를 찾겠다고 공부하는 삶, 미를 찾겠다고 이상의 나래를 펴는 삶을 사랑하라는 것도 아닙니다. 그건 니체가 하지 말라고 말리는 삶이지요.

전에 『벽암록』을 보니 질문에 대답이 있고, 대답에 질문이 있다는 말이 자주 나오더군요. 대답을 보면 물음을 던지고, 물음을 보면 답을 찾으라는 말이겠지요. 『벽암록』의 원오(圓悟) 선사가 그랬듯이, 이 말은 답에 대해 질문하라는 말입니다. 질문에서 답을 찾는 것은 쉽고 흔히 하지만, 답에서 질문을 찾는 것은 어렵고 잘 하지 않지요. 그런데 진짜 중요한 능력은 **답에서 질문을 찾는 능력**입니다. 삶을 사랑하라는 말은 이처럼 답을 던짐으로써 물음을 던지는 문장이라고 생각합니다. 어떤 질문을 던지는 대답이란 말입니다. 삶을 사랑하라지만, 삶에 대해 '어떤 삶'을 묻는 사람이라면, 당연히 어떤 삶을 사랑하라는 말인가 다시 물어야 합니다. 즉 삶을 사랑하라는 저 단언적인 문장은 '어떤 삶이 사랑할 만한 삶인가?'라는 질문을 던지는 문장입니다. 그 질문이 없으면 그것은 무의미하거나 엉뚱한 얘기가 됩니다.

요컨대 '삶을 사랑하라'라는 명령은 '사랑할 만한 삶을 살아라!'는 뜻이고, '어떤 것이 사랑할 만한 삶인가?', '지금 너는 사랑할 만한 삶을 살고 있는가?', '지금 네가 하려는 것은 사랑할 만한 삶을 향한 것인가?'를 항상 물으라는 명령문입니다. 이는 니체가 철학을 삶으로 되돌려 놓기 위해 자기자신에게 던졌던 질문이기도 합니다. 그가 쓴 많은 글들은 바로 이런 질문을 스스로 던지며 찾은 것입니다. 사랑할 만한 삶을 사유하는 데 필요한 지적 자원들을 니체는 이 텍스트들을 통해 제공하고 있는 것입니다.

그런 점에서 사랑할 만한 삶이란 도대체 어떤 것인가? 이것이 니체의 물음이라고 저는 이해합니다. 그 물음을 자신이 풀어야 할 '문제'로 정립할 때 출현하는 철학이 필로비오스라 할 수 있지요. 그것은 삶을 사랑하는 기술일 것이고, 사랑할 만한 삶을 사는 기술일 겁니다. 니체의 책을 읽어 보면, 온 세상의 온갖 일, 온갖 생각이나 태도에 대해서 '참견'하고 비판하고 제안하는데, 이는 바로 필로비오스의 맥락에서 이해되어야 할 겁니다. 그게 정말 삶을 사랑하게 하는 것인지, 그게 말하는 삶이 정말 사랑할 만한 삶인지를 계속 망치로 두들겨 보고 씹어 보고 갈라 보고 하는 겁니다. 이제 저는 이런 문제설정 속에서 니체를 다시 읽어 보면 좋겠다는 생각으로 강의를 해보려 합니다. 함께 니체를 읽으며 사랑할 만한 삶, 그런 삶을 사랑하는 기술들을 같이 찾고, 어떤 식으로 살아갈 것인가를 반복하여 묻는 시간이 되었으면 합니다.

2. 니체의 책들

니체는 1879년 건강이 나빠져 강의를 중단했고 끝내 학교를 그만
두게 됩니다. 이후 건강은 더욱 악화되어 거의 죽기 직전까지 갔다
고 해요. 그때 유언장도 썼다고 하지요. 주요 내용은 자신의 관은
친구들한테만 잡게 하라는 거였답니다. 가족에 대한 거리감이 느
껴지는 유언이지요? 하지만 다행히 살아나서 유언장이 무효가 됐
는데, 그때 이전과 이후 작품이 굉장히 달라졌다고 합니다. 특히
1881년 질스마리아 호숫가를 산책하다가 영원회귀 사상의 '습격'
을 받았다고 하지요. 이후로 그의 저작은 아주 다른 색조와 내용을
갖게 된다고 하는데, 『즐거운 학문』과 『차라투스트라는 이렇게 말
했다』(이하 『차라투스트라』)는 이 사건 이후 아주 빠르게 씌어진 책
입니다. 또 그 사상을 이론적으로 집약할 책을 쓰기 위한 계획을 세
우고 몇 번을 고쳐가며 거기 들어갈 원고를 쓰는데, 이 책은 생전에
는 나오지 못하고, 누이와 매제가 니체 사후에 그의 원고를 '정리'
하여 『힘에의 의지』(Wille zur Macht)를 출판하지요. 한국에선 예
전에 『권력에의 의지』(강수남 옮김, 청하, 1988)라고 번역되어 출판
되었습니다.

　　여기서 권력은 흔히 정치에 대해 말하며 사용하는 권력이
아니고, 권력에의 의지도, 권력을 추구하려는 의지도 아닙니다.
『권력에의 의지』 번역자는 이를 지적하면서도 '마흐트'(Macht)
를 '권력'이라 번역한 것은, 그 원고에서 함께 사용되는, 물리적
힘을 뜻하는 '크라프트'(Kraft)와 구별하기 위해서였다고 썼더

군요. 한나 아렌트는 어디선가 마흐트(Macht)란 말이 가능성을 뜻하는 '뫼글리히카이트'(Möglichkeit)와 가깝다고 지적한 적 있는데, 권력보다는 '능력'이라고 번역했으면 오해가 줄었을 텐데 싶은 생각이 듭니다. 프랑스어 번역본의 제목은 '볼롱테 두 퓌상스'(Volonté de puissance), 즉 '능력에의 의지'라고 되어 있습니다. 나중에 우리도 Kraft와 Macht란 개념이 동시에 등장하는 경우를 보게 될 텐데, 이를 생각하면 지금 '힘에의 의지'라고 번역되는 말을 '능력에의 의지'라고 하면 어떨까 싶기도 합니다. 하지만 나중에 보겠지만, 이 의지의 개념은 능력뿐 아니라 물리적인 것을 포함해 넓은 의미의 힘과 결부된 개념이기도 합니다. 힘인 의지, 힘에 의해 추동되는 의지, 혹은 힘을 향해 작용하는 의지 같은 게 함축되어 있는 '의지'입니다. 그래서 힘에의 의지로 번역하여 사용할 텐데, 줄여서 의지라고 쓰는 경우도 있을 겁니다. 이때에도 니체에게 '의지'란 언제나 '힘에의 의지'란 개념이니 그렇게 읽어 주시길 부탁드립니다.

질스마리아에서의 그 '사건' 직전에 씌어진 『서광』도 후기의 니체 사상에 포함시키기도 합니다만, 이 책은 그보다는 전에 고병권 선생이 쓴 책 제목처럼 '언더그라운드'에서(고병권, 『언더그라운드 니체』, 천년의상상, 2014), 지하의 어둠, 죽음에 근접해 가는 병의 어둠 속에서 씌어진 책이고, 후기의 니체를 준비한 책이라고 해야 하겠지요. 전에 알튀세르는 바슐라르의 개념을 빌려 맑스의 사상 안에 '인식론적 단절'이 있다고 하면서 1844년에 쓴 『경제학·철학 초고』까지의 저작과 1845년의 『독일 이데올로기』 이후의 저작 사이에 단절의 선을 그은 바 있지요. 1845년 이전 저작을 청년기 맑스, 이후의 저작을 성숙기 맑스라고 구별한 뒤, "청년기 맑스는 맑스주의에 속하지 않는다"며 맑스의 사상에서 분리했지요(알튀세르, 『마르크스를 위하여』, 서관모 옮김, 후마니타스, 2017).

대가들, 대사상가들은 많은 경우, 사유의 발전에서 '단절'까지는 아니어도, 어떤 불연속성이나 비약 같은 게 있습니다. 초년의 생각이 끝까지 갔다고 하면 그 사람을 대가라고 보기는 조금 어렵겠지요. 청년시절의 문제의식을 변함없이 견지했다는 것은, 사상의 변화가 그만큼 없었단 뜻이니 말입니다. 그런 점에서 보면 니체 역시 '성숙기 니체'와 그 이전의 니체를 구별할 수 있는 셈인데, 니체를 읽는다면 역시 성숙기 니체의 광학을 통해서 읽어야 하지 않을까 싶습니다.

앞서 말했듯이 니체를 읽겠다고 하면 보통 『비극의 탄생』부터 읽기 시작하는데, 이 책은 니체 자신이 「자기비판에의 시도」라는 서문을 붙인 데서 보이듯, 니체적인 책이 아닙니다. 책 자체도 바그너에게 헌정된 것이고, 내용에서도 바그너와 쇼펜하우어의 영향이 두드러지지요. 가령 디오니소스적인 것과 아폴론적인 것의 대비가 그 책 전체를 관통한다는 건 잘 알려진 사실인데, 디오니소스적인 것은 '본능적 의지'에 속하고 아폴론적인 것은 '표상'에 속한다고 하지요. '의지'와 '표상'을 대비했던 쇼펜하우어 사상의 영향을 여기서 엿볼 수 있습니다.

니체는 바그너와 결별하며, 바그너 비판을 위해 『바그너의 경우』, 『니체 대 바그너』라는 두 권의 책을 썼습니다. 그렇다면 이 경우 니체 사유의 비약은 '단절'이라 해도 과언이 아닐 겁니다. 쇼펜하우어와의 '단절'도 강조할 필요가 있는데, 『선악의 저편』에서 니체는 쇼펜하우어의 의지 개념을 명시적으로 비판합니다. 그러면서도 '힘에의 의지', 줄여서 '의지'라는 개념을 어쩌면 가장 중심적인 개념으로 사용합니다. 이때 쇼펜하우어의 핵심 개념인 '의지'와 니체가 말하는 '의지', 즉 '힘에의 의지'가 어떻게 다른지를 이해하지 못하면, 니체는 다시 쇼펜하우어의 사상으로 되돌아가고 맙니다. 나의 의지, 유기체의 의지 안에서조차 수많은 다른 의지들이 부딪치며 흘러간다는 것, 그게 바로 니체가 의지라는 말을 사용할 때 쇼펜하우어와 근본적으로 다른 점입니다. 나중에 기회가 있으면 말씀드리겠지만, 이는 하이데거의 니체와 들뢰즈의 니체가 어떻게 다른가를 이해하는 데도 중요합니다. 들뢰즈가 말하는 '분열자'나 '욕망의 다양체' 같은 말은 바로 이런 니체의 의지 개념과 직결되어 있습니다.

『선악의 저편』과 『도덕의 계보』는 앞서 말씀드린 것처럼 아포리즘이나 단편들로 된 책과 달리 사유의 흐름을 쭉 따라갈 수 있어서, 그의 문제설정이나 사유의 방향을 포착하는 데 중요합니다. '사건'과 '단절' 이후 성숙기 니체의 사유를 전체적으로 포착하는 데 가장 적절한 책이란 생각입니다. 니체가 자신의 사상을 이해하고 싶다면 이 두 책부터 읽으라고 권한 이유이지요. 다만 이 책에서는 그 사건으로 찾아왔다는 '영원회귀' 사상을 읽을 수 없습니다. 그것은 사건 직후에 쓴 『즐거운 학문』의 마지막 부분에 처음 등장하고, 이후 미친듯한 속도로 씌어진 『차라투스트라』에서 문학적 형상으로 등장합니다. 힘에의 의지나 영원회귀가 좀 더 이론적 서술의 형태로 등장하는 것은 사후 출판된 『힘에의 의지』에서였습니다. 그래서 일단 『선악의 저편』과 『도덕의 계보』, 그리고 『차라투스트라』를 따라가면서 그의 사상을 필로비오스의 광학으로 읽어 보고, 나중에 기회가 되면 『힘에의 의지』를 통해 그의 사유를 좀 더 이론적으로 밀고 나가는 해석을 시도해 볼까 합니다.

제1장

철학자들의 편견,
아니 우리들의 필연적 편견에 대하여

1. 진리와 필연적 무지

『선악의 저편』 서문의 첫 문장은 질문으로 시작합니다. 대단히 인상적인 질문입니다. "진리를 여자라고 가정한다면, 어떻게 될까?" 왜 이런 질문을 던지는 걸까요?

아시다시피 학자들이나 철학자들이 진리를 굉장히 열심히 찾습니다. 강박적으로, 만약 다른 걸 그렇게 찾는다면 병이라고 할 만큼 소름끼칠 진지함을 갖고 말이죠. 만약 누군가가 여러분을 이렇게 찾고자 한다면, 여러분은 자기를 찾는 이 사람에 대해서 어떻게 생각하실 것 같나요? '그리 열심히 나를 찾아 주다니, 고마워!'라고 할까요? 그럴 것 같지 않지요? 술래잡기를 한다면 술래가 나를 찾아 줘야지 게임이 되고, 나의 존재도 의미가 있게 되긴 하지만, 그래도 술래가 이렇게 강박적으로 나를 찾는다면 좀 섬뜩하지 않을까요?

진리를 찾으려는 욕망을 '진리에의 의지'라고 할 수 있을 겁니다. 달리 말하면 숨은 진실을 찾으려는 의지지요. 그 의지가 이렇듯 심상치 않을 때, 우리는 그 의지에 대해 '이거, 뭐지?' 하고 묻게 됩니다. 그러나 찾는 게 진리일 때는 묻지 않고 당연하게 여깁니다. 방금 읽은 서문에서의 질문은 이런 물음 속으로 우리를 끌고 갑니다. '진리에의 의지', 좀 더 확장해서 '알려는 의지'에 대해 니체는 물음을 던지고 있는 겁니다. 푸코는 이 물음을 역사적 형태로 변환하여 다시 던지지요. 아시겠지만 그의 책『성의 역사』1권의 부제는 '볼롱테 뒤 사부아'(Volonté de savoir), '진리에의 의지'입니다.『힘에의 의지』(*Volonté de puissance*)를 살짝 비틀어 쓴 제목인데, 나중에『도덕의 계보』에 대해 말할 때 다시 나오겠지만, 현대과학에서 금욕주의적 이상에 대해 비판할 때 최종적인 논점으로 등장하는 것이 바로 이 '진리에의 의지'입니다. 푸코의 책은 이 개념을 약간 변형시켜, 사람들의 성욕이나 성생활에 대해 알려는 19세기 서양인들의 의지를 다룬 책입니다. 정신과 의사들이 그걸 앞장서 추동했지요. 강력한 금욕의 시대인 빅토리아 시대, 금욕의 시대라고는 하지만 그 시대는 성에 대한 보고서와 출판물들, 이른바 '담론'이 폭발적으로 증가한 시대기도 합니다. 푸코는 이런 출판물의 증가 속에서 '알려는 의지'를 포착한 겁니다. 왜 저렇게까지 사람들의 성에 대해, 그 내밀한 속내를 알고자 했던 것일까? 저 집요한 의지를 통해 어떤 일이 벌어지게 된 것일까? 이런 점에서 니체 말대로 하면 '진리에의 의지'를 문제화하는 책이니, 표제 이상으로 내용 또한 니체적이라 하겠지요?

우리는 대개 감추어진 것에 대한 반감을 갖고 있는 듯합니다. 숨겨진 것은 모두 드러나야 한다고 믿지요. 이런 믿음이 진리에 대한 저 강박적 추구를 당연시하게 하는 것 같습니다. 숨김없이 모든 것이 드러나도록 찾아내야 할 것, 그게 진리고 진실이라는 거지요. 철학자도 그렇고 과학자도 그렇고 그 점에선 우리 모두가 하나지요. 그러나 만약 진리가 여성이라면 어떨까? 자신에 대해 모든 것을 알고자 덤벼들고, 자신이 알아낸 것을 모두 드러내려는 사람에 대해 어떻게 생각할까요? 요즘이라면 스토커 혹은 신상터는 사람들을 떠올리게 하지 않나요? 사적인 것이라 안 된다고 하시려나요? 사생활이나 사적인 정보는 털면 안 되고, 사물이나 사태의 진실, 세상의 진리는 남은 먼지가 없도록 탈탈 털어야 한다고 해도 좋을까요? 사적인 것과 공적인 것이 얼마나 어떻게 구별될지 모르지만, 사물이나 사태의 '사생활'은 보호받지 않아도 좋을 걸까요? 그건 우리 생각, 맘편한 인간들 생각 아닐까요? 사물이라면 '뭔 소리야?' 할 것 같으니, 동물이나 식물이라면 어떻겠냐고 다시 묻지요. 그들도 감추고 싶은 것이 있고, 드러내고 싶지 않은 게 있지 않을까요? 더구나 인간의 눈에 들면 그들의 생존도 죽음도 모두 인간 손에 좌지우지되는데 말입니다.

그 집요한 진지함 못지 않게 불편한 것은 어설픈 자신감입니다. 진리를 모두 다 찾아내 드러내 주겠다는 자신감. 여성들에게 이런 식으로 접근했다가는 백전백패, 실패하기 마련일 겁니다. 성별을 바꾸어도 마찬가지일 텐데, 여성들은 이런 집요함이나 자신감을 갖고 있지 않거나 적어도 드러내고 표현하지는 않는 듯합니다. 내려놓고 물러서는 태도가 남성에 비해 더 강하지 않나 싶은데, 아, 오해라고요?^^ 오해든 편견이든, 이런 이미지의 차이가 유포되어 있음은 사실인 듯하고, 그래서 니체는 진리를 여성에 비유하는 일이 많은 듯합니다.

앞서의 질문으로 니체가 또한 묻는 것은, 무엇에 대한 것이든 '진리'가 세세하게 드러날 때, 그렇게 낱낱이 하나하나 들춰내어질 때 진리는 기분이 어떨까 하는 겁니다. 짜증나지 않을까, 쪽팔리지 않을까? 그러면서 진리라는 것을 꼭 그런 식으로 다뤄야겠느냐고 반문합니다. 어떨까요? 진리에 대한 생각을 확 깨놓는 아이러니한 물음 아닌가요? 더불어 그는 여기서 또 하나 근본적 물음을 던집니다. **"진리를 찾아야 한다는 생각은 진리일까?"** 어때요, 진리일까요? 우리는 대부분 진리일 것이라 믿고 있지만, 누구도 이것이 진리임을 증명한 적은 없습니다. 그 믿음이 강해서 증명은커녕 질문조차 하지 않고 있는 겁니다.

이와 마찬가지 형식의 질문을 그는 다른 것에 대해서도 합니다. 가령 **"도덕적이어야 한다는 그 주장은 도덕적인가?"** '도덕적이어야 한다'라는 생각 역시 널리 공유되어 있죠. 그런데 그런 생각 내지 주장이 도덕적인가는 증명된 적도, 누군가 증명하려 한 적도 없습니다. 그저 당연하다고 가정하고 있을 뿐이죠.

위 질문을 통해 니체는 도덕의 기반에 대해서 도덕의 이름으로 질문을 하고 있는 거죠. 미(美)라는 것도 그렇죠? **"아름다워야 한다는 주장은 아름다운가?"** 그렇게 말할 수는 없습니다. 보다시 피 딱히 아름답다고 할 문장이 아닙니다. 이 문장보다는 차라리 "오늘 네가 아름답다면/ 죽은 여자 자라나는 머리카락 속에서 반짝이는 핀과 같고"(진은영, 「아름답다」) 같은 문장이 훨씬 더 아름답습니다. 아름다워야 한다는 주장은 아름다움을 요구하는 문장이지 아름다운 문장은 아닙니다. 차라리 요구란 없는 것을 청하는 것이라는 통념을 빌리면, 아름다움이 없으니 아름다움 을 요구하고 있는 거라고 해도 좋을 듯합니다. 진리도, 도덕도 그렇지요. 없어서 요구한다는 말이 더 그럴듯합니다.

이렇게 자신이 요구하는 것을 요구하는 것 자체에게 돌리 는 것만으로도 어떤 곤혹스러운 허공이 드러납니다. 근본을 이 루는 주장인데, 그 근본이 근본을 결하고 있음이. 사실 이렇게 따지고 들어가면 어떤 것도 '근본'이나 '근거'가 없음이 드러납 니다. 왜냐하면 최초의 언명이라고 하는 것은, 수학적인 공리조 차도 스스로를 정당화할 수 없기 때문이고, 그런 점에서 근거 (Grund) 같은 것은 없기 때문입니다. 오해하지 말 것은 근거가 없으니 문제라는 것도 아니고, 근거를 다시 마련하자는 건 더더 욱 아닙니다. 오히려 철학도, 과학도, 심지어 미학도 대개는 근 거 없이 하려 하고, **근거 없이 믿고 좋아한다**는 겁니다. "호랑이 를 왜 좋아하는지 몰라요"로 시작해 "이 시를 몰라요 너를 몰라 요 좋아요"로 끝나는 시(진은영, 「인식론」)에서처럼 우리는 몰라도 좋아하고 근거를 모르는 채 무언가를 하고 있는 겁니다.

이 시도 그렇지만, 근거 없이, 이유를 모르는 채 좋아하는 게 문제라는 게 아닙니다. 좋아하지만 이유가 없고, 행하지만 근거가 없음을 아는 게 중요합니다. 그러면 내가 좋아하는 걸 남들은 좋아하지 않을 수 있고, 내가 하는 것과 다른 걸 행할 수 있음에 마음이 열리게 됩니다. 이유를 모르지만 다른 이가 좋다는 걸 유심히 보고 나도 좋아할 수 있는지 묻게 되지요. 반면 좋아하는 것도, 선이나 진리를 찾는 것도 확고한 근거가 있다고 믿는다면, 그런 여지가 사라집니다. 남들도 이 확고한 걸 받아들이고 찾아야 하고 좋아해야 한다고 믿게 되지요. 도덕적으로 살라고, 진리를 찾으라고, 다 까놓으라 하게 됩니다. 이른바 '꼰대'로 가는 길이 거기서 시작되는 것인지도 모릅니다.

따지고 보면 근거가 없는데도 근거가 있다고 믿고, 진리를 찾는 것은 참이어서 그렇고, 도덕을 추구하는 것은 도덕적이어서 그렇다는 식의 가정이야말로 자신도 힘들게 하고 남들도 힘들게 할 수 있습니다. 그런 가정 속에서는 다른 생각이나 감각의 여지가 사라지고, 자신의 생각에 대해 물음을 던질 여지가 사라져 버립니다. '어떤 지식은 꼭 진리여야 한다'라고 할 때, '그 말은 진리야?'라고 물어보는 것은, 진리 아닌 지식은 모두 허황된 것이고 진리임을 입증할 수 없는 지식은 모두 '거짓'이니 폐기해야 한다는 생각에 대해 묻는 것입니다. 이럴 때에야 비로소 진리 아닌 이 지식이 왜 존재하게 되었는지, 이 지식은 사람들에게 어떤 효과를 주고 있는지를 생각할 수 있게 됩니다.

니체는 "진리 이상으로 오류가 훨씬 더 삶에 필요하고 유용하다"고 말합니다. 쉬운 얘기로 시작하면, 세상에는 잘 알아야 좋은 일도 있지만, 모르는 게 좋은 일도 있고, 몰라야 되는 일도 있습니다. 알아도 알려 주어선 안 되는 일, 상대가 내가 아는 걸 몰라야 하는 일도 있고, 그래서 알지만 모르는 척해야 하는 일도 있습니다. 흔히 진실을 알아야 한다고들 하고 그래서 무엇이든 최대한 알려고 하고, 아는 것에 대해선 이리저리 까발리는 경우가 많지요. 그러나 그렇게 다 까보면 아주 힘들어지는 경우가 많습니다. 없었을 수도 있을 불행한 사태가 시작되기도 합니다.

소통 또한 그렇습니다. 다들 소통이 원활해야 한다고 믿고, 그래서 '불통'이란 말로 소통 능력이 부족하거나 소통을 안 하려는 사람을 비난합니다. 그러나 가령 여러분들이 주변 이웃이나 친구에게 갖고 있는 생각이 모두 소통되어 그들 머릿속에 입력된다고 생각해 보세요. 얼마나 난감하겠습니까? 반대로 내 인근에 있는 사람, 특히 친한 사람이나 내가 좋아하는 사람의 생각이 다 소통되어 여러분 머릿속에 입력된다고 생각해 보세요. 어떨 것 같습니까? 역시 난감할 겁니다. 끝도 없이 번뇌에 시달릴 것이고, 믿을 만한 사람이 아무도 없을 겁니다. 모든 게 소통되고 알려지면 좋다고 생각을 하는데, 실제로는 전혀 안 그렇습니다. 다 알려지면 정말 힘들어집니다. 분란이 일어나고 곳곳에서 싸움이 벌어지고 서로 서운해서 삐지고 서로 꼴보기 싫어질 가능성이 큽니다. 얼마나 다행입니까, 남들이 내 생각을 다 알지 못하고, 내가 남들의 생각을 다 알지 못한다는 것.

서로를 충분히 모르고, 서로에 대해 알려지지 않은 사실이 있다는 것, 이것이 우리가 모여 살 수 있게 해주는 조건입니다. 이거 굉장히 중요합니다. 신문 보면 만날 소통이 필요하다고 하고, 불통은 무슨 악덕인 것처럼 이야기하는데, 다 소통돼 버리면 난리납니다. 소통이 되는가 안 되는가를 떠나서, 다 소통이 되면 좋을 것이라는 생각이 좋은 것인지, '충분히 소통된 생각인지' 생각해 보아야 합니다. 진리 이상으로 오류가, 혹은 무지가 삶에 훨씬 더 유용하다는 말은 이런 점에서 아주 타당한 말 아닌가요?

이걸 좀 더 진지하게 따져 봅시다. '인식'이 바로 그렇습니다. 기억력이 대단히 정확한 사람이 있었답니다. 소련에 루리아(Alexander Luria)라는 심리학자가 1920년대부터 30년간 연구해 보고한 사례인데요, 쉬리쉐브스키라는 이름을 가진 이 사람은 기억력이 너무 좋아서, 예를 들면 보르헤스의 소설 「기억의 천재 푸네스」에 나오는 푸네스처럼 하루 일을 기억하는 데 하루가 걸리는 사람에 가까웠던 모양입니다. 그런데 이 사람은 이 능력으로 인해 삶이 아주 힘들었다는데, 가령 아침에 본 사람을 저녁에 다시 만났을 때, 아침에 본 사람이랑 똑같은 인물인지를 알아보기 어려워했다고 해요. 안 그렇겠어요? 아주 달라진 겁니다. 옷도 달라지고 표정도. 그러니 그 두 얼굴이 '같은 사람의 얼굴'이라고 보기 힘든 거죠.

이는 사실 인공지능 개발자가 고생했던 문제 중에 하나이기도 해요. 시각센서로 왼쪽 얼굴과 정면 얼굴을 비추어 주고, 이게 같은 얼굴인지 알아보는 것, 인간에게는 쉬울지 몰라도 인공지능은 대단히 어려워한 과제입니다. 옆모습을 찍은 사진에는 눈이 하나고 코가 옆으로 솟아 있는데, 다른 한 장에는 눈이 둘이고 코는 위에서 아래로 모호하게 그어져 있는 거죠. 개와 고양이의 얼굴을 구별하는 것도 이제야 해결했다고 하는데, 그거보다 이게 더 어렵지 않을까요?

너무 '정확하게' 보면 조금 다르지만 비슷한 것을 모두 다르다고 판단하게 됩니다. 어떤 얼굴을 보고, 같은 얼굴이라고, 하나의 얼굴이라고 말하려면 대강 비슷한 것을 같다고 봐야 합니다. 이는 예컨대 동물의 생존에서 대단히 중요해요. 만약 토끼 몇 마리가 가다가 저쪽에서 늑대를 만났어요. 악하고 놀라 도망쳤는데, 한 놈은 잡아먹혀 버렸습니다. 그런데 그 다음에 또 어딜 가다 늑대 비슷한 놈을 만났을 때, 저게 그때 그 놈과 비슷하기는 한데 똑같진 않습니다. 그러면 저 놈이 어떤 놈인가를 그때부터 관찰하고 판단해야 합니다. 똑같지 않으니까 다른 일이 벌어지지 않을까 생각해 피하지 않는다면, 이 토끼는 영락없이 죽고 말 겁니다. 아주 다른 모습이어도 비슷하면 같다고 판단하고 얼른 달려야 합니다. 심지어 그것이 오판이었다 해도, 정확하게 보려는 토끼는 죽지만 오판한 토끼는 죽지 않을 수 있습니다.

살아남은 토끼의 판단은 '비슷한 것을 같다'라고 간주하는 것입니다. 엄격하고 냉정하게 말하면 거짓이고 오류죠. 동일하지 않은 것을 동일하다고 한 거니까요. 신 같은 철학자가 이를 본다면 말할 겁니다. "야, 걔는 저번의 그게 아니야!" 그러나 토끼 입장에서는 그게 중요하지 않습니다. 비슷한 것들을 하나로 간주해야 살 수 있습니다. "진리 이상으로 오류가 훨씬 더 생에 본질적이다"는 말이 확실하게 다가오지 않나요? 동일성이라고 하는 것이 모두 다 이렇습니다. 수업에서 출석 부르는 것에도 이런 '미스'가 포함되어 있습니다. 지난 시간에 온 사람들과 같은 이름으로 오늘도 출석을 부르지요. 그러나 지난 주의 홍길동과 이번 주의 홍길동은 같은 사람이 아닙니다. 생물학적으로 들여다보면 다른 세포적 구성을 가진 사람입니다. 하지만 같은 사람이라고 우리는 모두 가정하지요.

주민등록증을 꺼내 사진을 보면 좀 더 확연합니다. 오래 전에 찍은 사진이 붙은 그 증명서는 볼 때마다 어색하고 웃깁니다. 신분증은 영어로 'identity card'라고 하는데 사진 속의 인물이 자신과 'identical'(동일)하지 않아서 생기는 웃음이죠. 그럼에도 불구하고 'identity'(동일성)가 있다고 가정을 합니다. 그래야 현실적으로 생활을 할 수 있습니다. 이는 사실 동일성이라고 하는 것이 인위적으로 만들어진 허구임을 보여 주는 카드입니다. 그 거짓을 보지 않기로 결의한 증명서, 다른 사람을 같은 사람이라고 간주하기로 한 증명서지요.

언어가 바로 이렇습니다. 세상에 똑같은 두 장의 나뭇잎은 없다는 플리니우스의 말을 보르헤스는 종종 인용합니다. 그럼에도 그 다른 잎들을 '은행잎', '월계수잎' 등 하나의 이름으로

부르며 같은 잎으로 간주하지요. 토끼도 고양이도, 남자도 여자도 그렇습니다. 엄격하게 말하면 세상에 동일성은 없습니다. 다른 것들만, 차이들만 있지요. 다른 것들을 묶어서 같은 것으로 간주하는 오류는 어디에나 있습니다. 이런 것이 동일성을 만들어 내는 것입니다. 문제는 이러지 않으면 우리는 이름도 부르지 못한다는 겁니다.

이런 종류의 판단이나 관념, 지식을 저는 '필연적 무지' 내지 '필연적 허구'라고 부릅니다(이진경, 『불교를 철학하다』, 휴, 2016, 47쪽 이하). 우리는 이것을 철학적으로 좀 더 멀리 밀고 들어가야 합니다. 예컨대 하이데거도 그렇지만 해석학을 하는 사람들은 다들 우리가 의미의 '지평'을 공유하고 있다고 얘기합니다. 우리가 추석이나 설만 되면 애써 귀성하는 것은 유럽이나 아프리카 사람들이 보면 생소하겠지만, 우리에겐 자연스럽습니다. 반면 그들은 또 그들대로, 우리가 보면 낯설지만 그들에겐 자연스러운 것을 갖고 있습니다. 이 자연스러움은 공유된 것임을 뜻합니다. 자연스러운 범위만큼만 공유된 것입니다. 그리고 이 자연스러운 의미와 언어로 하나하나의 언행을 구성하고 생각을 합니다. 의미의 지반이자, 이해와 해석의 근간이 되는 이 자연스러운 것들을 '지평'(Horizont)이라고 합니다.

지평이란 대개 과거에 형성된 것입니다. 역사적 전통이 있는 것, 그 전통에 의해 형성된 것입니다. 우리는 그것에 발딛고 서서 생활하고, 우리의 시야는 그 지평선을 넘어가지 못합니다. 우리의 감각도, 우리의 미감도 거기 제한되어 있습니다. 하이데거는 존재의 의미조차 이 지평 안에서 찾습니다. 지평을 형성하는 것, 내가 발 딛고 서 있는 역사가 내게 보내는 '사명' 내지 '역사적 운명'이 존재의 목소리라고 하지요. 시끄러워 잘 안 들리고, 여러분이 관심이 없거나 잊고 있어서 안 들리지만, 잘 들어 보세요. 들리실 겁니다. "우리는 민족중흥의 역사적 사명을 띠고 이 땅에 태어났다. 조상의 빛난 얼을 오늘에 되살려…." 조국근대화의 역군이 되고, 붉은 마수로부터 조국을 지키기 위해 목숨을 걸고 총을 들 각오를 하라는 얘기… 아, 너무 오래된 존재의 목소리라고요? 하긴 그 목소리를 지평 밑에서 발성하시던 분께선 이미 돌아가신지 오래지요. 그래도 아직 그 목소리를 잊지 못해 태극기를 들고 매주 집회를 하시는 분들이 '저기' 있지요. 이래 보여도, 이 '국민교육헌장'은 하이데거주의자였던 박종홍이 쓴 '철학적' 헌장입니다. 국정철학 안 된 게 다행이지만, 생각보다 사람들의 '양식' 속에 흔히 퍼져 있는 철학입니다.

지평에 대한 이론을 흔히 '해석학'(hermeneutics)이라 합니다. 해석학에 따르면 우리는 의미의 지평 안에서 의미를 나눠 갖고 있고, 그 안에서 의미 있는 행위들이 이뤄지고, 심지어 역사적 사명과 그 속에서 존재가 보내는 역사의 목소리도 여기서 듣는다고 하죠. 그런데 그 지평이란 무엇일까요. 우리끼리 공유한 의미나 생각입니다. 다른 문화에 속한 사람이라면 '그렇게' 보지 않을 것을 '그렇게' 보게 해주는 것입니다. 그런 점에서 그건 일종의 허구죠. 내 주위 사람들이 공유하고 있는, 그래서 허구라고 생각하지 않는 허구. 우리들의 생각이나 사고가 어떤 지평에 기대고 있는 거라면 "우리들의 모든 생각은 허구에 기대고 있다"고 해야 하지 않나요? 그것은 나름의 이유와 유용성을 갖습니다. 필연적 무지에 속하는 거예요.

진실, 진상, 있는 그대로의 진실이란 무언가? 무상하게 변하는 카오스입니다. 지금 이 상태에도 우리는 계속 변하고 있지만, 같은 사람이라고 가정하지 않으면 접근할 수가 없습니다. 그 카오스라는 것은, 헤라클레이토스의 말대로 발을 넣은 순간 이미 지나가 버리는 흐름 같은 것이거든요. 그러니 그에 대한 지식은 허구입니다. 그게 진리라고 한다면, 각주구검(刻舟求劍), 즉 칼 떨어뜨린 자리를 뱃전에 새겨 두고 칼을 찾으려는 것과 다를 바 없습니다. 카오스의 흐름을 그대로 포착하기는 어쩌면 불가능합니다. 적당한 수준에서 멈추어 두곤, 그걸 공유하며 잠정적으로 옳다고 가정하는 겁니다. 그건 나름대로 유용합니다. 10년 정도 지나면 주민등록증의 얼굴은 남 보여 주기 쑥스럽습니다. 발급받고 1~2년은 자기 얼굴이라고 내밀 수 있지요. '대충' 비슷하기에 유용한 겁니다. 공유된 저 필연적 허구도 그렇습니다. 다만 오래되어도 그걸 같다고 하면 우스워지지요. 그럴 때 우리가 갖고 있는 지식이나 지평에 칼집을 내서 그 카오스의 흐름을 끌어들이고, 그에 따라 사진도 다시 찍고 지식도 변형시켜야 합니다. **그럴 때에만** 살아가는 데 피할 수 없는 허구는 유용한 허구일 수 있습니다. 그게 멈추면 유용하지 않고 유해한 허구가 됩니다.

그래서 니체는 진리를 찾는 이들에게, 그걸 찾기 전에 진리를 찾아야 한다는 생각이 정말 진리인지, 특정 지식이 진리여야 한다는 말이 진리인지를 묻고 두들겨 봅니다. 도덕적이어야 한다는 주장은 도덕적인 것인지 등에 대해서도 그렇게 합니다. 이런 의미에서 니체는 자신의 철학적 작업을 "망치를 가지고 두들겨 보는 것"이라고 말한 적이 있습니다. 『선악의 저편』이나 『도덕의 계보』는 사실 선악이라는 개념을 다루는 책이고, 선악의 개념에 기초한 도덕을 망치로 두들겨 보는 책입니다. 진리를 찾으란 말을 두들기며 시작했지만, 니체는 『진리의 저편』이나 『진리의 계보』 같은 책을 쓰는 대신 도덕에 대한 책을 반복해서 썼습니다. 도덕과 선악에 천착하는 이유에 대해 니체는 선악이나 도덕적 개념만큼 사람들의 삶에 크게 영향을 미치는 것이 없기 때문이라고 말한 적이 있어요. 그렇다면 선악의 도덕이 어떤 식으로 우리 삶에 영향을 미치는지, 그 방식은 어떠한지, 그리고 그 결과는 어땠는지야말로 가장 관심을 기울여야 할 대상이라 하겠지요. 물론 그것만이 삶에 영향을 미치는 것은 아니기에, 진리도, 아름다움도 수많은 다른 것들도 동시에 망치로 두들기며 검사해야 하겠지만 말입니다.

2. 철학자들의 편견에 대하여

『선악의 저편』 제1장은 '철학자들의 편견에 대하여'입니다. 편견은 독일어로 '포어우어타일'(Vorurteil)이지요. '포어'(vor)는 앞이란 뜻이고 '우어타일'(urteil)은 판단이라는 뜻입니다. 영어로는 '프레주디스'(prejudice)인데, 선입견이라고 흔히 번역하지만, 선(先)판단이란 뜻이지요. 판단 이전에 미리 하는 판단이 선판단입니다. 모든 판단은 판단 이전에 어떤 선판단을 하고 있으며, 그 선판단 안에서 판단합니다. 가령 앞서 한 이야기에서 "지식은 진리여야 한다"는, 진리임이 입증된 적 없지만 어느새 타당하다고, 진리라고 가정되어 버린 것이 '선판단'입니다. 우리의 모든 판단은 사실 선판단 위에서 내려집니다. 아무런 검토 없이 옳으리라고 믿는 선판단을 전제하고, 그것을 '근거'로 판단하지요. 해석학자들이 '지평'이라고 얘기를 한 것이나 푸코가 '에피스테메'나 '담론'이라고 명명한 것 등이 모두 판단의 근거가 되어 주는 선판단의 일종입니다.

선판단은 그것이 타당한지 물어지지 않을 뿐 아니라 거기서 벗어난 것을 부당함을 증명하는 절차 없이 쫓아냅니다. 예를 들면 경제학자들에게 가치를 갖는 것만 생산해야 하느냐, 왜 생산성이 낮으면 안 되냐 같은 걸 물으면, 그건 경제학 바깥의 얘기니 경제학 바깥으로 나가서 말하라고 할 겁니다. 성장률이 낮아져 발생하는 문제를 이야기하고 있는데 거기서 '꼭 성장을 해야 하나요?'라고 질문하면 황당한 표정을 짓습니다. 그거 역시 경제학 바깥에 있는 것이니 나가서 하라고 할 겁니다.

푸코가 '담론'을 문제화하는 이유는 이 때문입니다. 어떤 담론도 나름의 '질서'를 담론 자체에 내장하고 있어서, 거기서 벗어나는 것은 말해도 무시당하거나 축출당하기에 말할 수 없게 된다는 겁니다. 말할 수 있는 것과 없는 것이 담론 안에서 이미 분할되어 있으며, 그것이 담론의 질서를 형성하고 유지한다는 겁니다. 말할 수 있는 것은 의문 없이 옳다고 가정하고, 말할 수 없는 것은 증명 없이 무시되고 배제되는 거지요. 이런 것이 모두 선판단입니다. 지평이란 말도 선-판단이나 선-의미가 판단이나 해석의 전제란 점에서 선행조건이라고 말하는 건 동일합니다. 다만, 해석학에서는 그런 선판단이 이해나 해석의 가능 조건이라고 받아들인다면, 담론에 대해 말할 때 푸코는 그것을 말할 수 있는 것을 제한하는 권력의 작용이라고 보아 거부하고 전복하고자 한다는 점에서 다릅니다.

제 식으로 말하면, 지평이든 담론이든 에피스테메이든, 이런 것들은 모두 이 무상한 세계에서 살아가기 위한 유용한 무지, **집단적 무지의 체계**라고 할 수 있습니다. 선판단된 것 안에서 세상을 보려 한다는 점, 그 바깥을 보려 하지 않는다는 점에서 말입니다. 그렇기에 그 선판단을 묻지 않고 그 안에서 생각하고 판단하는 것은 아무리 유용해도 무지의 체계 안에 있는 겁니다. 푸코가 담론의 질서나 지식-권력을 비판하려는 것은, 그 무지의 체계를 벗어나기 위해서라 하겠습니다. 중요한 것은 담론이든 지평이든 **그 바깥을 보려 하는 것**입니다. 카오스의 어둠을 반복해서 안으로 불러들이고 그것을 통해 담론이나 지평을 해체하고 바꾸는 것입니다.

지평의 바깥을 보려는 자들은 언제나 있었습니다. 김시종은 『지평선』이라는 시집 서시(序詩)에서 시선이 닿는 곳 바깥을 보기 위해 '지평'이란 말을 끌어들입니다. 그런데 그 지평선이란 저 멀리, 가도 가도 도달할 수 없는 아득히 먼 곳에 있는 게 아니라 바로 내 발밑에 있다고 씁니다. 묻지 않기에 확고하다고 믿고 판단의 '근거'로 삼는 선판단들, 바로 그게 내 발밑에 있는 어둠이고 내 시선이 닿지 않는 곳이란 말입니다. 그것들에 대해 묻지 않을 때, 그것은 아득히 먼 지평 바깥, 도달할 수 없는 곳이 되지만, 물음을 던지기 시작하자마자 그것은 발밑의 어둠이 됩니다. 물론 그것은 발딛고 있는 것이 와해되는 사태를 뜻하기에 대개 피하고 싶어 하며, 바로 그래서 묻지 않고 넘어가는 것일 겁니다. 내 발밑에도 지평 바깥이 있다. 그 발밑을 보고 지평 바깥을 보자는 것이고, 그처럼 묻지 않고 보지 않는다면 우리는 이 집단적 무지로서의 지평 안에 갇혀 지낼 수밖에 없을 겁니다. 선판단들에 의해 형성된 집단적 무지, 유용한 무지에 대해 물음을 던지는 것은 우리가 알고 있는 것 바깥을 보려는 시도입니다. 진리나 진실이 있다면, 그건 차라리 이처럼 진리라고 믿는 것 바깥을 향해 갈 때 비로소 다가갈 수 있는 것 아닐까요?

니체 또한 이 선판단의 체계, 즉 집단적 무지에 대해 묻습니다. 하지만 그저 반박하고 뒤집는 방식으로 묻지는 않습니다. 오히려 왜 이런 무지가 발생했고 집단적으로 공유되었으며 진리란 이름으로 정당화되어 왔을까를 묻습니다. 이유는 그게 뭔가 유용했기 때문이라는 겁니다. 옳은지 그른지를 묻는 게 아니라 왜 그것이 발생하여 존속해 왔는지를 묻는 것, 그것이 바로 니체가 말하는 계보학적 물음입니다.

니체가 사용하는 비판의 방법, 혹은 니체의 사유방법을 '계보학'(genealogy)이라고 합니다. 그런데 genealogy는 정반대되는 두 가지 의미를 가질 수 있고, 그에 따라 다른 말로 번역될 수 있습니다. 하나는 족보 내지 족보학이라는 말에 상응하고, 다른 하나는 니체적 의미에서 계보학이라는 말에 상응합니다.

먼저, 족보 내지 족보학을 보지요. 족보라는 것은 나의 조상, 내 뒤에 있는 나의 조상을 드러내 보이기 위한 것입니다. 내 조상이 이렇게 탁월하다는 것을 보여 주기 위함입니다. 안 그런 경우 보신 적 있나요? 그래서 족보는 모두 훌륭한 사람을 기원이나 분기점으로 삼아 그들의 높은 지위나 훌륭한 업적을 옆에 기록해 둡니다. 후손들이 족보를 만들고 들먹이는 이유는, '내 뒤에 이렇게 든든한 사람이 있어'라며 자신의 후광으로 삼기 위해서입니다. 이는 대개 자기만으로는 남들에게 존재감을 주기에 충분치 못해서입니다. 자기 자신이 뛰어나거나 빛나는 사람들은 족보의 후광을 빌릴 필요가 없습니다. 자기만으로 남들에게 존재감을 주기에 충분하기 때문입니다. 그래서인지 탁월한 인물이 족보를 들어 자랑하는 경우는 별로 보지 못했습니다.

족보를 자랑한다면 자기만으론 무언가 부족하다고 느끼기 때문일 겁니다. 자긍심이 충분하지 못한 거죠. 그처럼 자신의 빛이 충분하지 못할 때, 남들한테 자신의 능력이나 힘, 존재감을 드러내고 남들에게 무시당하지 않으려면, '그래도 말이야 내 뒤에 이런 위대한 할배가 있어'라고 하는 겁니다. 자신의 한미함을 이렇게 뒤의 후광을 통해서 정당화하는 것입니다. 그래서 족보는 언제나 빛나는 사람들로 시작합니다. 족보가 유난히 발달한 한국은 이 덕분에 주민 대다수가 양반인 나라가 되었습니다. 자기가 '상놈의 자식'이라는 분 보셨나요? 주민의 거의 전부가 지배계급인 나라, 이 얼마나 놀라운 사회입니까.

니체가 말하는 계보학은 이와 비슷해 보이지만 정반대되는 것입니다. 족보나 기원을 들먹이며 스스로의 위대함을 자랑하면, '정말? 그럼 어디 한번 타고 올라가서 파보자'고 하는 겁니다. 그렇게 파헤쳐 놓곤 거기 있는 곤혹스러운 난점을 드러내어 '에이 이렇게 끔찍한 것이었잖아', '어머나, 조상이 이런 사람이었어?' 하게 만드는 겁니다. 가령 자신의 탄생을 신의 특별한 선택이라고 말하는 창세기는 일종의 족보라고 할 수 있습니다. 아담과 이브로부터 카인과 아벨 등으로 이어지는 조상들의 이름이 죽 나열되지요. 이런 식으로 우리는 다 신의 아들이라면서 지금의 자신 뒤에 있는 후광을 그리는 겁니다. '선민의식'이란 이 후광에 대한 순진한 믿음의 소산이지요.

계보학은 이렇게 내놓은 족보를 두고, 기원으로 거슬러 올라가는 겁니다. 신이 아담과 이브라는 한 쌍의 인간을 창조했다고? 그럼 아담과 이브가 낳은 자식들은 누구랑 결혼하지? 모두 한 부부의 자식이니 형제, 자매인데. 누이나 오빠와 결혼할 수밖에 없을 텐데, 그거 근친상간 아닌가? 어머니나 아버지와? 그건 더 난감한 근친상간인데… 근친상간을 피해 자식을 낳으려면 인간 아닌 짝을 선택하는 수밖에 없을 거 같은데….

어떤 창조 신화도 자신의 정통성과 유별남을 말하기 위한 것이라 오직 한 쌍의 인간을 창조했다고 하지요. 여러 쌍 창조했는데, 우리가 그중 하나야… 이런 창조신화는 없습니다. 그런데 바로 이 때문에 난감한 사태가 이어집니다. 태초에 한 쌍만 창조했다면 자신의 형제들, 혹은 엄마나 누이와 결혼을 해야 합니다. 근친상간을 피할 수 없습니다. 아, 단군신화처럼 동물과의 결혼을 말하는 방법도 있긴 합니다만, 정통성이나 탁월함, 선민의식 같은 건 포기해야 하는 해결책이지요. 성경에서는 어떻게 해결을 하는지 잘 모르겠는데, 이렇게 한 쌍의 인간을 만들었다고 하게 되면 신은 맹추 아니면 악마가 됩니다. 자신의 피조물의 자식들이 어떻게 될지도 생각하지 못한, 두 수 앞도 예상을 못한 맹추 아니면, 아마도 자신이 금지했을 근친상간을 면할 수 없게 한 악마가 되는 겁니다.

계보학은 이처럼 족보를 들어 자기 후광을 그리려는 것에 대해, 그게 너희의 자랑스러운 기원이냐고 묻는 것입니다. 족보학이 정당화의 방법이라면 계보학은 비판의 방법입니다. 발생과 기원으로 거슬러 올라가는 것은 똑같은데 정당화하는 것이 아니라 기원의 가치를 의문에 부쳐 버림으로써 현재의 가치마저 의심스럽게 만들어 버리는 것, 이런 게 니체가 말하는 계보학적 비판입니다. 이런 점에서 보면 맑스의 『자본』 1권은 계보학적 비판의 방식으로 씌어졌다 할 수 있습니다. 자본이란 잉여가치가 자본화된 것일 뿐이라는 반박에 대해, 애덤 스미스는 그래도 '태초의 자본', 이른바 '본원적 자본'이 있었기에 눈덩이가 그리 커질 수 있었던 것이라고 하지요. 이에 대해 맑스는 '그래?

그럼 그 본원적 자본이 어떻게 탄생했나 볼까?' 하며 탄생의 지점으로 거슬러 올라갑니다. 『자본』 1권의 마지막 부분에 자본주의 탄생지인 '본원적 자본'에 대한 서술이 있는 건 이런 이유에서지요. 그 탄생의 역사를 살펴보면 정말 끔찍합니다. '본원적 자본'이란 공동체를 파괴하고 공유지를 탈취하며 사람들을 토지로부터 내쫓아 무산자와 부랑자로 만드는 과정을 통해 형성된 것이라는 사실이 거기서 드러납니다.

이것은 단지 과거의 추한 역사를 들추기 위한 비판이 아닙니다. 지나간 것에 불과하다면 추하다고 비판해 봐야 의미가 없죠. 이는 오히려 현재를 비판하기 위한 것입니다. 현재 존재하는 어떤 것, 빛나는 얼굴을 하거나 스스로를 정당화하려는 어떤 것의 가치를 묻는 것입니다. 자본이 그렇게 끔찍한 발생의 역사를 갖고 있음을 드러내어, '자기 스스로 증식하는 화폐'라거나 남들을 고용해 주어 먹여 살리는 것이라는 식의 주장에 대해, 그건 고용 없이도 살 수 있는 조건을 파괴하고 횡탈했기 때문에 나타난 일임을 보여 주는 것이지요. 자본이나 자본주의의 현재를, 그 현재적 가치를 묻는 겁니다.

3. 투시주의

10절에서부터 반복해서 '관점주의'라는 개념이 나오지요. '페르스펙티비스무스'(perspectivismus)를 번역한 말입니다. '퍼스펙티브'(perspective)는 흔히 '전망'이란 말로 번역되기도 하지만, '투시법'을 뜻하기도 합니다. 이를 강조하기 위해 '전망주의'라고도 번역하고 어디는 '투시법주의'라고도 번역하지요. 여기서 염두에 두어야 할 것은 투시법입니다. 원래 perspective에서 '페르'(per)는 '잘'이라는 뜻이고, '스펙티브'(spective)의 어원인 '스페체레'(specere)는 '보다, 보이다'라는 뜻입니다. 이걸 합치면 '잘 보이다'라는 뜻이 되는데, 르네상스 이후 미술사나 건축사에서 중요한 위치를 갖는 재현방법을 뜻합니다. 미술사를 하시는 분들은 흔히 '원근법'이라고 번역을 하는데, 2차원 평면에 3차원의 원근감을 표시하는 방법이란 이유 때문에 그렇게 한 듯합니다. 물론 일본에서 번역된 것이 그대로 사용되고 있는 것이겠지요. 그래서 '퍼스펙티비즘'(perspectivism)을 원근법주의라고 번역한 경우도 보았습니다. 그런데 약간 따져 보자면 perspective를 원근법이라 번역하는 것은 그리 좋지 않다는 생각입니다. 이는 1425년에 브루넬레스키의 대중실험으로 알려졌고, 비슷한 시기에 마사초가 처음 이 기법을 이용해 그린 벽화가 지금도 피렌체의 산타마리아노벨라 성당에 남아 있지요. 퍼스펙티브 기법은 알베르티가 1435년 『회화에 대하여』에서 보여 준 것처럼 대상을 정확한 비례관계를 유지하면서 화면에 재현하는 기하학적 방법이며, 그럼으로써 2차원 평면에 3차원의 공간감(깊이감)을 만들어 내게 됩니다. 원근감은 거리에 따라 단축되는 비례관계를 통해 얻어지는 결과지요. 그런데 이 기하학적 방법 이외에도 원근감을 표시하는 방법이 또 있습니다. 즉 원근감은 이 기법에서 본질적인 것이 아니라 부차적인

것입니다. 더구나 원문인 perspective와는 아무 상관없는 번역어
란 점에서 과잉-의역이라 하겠습니다. 그래서 '잘 보인다'에 해당
하는 '투시'라는 말을 써서 투시법이라 번역하는 게 적절하다는
생각입니다.

　니체가 말하고자 하는 바를 고려하면 perspectivism 또한
'투시주의'로 번역하는 게 좋을 듯합니다. 왜냐하면 이 말로 표
현하려는 것은 '잘 보인다'와 관련되어 있기 때문입니다. '관점
주의'란 말은 단지 관점에 따라 세상이 달라 보인다거나 관점
에 따라 각자의 진리가 있다는 의미가 되어 자칫하면 소박한 상
대주의와 비슷한 게 되고 맙니다. 그러나 이 개념을 통해 니체
가 말하려는 것은 어쩌면 반대되는 것에 더 가까운 듯해요. 서
있는 입장에 따라 다르게 보이고, 보이는 것과 보이지 않는 것
이 달라지는데, 그러니 무언가를 잘 보려면 그것이 잘 보이는
입장에 설 줄 알아야 한다는 말이니까요. 가령 핸드폰 한 대를
두고도 디자인이나 미적 형태가 잘 보이는 관점이 있고, 상품
성이 잘 보이는 관점이 있으며, 기술적 기능이 잘 보이는 관점
이 있습니다. '장사꾼'의 관점이라 할 때, 대개 나쁜 의미로 쓰
이는 것은 다른 모든 것을 얼마나 팔릴지, 얼마나 돈이 될지에
종속시키기 때문이지만, 이는 역으로 돈이 되는 측면이 가장 잘
보이는 관점이란 뜻이기도 합니다. 그 관점에서 다른 측면들을
'소실선'에 따라 배열하여 보는 것이지요. 관점에 따라 달라 보
인다는 말을 포함하지만, 단지 그것만이 아니라 모든 관점은 각
자가 잘 보는 것, **거기서 잘 보이는 것이 있음**을 뜻하는 말이며,

그걸 중심으로 다른 것이 배열된다는 말입니다.

입장에 따라 잘 보이는 것, 혹은 진리가 달라진다는 말은, 진리를 상대화하기보다는 차라리 입장마다 상대화할 수 없는 나름의 진리가 있다는 말이니 차라리 절대주의에 가깝습니다. 다만 진리가 하나라는 생각은 거기에 없으니, 상대주의가 아니라 복수적(複數的)인 절대주의라고 하는 게 더 나을 거 같습니다. 이것이 상대주의하고 어떻게 다른지 잠시 생각해 볼까요? 아시다시피 태양의 주위를 지구가 빙빙 돌고 있지요. 1년에 한 바퀴 도는 것인데, 지금은 농부들도 그것을 잘 압니다. 그런데 우리도 그렇고 농부도 그렇고, 이 똑같은 사태를 계절이 바뀐다, 네 개의 계절이 순환한다고 표현합니다. 지구의 자전도 그렇지요. 밤낮이 바뀌는 것은 지구의 자전 때문이지만, 우리는 이를 해가 뜨고 진다고 표현하죠. 해가 뜨고 지는 것은 지구의 자전을 몰랐을 때의 판단이니 오류입니다. 계절이 순환한다고 하는 것도 과학적으로 보면 지구의 공전으로 바꾸어 표현해야 더 정확할 겁니다. 지구의 공전에 따른 부수 현상 중의 하나인 거니까요. 그런데 농사짓는 사람이라면 어떨까요? 태양의 주위를 타원의 궤도로 지구가 빙빙 돈다. 이걸 아는 것이 농사짓는 사람에게 무슨 의미가 있을까요? 이거 가지고 농사를 지을 수 있을까요? 그렇지 않을 겁니다. 과학적 판단보다 '계절의 변화'라고 말하는 것이 농부의 삶에서 훨씬 더 중요합니다. 그런 의미에서 농사짓는 사람의 입장에서는 계절의 순환이라고 하는 것이 더 좋은 관점(perspective)일 겁니다. 다시 말해 농부의 투시법(perspective) 속에서 지구의 공전은 큰 의미가 없고 대신 계절의 순환이 중요한 의미를 갖는다는 겁니다. 물론 NASA에 있는 사람들이라면 반대지요. 그들에겐 계절의 순환은 아무 의미가 없습니다. 지구와 행성의 공전궤도가 중요하죠.

자전은 더 그렇습니다. 해가 뜨고 지는 것은 해가 도는 것이란 관념을 함축하니, 과학적 사실과 다릅니다. '틀린 말'이지요. 그러나 우리의 일상생활에선 지구의 자전이란 별 의미가 없습니다. 아침이면 해가 뜨고 저녁이면 지는 게 중요하죠. 그런 점에서 계절의 순환도, 해가 뜨고 지는 것도 그렇게 '볼' 충분한 이유가 있습니다. 농부의 삶이나 우리의 일상에선 그게 '해'를 잘 보는 방법이란 겁니다. 그것은 '무지'지만 유용한 무지고, 삶으로 인해 피할 수 없는 무지지요. 그래서 그리 오랫동안 지속되어 온 지식이고, 자전 공전을 잘 아는 지금도 여전히 사용되는 '지식'인 거지요. 나사에 근무하는 사람도, 퇴근 후의 일상에선 마찬가지일 겁니다. 나름대로 다 진리라는 게 아니라, 어느 입장에 서는가에 따라 옳은 것과 그른 것, 유용한 지식과 그렇지 않은 지식이 이렇게 달라지지요. 이런 게 퍼스펙티비즘이란 말의 중요한 함축입니다. 그래서 저는 '관점주의'보다는 '투시주의'가 더 좋은 번역어란 생각입니다. perspective는 '잘 보인다'는 뜻이니 불편한 어감을 감수하면서까지 굳이 '투시법주의'라 할 이유는 없을 것 같습니다.

니체의 책에 나오는 개구리 얘기도 좋은 예로 보입니다. 60년대 초에 발견된 것인데, 개구리는 우리와 아주 다른 '퍼스펙티브'를 갖고 있습니다. 개구리는 제가 가만히 멈춰 서 있으면 보지 못합니다. 움직이면 비로소 볼 수 있지요. 이를 아는 이들은 종종 개구리의 눈을 비웃습니다. "개구리는 안 움직이는 건 못 본대." 자신의 눈과 비교하며 개구리의 무능력을 비웃는 거지요. 그러나 이는 자신의 시야에서 개구리의 눈을 본 것에 불과합니다. 개구리의 관점에 서 보지 못한 겁니다. 개구리의 투시법을 모르고 있는 겁니다. 개구리 입장에 서 보세요. 멈춰 있는 것들은 안 보이고 움직이는 것들만 보이는 게 개구리가 사는 데 훨씬 유용하지 않겠어요? 날아가는 파리를 잡아야 하는데, 배경에 여러 가지가 있으면 정확히 식별하여 포착하기 힘들 겁니다. 반면 정지된 것이 안 보이면, 파리나 모기를 잡아 본 분은 아시겠지만, 흰 벽을 배경으로 하면 잡기 쉽습니다. 개구리는 날아가는 파리나 모기를 혀만으로도 잡지만, 우리는 파리채 없이는 잘 못 잡습니다.

애초에는 정지된 것도 잘 보는 개구리도 있었을지 모릅니다. 그러나 그 친구들은 다른 넘들보다 생존에 불리한 눈을 갖고 있었기에 모두 일찍 죽어 버리지 않았을까요? 그 결과 정지된 것을 안 보는 눈으로 진화한 것이겠지요. 즉 개구리의 입장에선 그게 더 진화된 눈이고 잘 보이게 해주는 투시법이란 겁니다. 따라서 정지된 것을 보지 못한다고 개구리를 조롱하는 것은 우리 눈에 보이는 것을 기준으로 개구리를 보는 겁니다. 인간의 투시법 안에서 개구리를 본 겁니다. 개구리가 들으면 웃을 일이죠. 개구리의 눈이나 시각능력에 대해 평하려면 개구리의 투시법 안에서 보고 판단해야 합니다.

반대로 우리는 식물이 움직이지 못하는 것을 비웃으며, 움직이지 못하는 사람을 '식물인간'이라고 말합니다. 그러나 식물이 안 움직이는 것은 움직이지 않아도 생존할 수 있는 탁월한 능력이 있기 때문이지요. 그게 안 돼서 우리는 '먹이를 찾아 산기슭을 어슬렁거리는 하이에나'처럼 살고 있는 거 아닌가요? 식물들이 '보기엔' 먹이를 찾아 아등바등 싸돌아다니는 인간이 우스워 보일 수도 있지 않을까요? 우리는 이처럼 인간의 투시법 안에 개구리도, 식물도, 잠자리도 넣고 보지요. 이건 인간인 한 '당연한 것'이고 나름대로 이유가 있는 것이지만, 정확한 것도 아니고 유용한 것도 아닙니다. 인간의 투시법 안에 있다고 해서 인간적인 판단이 모두 옳은 게 아니란 말입니다. 그런 점에서 각자의 투시법 속에서 본다는 것은, 그렇기에 옳은 것도 있고, 그렇기에 틀린 것도 있습니다. 즉 투시주의란 판단이나 지식의 타당성을 입장에 귀속시키는 상대주의만을 뜻하는 게 아니라, 입장에 따라 달라지는 시야와 **진리의 복수성**을, 또한 그로 인해 발생하는 무지, **그 무지의 유용성과 허구성 모두**를 포함하는 것입니다.

따라서 투시법에는 다른 것과 구별되는 입장으로 인해 남들이 보지 못하는 면을 보게 해주는 지점이 있지만, 동시에 그 투시법 고유의 사각(死角)과 왜곡, 불가피한 무지가 있음을 보아야 합니다. 인간의 투시법 안에서 우리는 인간이기에 때론 허구조차 유용함을 알아야 하고, 역으로 인간이기에 발생하는 '인간적인, 너무나 인간적인' 생각들을 비판적으로 볼 수 있어야 합니다. 바로 이것이 투시주의란 말에서 우리가 배워야 할 것 아닐까 합니다. 무언가가 유난히 잘 보이고, 언제나 그것만이 잘 보인다면, 그만큼 안 보이는 것이 있음을 알아야 합니다. '내가 도대체 어디에 서 있는 걸까?'를 다시 물어야 합니다. 누가 입은 옷을 보면서 얼마 짜리인지가 잘 보인다면, 음식을 볼 때마다 이건 어디에 좋은 것인지가 잘 보인다면, 내가 어떤 입장에서 세상을 보고 있는지, 또 살고 있는지를 스스로 물어야 합니다. 거기에선 안 보이는 게 무엇일까 물어야 합니다. 비어 있는 땅을 보면 여긴 무얼 지어야 할까를 고민하는 분들, 어떤 일을 해도 최대한 빨리, 효율적으로 하려는 분들도 마찬가지지요. '네가 그 얘기를 하면서 그게 꼭 필요하다고 주장을 하는데, 어디에 서 있길래 그런 얘기를 하는 건지 한번 따져 보자'라고 니체가 질문을 던지는 것은 바로 이 때문입니다. 이는 어떤 주장을 그것이 발딛고 있는 계급적 입장으로 소급하여 묻는 맑스주의적 질문과 유사하기도 한데, 차이는 니체라면 프롤레타리아의 입장이 진리나 타당성의 유일한 담보라는 말을 웃어넘길 것이란 사실입니다. 어느 입장도 잘 보이는 게 있는 만큼 바로 그로 인해 안 보이는 사각이 있고 필연적 무지가 있으며, 어떤 이유 ―옳든 그르든― 로 인해 그 무지를 지속하려는 경향이 있다는 겁니다.

그러니 투시주의는 각자 입장마다 잘 보이는 곳이 있으니 참견하지 말고 두자는 식의 발상과는 아무 상관이 없습니다. 상대주의와 자유주의가 취하는 입장이 바로 이것이지요. 이것이야말로 가장 소박한 오해입니다. 내가 어떤 입장에 서 있고 어떤 투시법 속에 있는지를 본다는 것은, **자신이 보는 것, 자신의 판단에 대해 끊임없이 묻는 것**입니다. 내 판단은 무엇에 연원하고, 어떤 입장을 '근거'로 삼는지, 그런 입장에 서는 것이 지금 타당한지, 그 입장에 서기에 안 보이는 것이 무엇인지, 어떤 것만 잘 보고 있는지, 그럼으로써 가려지는 것은 무엇인지 등을 묻는 것입니다. 이는 자신뿐만 아니라 타인에 대해서도 마찬가지라 하겠지요.

2장 33절에 나오는 희생정신 비판을 이런 맥락에서 읽을 수 있을 겁니다. 희생이란 자신의 손실, 때로는 목숨 같이 소중한 것의 손실임에도 사람들이 여기 빠져드는 것은 이런 감정에 어떤 감미로움과 매력이 있기 때문 아닌가 니체는 묻습니다. 그런 점에서 희생이란 일종의 유혹 같은 것 아닌가라고. 결국 자기희생마저 단순히 남을 위한 희생만은 아니란 겁니다. 나의 감정적 즐거움이 있다는 것이고, 그래서 "오히려 경계할 것을 요구한다"고 합니다.

사실 나를 위한 것과 남을 위한 희생, 좀 더 간단히 말하면 이기심과 이타심이란 게 흔히 생각하듯 선명히 대립되는 것도 아닙니다. 남을 위한 희생에 나를 위한 감정적 쾌감이 있는 것처럼 나를 위한 이기적 행위는 역으로 나를 망치는 것이 되기도 합니다. 그렇기에 역으로 나를 위해서 살라고 할 때에도 반대로 물어야 합니다. '내가 지금 하고 있는 게 진짜 나를 위한 것일까?' 이기적인 잔계산을 하는 사람은 남들의 미움과 견제를 받게 되지요. 그 경우 이기적 계산은 정말 나를 위한 것인가, 술이 좋아서 진탕 마시곤 하는데, 이게 진짜 내 몸을 위한 건지 물으라는 거예요. 내가 살고 있는 게 진짜 좋은 삶이냐고 물으라는 겁니다. 또 하나는 타인을 위해서라고 하는데, '그거 정말 남들을 위해서 하는 거 맞니? 잘 생각해봐. 널 위해서 하고 있는 거 아니야?'라고 묻는 겁니다. 가령 자식을 위한 것이라며 공부하라고 몰아붙이다가 사고가 난 경우라면 어떨까요? 반면 그런 잔소리에 짜증이 날 경우에도, 그게 자신을 위한 마음에서 나온 것임을 생각해 보라는 말도 할 수 있습니다.

이렇게 '나를 위한 것'과 '남을 위한 것'이 딱 잘라 말하기 어려운 것은 '나를 위한 것'의 투시법 안에 '남을 위한 것', '자기희생' 같은 것의 자리가 있기 때문이고, '남을 위한 것'의 투시법 안에도 '나를 위한 것'의 자리가 있기 때문입니다. 그것의 자리가 어디인지에 따라 그런 말을 하는 것이 타당할 수도 있고 그렇지 않을 수도 있습니다.

이기주의, 이타주의 이런 단어 가지고 싸우는 학자들이 있지요. 철학에도 있고, 경제학에도 있고, 생물학에도 있습니다. 그러나 생물학에서도 이게 쉽지 않습니다. 리처드 도킨스가 쓴 『이기적 유전자』는 제목에 있는 두 단어 덕에 성공한 책이지요. 그러나 '유전자'가 중요하지만 유전자로 설명되지 않는 것이 많고, '이기적'이란 동기도 중요하지만 그 말로 설명되지 않는 일들이 많습니다. '이기적'이지 않은 행위들, 가령 자식 내지 새끼를 위해 자기 목숨마저 바치는 어미들의 사례 같은 것에 대해 저자는 그 또한 모두 이기적인 동기 때문이라고 설명하는데, 이건 정반대로 이기적인 것도 이타적인 것임을 말할 수 있음을 뜻합니다. 그렇다면 이기적, 이타적이란 말이 대체 무슨 의미를 갖게 될까요?

말 난 김에 좀 더 말하자면, 미생물학자 린 마굴리스가 입증했듯이, 우리 세포에 있는 미토콘드리아는 생물학적 공생의 증명입니다. 어떤 박테리아가 알파프로박테리아를 잡아먹었는데, 그게 죽지 않고 소화불량인 채 살아남은 겁니다. 그 뒤에 잡아먹은 놈은 영양소와 산소를 제공하고, 잡아먹힌 놈은 산화반응을 통해 에너지를 생산해 공급하는 공생체가 된 것이죠. 소화불량이 공생의 원인이란 말인데, 지금은 미토콘드리아뿐 아니라 다른 세포소기관들 모두가 그렇게 발생했음이 증명되어 있지요. 핵만 아직 확증되지 않았다고 하는데, 그렇다면 핵이 이렇게 먹고 먹히며 발생한 공생체가 아님을 증명해야 하는 거 아닐까요?

마굴리스는 이 '공생'이란 말에 대한 생물학자들의 반감 때문에, 공생진화에 대한 논문을 거의 20여 개 학술지에 게재 거부 당한 적이 있습니다. 과학적 논문이 아니라 생명체의 이타성을 가정하는 '이념'에 따른 글이라는 비난이 거부 이유였지요. 하지만 이 이론은 나중에 유전자를 이용해 입증함으로써 지금은 교과서에 실리는 '정설'이 되었습니다. 그런데 잡아먹고 잡아먹힌 것이 공생의 계기였다면, 즉 서로 '적대적이고 이기적인' 계기에 의해 발생했지만, 결과는 공생이라는 '상호적이고 이타적인' 게 되었는데, 이는 이기적인 걸까요, 이타적인 걸까요? 이 경우만 그런 건 아닐 겁니다. 굳이 먹고 먹히는 적대로 시작된 게 아니어도, 대부분의 공생은 '이타적'인 동시에 '이기적'이라 해야 할 겁니다. 어떤 것이 아주 상반되는 관점의 퍼스펙티브 속에 포함되는 일은 아주 흔한 일입니다. 명료하고 뚜렷한 게 아니라 차라리 역설적이고 이율배반적인 것이 일반적이라 해야 할 겁니다.

4. 해석으로서의 과학, 신앙으로서의 과학

1장 6절에서 니체는 "지금까지의 모든 위대한 철학의 정체"란 "각 철학을 창시한 자들의 일종의 자기 고백이자 의도하지도 않았고 자신도 모르게 쓴 일종의 회고록"이라고 합니다. 이유는 도덕적인 의도가 모든 철학의 생명의 싹이기 때문이라고 해요. 그래서 어떤 형이상학적 주장이 어떻게 성립되었는지 보려면 그 철학이 어떤 도덕을 향해 나아가려는지 보라고 말합니다. 철학의 '가치'는 그것이 지향하고 그것에 함축된 도덕이라는 말입니다. '철학은 도덕이 만들어 냈다'는 말은 이런 의미지요. 가령 칸트의 『순수이성비판』처럼 도덕과 무관해 보이는 책도, '진리의 추구'란 이름으로 '이성의 도덕'에 대해 말하고 있습니다. 이성을 사용하는 도덕 말입니다. 가령 이성의 한계를 넘는 이성의 사용 —— 이성의 초월적 사용이라고 합니다 —— 에 대한 비판은 선을 넘지 않는 방식으로 이성을 사용하라는 '도덕'을 요구하고 있는 겁니다. 진리의 도덕, 이성의 도덕 말입니다.

'모든 것은 하나의 해석'이라는 말은 이런 맥락에서 이해되어야 합니다. 니체는 "물리학도 해석"이라고 하지요(14절). 그것 역시 하나의 '고백' 내지 '수기'고, 거기에도 도덕적인 의도가 밑바탕에 있다는 겁니다. 물리학을 하시는 분이 들으면 황당하다고 하겠지요? 물리학이란 있는 그대로의 사실을 설명하는 거라고 생각할 테니 말이죠. 그런데 정말 물리학은 하나의 해석이고 그 해석에는 어떤 도덕적 명령이 함축되어 있습니다. 어떤 의미에서 물리학을 해석이라고 하는 걸까요?

물리학은 기본적으로 사물의 운동을 계산하려는 기획에서 출현한 것입니다. 갈릴레이의 발상이 바로 그거였습니다. 과학의 요체는 실험이고, 갈릴레이가 피사의 사탑에서 했다는 실험은 그걸 보여 주는 징표라고들 하지요. 그러나 여러 사람이 지적한 것처럼, 피사의 사탑 이야기는 일종의 신화고, 대개 신화가 그러하듯 어떤 교훈을 주기 위해 만들어진 허구입니다. 피사의 사탑에서 갈릴레이가 무얼 했지요? 그렇습니다. 질량이 다른 두 물체를 떨어뜨렸더니 동시에 떨어지더라, 자유낙하하는 물체는 질량과 무관하게 똑같은 속도로 떨어진다, 뭐 이런 거였지요. 정말 그럴까요? 무거운 것과 가벼운 것을 피사의 사탑에서 떨어뜨리면 똑같이 떨어질까요? 전혀 그렇지 않습니다. 당연히 무거운 게 빨리 떨어집니다, 부력, 즉 매질의 저항 때문에 가벼운 것은 천천히, 무거운 것은 빨리 떨어집니다. 매질이 물처럼 저항이 큰 경우에는 나뭇조각이나 스펀지 같은 건 아예 안 떨어지지요. 그러니 실험을 했다고 하면 이 사람은 틀린 실험을 한 거예요.

아시다시피 갈릴레이의 자유낙하 법칙이 맞으려면 매질의 저항이 없어야 합니다. 즉 진공이 되어야 합니다. 그런데 갈릴레이는 과연 피사의 사탑 주위를 진공으로 만들어서 실험했을까요? 그럴 리 없습니다. 그랬다간 실험 이전에 피사의 사탑이 무너져, 떨어뜨리려던 물체가 땅에 닿기도 전에 죽었을 겁니다. 전에 이런 얘기를 제 페이스북에 올렸더니 몇몇 '과학자'들이 심하게 반발하더군요. 그러면서 모 대학 물리학 교수라는 분은 떨어뜨리려는 물체의 질량을 비슷하게 하여 같이 떨어짐을 증명하려는 예를 만들더라고요. 이건 '실험'이 무언지도 모르는 겁니다. 실험적으로 질량이 낙하와 무관함을 증명하려면 당연히 질량 차이가 큰 걸 떨어뜨려야죠. 비슷한 걸 떨어뜨리면서, '거봐 거의 동시에 떨어지잖아'라고 하면 되겠어요? 이렇게까지 하려는 것을 보니 '이 사람들에게 과학은 하나의 신앙이구나'란 생각이 들었습니다.

갈릴레오가 과학의 역사에 남긴 중요한 업적은 운동을 수학화하려고 했던 겁니다. 자연현상을 계산가능한 것으로 포착하려는 태도 말입니다. 지금도 마찬가진데, 수학화할 수 있는 모든 것은 과학이 될 수 있어요. 과학이고자 하는 모든 것은 그래서 수학화를 꿈꿉니다. 제 전공이었던 사회학도 그렇죠. 이전엔 주로 통계학을 사용해 과학적 지식이 되고자 했다면, 요즘은 네트워크 분석을 사용해 그리 하려 합니다. 근대과학은 수학화하려는 태도의 산물이자 그런 태도를 가르치고 취하게 합니다. **수학적 관계로 자연이나 세상을 포착하라**는 명령어가 물리학이나 근대과학에 포함되어 있습니다. 이는 자연이나 인간에 대한 하나의 '도덕적' 정언명령입니다.

이 명령에는 자연이나 세계를 계산할 수 있고, 운동을 계산할 수 있다는 가정이 전제되어 있습니다. 이는 자연을 보는 하나의 입장입니다. 가령 시인이 보는 것과는 아주 다른 하나의 '해석'입니다. 더불어 물리학은 하나의 법칙으로 온 우주를 통합하라는 명령어를 포함하고 있습니다. 양자역학의 미시적 세계와 고전역학의 일상 세계, 그리고 상대성이론의 거시적 세계를 하나의 법칙으로 통합하려는 오랜 시도가 지금도 계속되고 있습니다. **온 세상이 오직 하나의 법칙으로 통일되어 있다**는 것은 따로 증명된 적 없고, 또한 누군가 증명하려 한 적도 없습니다. 이 역시 가정된 것이고, 그런 만큼 세상에 대한 하나의 해석입니다. 심지어 하나의 법칙을 찾아 낸 경우가 있다고 해도, 그것이 세상에 하나의 법칙만이 존재한다는 명제의 증명은 아닙니다. 하나의 사례, 매우 특별한 사례일 뿐입니다. 즉 세상에는 오직 하나의 법칙, 하나의 진리만이 존재한다는 명제는 증명된 적이 없는 명제입니다. 모두 증명 없이 믿고 있을 뿐이죠. 이런 게 바로 '신앙' 아닌가요?

세상에 신이 존재한다는 명제가 증명된 적 없는 것에 대한 신앙이듯이, 세상에 하나의 법칙이 존재한다는 명제는 증명된 적 없는 것에 대한 신앙입니다. 이 믿음은 사람들에게 그런 통일성을 추구하도록, 혹은 통일성이 있다고 믿고 행동하도록 하는 명령어를 발동시킵니다. 이 또한 하나의 도덕이지요. 요컨대 근대 과학은 하나의 신앙에 기반하며, 하나의 도덕을 함축하고 있다는 말입니다. 1장 8절에서 니체는 "모든 철학에는 철학자의 '확신'이 무대에 등장하게 되는 시점이 있다"고 하면서 "아름답고 가장 힘이 센/ 당나귀가 출현했다"는 고대 시를 인용합니다만, 이는 해석인 모든 것, 신념, 혹은 신앙이 떠받치고 있는 모든 것에 대해 마찬가지로 적용할 수 있는 말이라 하겠습니다.

5. '나는 생각한다', 정말로?

니체는 "형이상학자의 명예욕"에 대해 말하면서 "이러한 형이상학자도 결국은 아름다운 가능성들로 가득 찬 수레보다 한 줌에 지나지 않는 '확실성'을 여전히 선호한다"고 말합니다(10절). 이 확실성에 대한 선호는 누구보다 데카르트에게 두드러지게 나타나지요. 이 책에서 니체는 데카르트를 명시적으로 비판하는데, 이 비판은 바로 이 '확실성'을 겨냥하고 있습니다. 확실성이란 요구를 데카르트에게 되돌려주는 비판이라고도 할 수 있습니다.

아시다시피 데카르트는 확실한 지식을 추구했고, 그것은 의심의 여지 없는 확실한 명제를 근거로 구축되어야 한다고 믿었습니다. 그래서 모든 것을 의심하여 의심의 여지 없는 확실한 출발점을 얻고자 했습니다. 그렇게 도달한 게 그 유명한 '코기토'죠. '코기토 에르고 숨'(cogito, ergo sum), 즉 "나는 생각한다, 고로 나는 존재한다"는 명제 말입니다.

데카르트는 모든 것을 의심한다고 했지만 이 명제에서 '나는 생각한다'라고 하는 것은 의심의 여지가 없다고 생각했습니다. 그리고 그렇게 생각하려면 생각하는 '내'가 있어야 한다는 사실 또한 자명하다고 생각합니다. 그래서 '나는 생각한다, 고로 나는 존재한다'고 했던 거지요. 그런데 가령 이를 약간 바꾸어 '나는 산책한다, 고로 나는 존재한다', '나는 먹는다, 고로 나는 존재한다'고 할 순 없을까요? 산책도 먹는 것도 '내'가 있어야 하는 것이니 말입니다. 그러나 데카르트는 그건 안 된다고 말해요. 산책한다, 먹는다는 직접적 자명성이 없기 때문입니다. 즉 산책한다는 생각이 착각이거나 꿈일 수 있는 거지요. 장자의 「호접몽」은 이런 행동의 불투명성을 나비가 되어 놀았다는 꿈을 통해 잘 보여 주는 얘기지요. 이에 반해 '생각하다'는 생각하는 이성 자체의 활동이니 직접적으로 자명하다고 합니다. 그러나 16절에서 니체는 묻습니다. '생각하다'가 정말 직접적으로 자명한 것인지, '나는 의지한다', '나는 감각한다'와 '나는 생각한다'가 어떻게 구별될 수 있는지를. 가령 빵을 보고 먹고 싶다고 생각한다면, 이는 생각한 것일까요? 아니면 먹고 싶다는 의지가 고개를 쳐든 것일까요? 혹은 빵을 지각하자마자 떠오른 표상일 수도 있지 않나요?

사유와 의지, 감각은 데카르트도, 다른 철학자들도 다르다고 할 겁니다. 다르다면 내가 생각하고 있는 건지 의지하고 있는 건지 구별할 수 있어야 합니다. 어떻게 구별할 수 있을까요? 구별하려면 구별할 기준이 있어야 합니다. 사유와 의지, 사유와 감각이 어떻게 다른지 구별할 기준이란 그런 작용이나 능력에 대한 지식에 기대고 있습니다. 그렇다면 이들 구별은 지식에 의한 구별, 지식을 매개로 한 구별이지 직접적으로 자명한 것이 아닙니다. 따라서 '나는 생각한다고 고로 존재한다' 이전에 '나는 생각한다'부터 직접적으로 자명한지 아닌지 의문이란 겁니다. 거기엔 증명되지 않은 것, 확실하지 않은 것이 여전히 남아 있는 겁니다.

　　조금 뒤에 나올 것과 관련되기도 하기에 이 얘기는 좀 더 밀고가 보는 게 좋겠습니다. 예컨대 낮에 친구와 싸웠다고 해봅시다. 다들 경험해 봐서 아실 테지만, 자려고 누웠는데 싸운 친구 생각이 계속 나는 경우가 흔하지요? 그럼 이렇게 친구 생각이 나는 건 '생각'인가요 아닌가요? 지금 눈앞에 없으니 감각이 아닌 건 분명해요. 이런 생각이 나면 잠을 잘 수 없으니 생각하지 말자 맘먹고 잠을 청하지요. 그러나 잠이 오는 대신 그 친구 생각만 계속 나지요. 잠을 설치게 됩니다. 이 경우 친구가 생각나는 건 '의지' 또한 아닙니다. '잊기로 하자'고 의욕하지만 안 되는 것이니, 감각도 아니고 의지도 아니라 '생각'입니다. 그런데 이렇게 생각나는 것에 대해 '나는 생각한다'고 할 수 있을까요? 생각하지 말자고 결심했으니, 생각하지 않아야 하는데 그 결심에 반하여 떠오르니 '나는' 생각한다고는 할 수 없지 않나요? 나는 생각하지 않으려 한다, 그러나 계속 생각이 난다고 해야 합니다. 그렇다면 생각하다의 주어에 '나는'이라고 써도 좋은 걸까요?

'나는 생각한다'란 말이 '나'의 행위라면, 그것이 '내가 하는 생각'이라고 말할 수 있으려면 생각하지 않겠다고 맘먹으면 생각을 안 할 수 있어야 해요. 그렇게 되지 않으면 내가 하는 생각이라 할 수 없어요. 내가 하지 않는 생각도 나의 생각일까요? 그걸 두고 '나는 생각한다'라고 할 수 있을까요? 이는 싸우고 화난 일에서 두드러지는 것처럼 보이지만 꼭 그렇지는 않아요. 자 지금부터 1분 동안만 아무 생각도 하지 말아 보세요. … 어떤가요? 1분 동안 아무 생각도 안 하신 분 계시면 손 들어 주세요. 없나요? 이 작은 부탁도 안 들어주시나요?^^

생각하지 말자고 맘먹으면 아무 생각도 안 하는 사람은 공력 높은 도인(道人)밖에 없습니다. 가령 선방에 앉아서 하는 '명상'이란 생각하는 게 아니라 **생각하지 않는** 훈련이지요. '생각을 내려놓는 것'을 훈련하는 것이지요. A를 생각하고 싶을 때 A를 생각하고, **아무 생각 하고 싶지 않을 때 아무 생각을 안 할 수 있으면** 그게 곧 도인이고 부처지요. 밥 먹을 때 밥 생각만 하고, 책을 볼 때 그 책 생각만 하고, 음악 들을 땐 음악 생각만 하는 것, 그렇게 사는 게 선불교에서 말하는 부처고 도인입니다. 우리는 그게 잘 안 되어, 밥 먹을 땐 친구 생각하고, 친구 만나선 일 생각하고, 일하면서는 돈 생각을 하지요. 국어시간에 영어공부하고, 영어시간에 수학공부하고, 수학시간에 국어공부하는 아이들처럼 말입니다. 이런 학생치고 공부 잘하는 사람 없지요. 우리 인생도 그와 같지 않나요? 삶을 잘산다는 건 국어시간에 국어공부하고 수학시간에 수학공부하듯 그때 하는 것에만 집중하고 사는 건데, 그게 잘 안되는 겁니다. 그럼 삶을 잘살 수 없지요. 밥 먹는 데 열 받고 스트레스 받은 일을 계속 생각하니 소화도 안되고 체하기도 하고, 잠을 자야 하는데 돈 생각이 맴도니 잠을 못 잡니다.

이 모두가 생각하다의 주어가 '나'가 아니어서 그런 겁니다. 생각하지 않으려 해도 그럴 수 없어서 그런 겁니다. '내'가 생각하다의 '주인'이 되지 못한 겁니다. 밥 먹고 잠자는 것도 '내'가 충분히 주어가 되지 못한 겁니다. 그러면서 '나는 생각한다'고, 내가 '생각하다'란 행동을 하고 있다고 말한다면 우습지 않나요? 그렇다면 '나'는 정말 '생각하다'의 원인인가요? '나는 생각한다'는 말은 직접적으로 자명한가요? 그렇다고 하기 어렵지 않나요? 내가 생각한다기보다는 생각이 내게 찾아오고 또 어느새 떠나가 버리는 걸 보면, 정말 주체/주어가 무엇인지 다시 생각해 보게 됩니다. '나'와 무관하게 '사유'가 제멋대로 찾아왔다 떠나가는 것이라면, '사유'가 주체고, 사유야말로 내가 생각하게 만든 '원인'이라 해야 하지요.

'코기토'라고들 명명하는 데카르트 문장의 전반부만도 별로 자명하지 않음을 본 셈인데, 다음으로 코기토의 전반부와 후반부를 잇는 것이 자명한지를 보지요.

여기서 니체는 문법의 힘에 대해 말합니다. 문법이 문제가 될 것이니 코기토를 불어로 다시 표기해 보지요.

Je pense, donc je suis.

영어로 쓰면,

I think, therefore I am.

입니다. 데카르트는 의심하거나 생각하는 일이 가능하려면 '나'가 있어야 한다, "그러므로 나는 '있다'"라고 합니다. 그러나 이 말이 당연하게 여겨지는 건 문법 때문이라는 겁니다. 즉 '팡스'(pense, think)라는 말을 하려면 '즈(je, I)가 쉬(suis, am)해야 한다'라는 말이란 겁니다. 동사를 쓰려면 주어가 있어야 한다는 문법 때문에, 데카르트의 주장은 자명한 듯 여겨진다는 거지요. 따라서 이런 생각은 냉정히 말하면 문법이 데카르트로 하여금 자명하다고 느끼게 한 것이고, 데카르트로 하여금 그렇게 말하게 한 것이란 겁니다.

약간 다른 예를 들어 보죠. 자, 지금 비가 오고 있습니다. 아까 오전엔 비가 오지 않았는데 말이죠. 그럼 비가 오지 않을 때, 오지 않는 비는 어디 있었던 걸까요? 어디 있다 지금 이렇게 오는 걸까요? 구름 속? 구름 위 어딘가? 설마요…. 오지 않는 비는 어디 따로 없습니다. 하늘에서 물이 떨어지는 그 현상을 두고 '비가 온다'고 말하는 겁니다. 그런 현상이 없을 때는 '비가 오지 않는다'고 말을 합니다. 그런데 이렇게 말하는 순간, 주어로서 '오다', '오지 않다'라는 술어와 결합할 수 있는 '비'가 **별개의 실체로** 존재하는 듯한 환상이 발생합니다. 어떨 때는 '생각하다'

와 결합하고, 어떨 때는 '생각하지 않다'와 결합하는 '내'가 따로 있듯이 말입니다.

이런 걸 '문법의 환상'이라고 합니다. 문법이 만들어 내는 환상, 자명성의 환상이란 뜻입니다. '나는 생각한다, 고로 나는 존재한다'는 말도 그렇습니다. 생각한다는 말을 하려면 생각하다의 주어인 '내'가 있어야 한다, 그러니 '나는 존재한다'는 논리인데, 이 역시 생각하다의 동사는 주어 없이는 사용하지 못하는 데서 나오는 자명성이고 문법의 환상이라는 겁니다. 더구나 생각하는 게 내 뜻대로 되는 게 아니라면, 어떤 생각이 나타난다고 해서 정말 '내'가 있고 그 내가 생각의 원인으로 존재하는 것인지는 자명하지 않다는 겁니다.

다른 곳에서 온 두 사람이 같은 노래를 흥얼거리는 거 보신 적이 있을 겁니다. 순진한 이라면 '오, 이런 우연이!'라고 하겠지만, 오는 길에 같은 라디오 방송을 들어서 그런 경우가 대부분이지요. 이때 이들이 '노래한다'의 주어일까요? 생각도 그래요. 두 사람이 만나서 얘기를 하는데, 같은 주제에 대해 비슷한 생각을 하는 경우는 대개 같은 기사를 신문이나 인터넷에서 보았기 때문일 겁니다. 이때 이들의 생각을 나타나게 한 원인은 이 두 사람이 아니라 신문기사를 쓴 사람입니다. 이른바 '여론'이라는 공통견해가 바로 이런 식으로 형성되지요. 이런 경우 '나'는 생각하는 게 아니라 '생각하게 만들어진' 겁니다. 생각하다의 주어가 아니라 타깃이란 점에서 '목적어'라고 해야지요.

니체는 모든 것에서 힘이나 의지를 보려 하는데, 이 말에 대해 가장 쉽게 발생하는 오해는 이 개념을 인간이나 생물과 연결하여 쓰는 겁니다. 특히 '의지'라는 개념은 '주어'가 될 수 있는 인간이나 생물을 전제하기 쉬운데, 니체가 말하는 의지 개념은 그런 게 아닙니다. 힘이 그저 물리적인 실체가 아니듯 의지 또한 생물학적 실체가 아닙니다. 방금 한 이야기는 문법이 힘과 의지를 갖고 있음을 생각하게 합니다. 코기토에 대해 니체 식으로 다시 물으면 이런 겁니다. 데카르트가 '나는 생각한다, 고로 존재한다'가 자명하다고 생각하게 한 것은 무엇인가? 무엇이 데카르트로 하여금 저렇게 생각하게 했는가? 문법의 환상 때문이라는 말은, 바로 문법이 그렇게 만들었다는 겁니다. 다시 말해 **문법의 힘과 의지가** 데카르트로 하여금 저 말이 자명하다고 생각하게 만들었다는 말입니다. 문법의 의지. 문법 안에 작동하는 힘과 의지가 데카르트로 하여금 저렇게 사고하게 했다는 겁니다. 이 경우 힘과 의지는 문법에 귀속됩니다. 이처럼 의지란 인간이나 생물, 혹은 물리적인 사물에만 있는 게 아니라, 문법에도 있고, 지식 속에도 있고, 감각 속에도 있는 것입니다. 이는 니체의 힘과 의지 개념을 이해하는 데 대단히 중요하니 기억해 두시기 바랍니다.

6. 의지, 미시적 의지들의 복합체

모든 것의 근저에서 생존을 향한 '의지', 맹목적인 의지를 발견하고 강조했던 것은 쇼펜하우어였습니다. 데카르트에 대한 비판과 더불어 이 책에서 니체는 쇼펜하우어를 비판합니다. 비판의 초점은 그의 '의지' 개념에 맞추어져 있습니다. 니체, 특히 초기의 니체는 쇼펜하우어의 영향을 매우 크게 받았고, 덕분에 힘과 의지 같은 니체의 중심적인 개념은 쇼펜하우어 철학의 중심에 있는 것이기도 합니다. 이 책을 비롯해 후기의 니체를 이해하고 '힘에의 의지' 개념을 제대로 이해하려면 쇼펜하우어와 니체의 '의지' 개념이 어떻게 다른지를 정확히 이해해야 합니다. 이는 니체의 사상을 이해하는 데 지극히 중요한 것에 비해 놀라울 만큼 충분히 이해되지 않고 있는 것으로 보입니다. 그래서 이에 대해선 조금 자세하게 살펴보는 게 좋겠다는 생각입니다. 쇼펜하우어 비판도 '확실히 알려진 것'에 대한 선입견을 겨냥하며 시작합니다.

> 사실 쇼펜하우어도 의지만이 우리에게 본래 알려져 있는 것이며, 지나치지도 부족하지도 않게 우리에게 완전히 알려져 있는 것이라고 주장했다. (19절)

쇼펜하우어는 "세계는 나의 표상이다"라는 말로 주저 『의지와 표상으로서의 세계』 본론을 시작합니다. 하지만 칸트의 개념을 빌려 그는 그 표상 바깥에 있는 물(物) 자체를 끌어들이며 의지가 바로 '물 자체'(Ding an Sich)라고 합니다. 칸트는 물 자체가 만들어 내는 것이 '현상'이라고 하고, 우리는 오직 이 현상만을 알 수 있다고 하지요. 이를 따라 쇼펜하우어 역시 비슷하게 말합니다. 물 자체를 의지로 바꾸어서. 즉 의지라는 물 자체가 개체적 구별을 만드는 시·공간적 형식 속에서 만들어 낸 것이 우리가 아는 현상이고 표상이라는 겁니다. 그러곤 "현상을 이용하기 위해서는 물 자체의 모든 현상 가운데 가장 완전한 현상, 즉 가장 명확하고 발전된 인식에 의해 직접 조명된 현상이 아니면 안 된다. 그런데 이것이 바로 인간의 '의지'"라고 씁니다(권기철 옮김, 동서문화사, 2016, 157쪽). 가장 명확하고 발전된 의식에 의해 직접 조명된 현상이 인간의 의지라는 것인데, 여기에는 의지란 직접 명확하게 인식될 수 있다는 생각이 니체의 말처럼 가정되어 있습니다.

유의할 것은 쇼펜하우어가 '물 자체로서의 의지'라고 말하는 것은 개별적인 인간이나 동물의 의지 같은 게 아닙니다. 개체적(개별적) 구별은 시공간적 형식 없이는 불가능하지요. 그러니 그것은 시공간적 형식 속에 있고, 따라서 현상의 영역에 속합니다. 표상의 바깥에 있는 의지란 개체성을 넘어서, 하나와 다수의 구별을 넘어서는 '하나'로서의 의지, 이해하기 쉽게 말하자면 거대한 일원성으로서의 의지 같은 것입니다. 인간이나 동물 등 어떤 개체적 의지는 현상의 세계 안으로 들어온 의지입니다. 그러니 그가 말하는 의지에는 '물 자체로서의 의지'와 '현상으로서의 의지', 두 가지가 있는 겁니다. 우리가 인식하는 것은 모두 후자입니다(앞의 책, 160~162쪽).

의지란 바로 행동이고, 행동이란 바로 신체의 동작입니다. 의지는 주관과 객관의 일치를 지향하는데, 신체적 행동이 의지에 잘 맞으면 쾌감이, 안 맞으면 고통이 발생합니다. 의지는 신체를 통해 객관화되기에, 마찬가지로 신체를 통해 의지를 직관적으로 명확하게 포착할 수 있다는 게 쇼펜하우어의 생각입니다. "나는 내 의지를 신체로서 인식한다"는 겁니다(앞의 책, 146~148쪽).

물론 쇼펜하우어가 말하는 의지는 단지 인간이나 동물의 의지만을 뜻하진 않습니다. 그는 자연계 모든 곳에서 의지를 발견합니다. 여기서 중요한 것은 의지와 의도를 구별하는 겁니다. 가령 인간의 의지도 단지 의도에 따라 움직이는 것만 있는 게 아니지요. 소화나 혈액순환 등처럼 의도 없이 움직이는 것도 있지요. 거미줄을 치는 거미도, 달팽이집을 만드는 달팽이의 신체도 모두 그렇습니다. 식물도 마찬가지여서, 가령 빛을 향해 가지를 '애써' 뻗어올라 가려 합니다. 이런 걸 흔히 '본능'이라고 하는데, 본능 또한 의지의 작용입니다. 그런데 의도 없이 작용하는 어떤 신체적 행동이라면, 물리적 신체에서도 마찬가지로 확인됩니다. 그래서 그는 자석이 당기는 힘도 의지의 작용이고, 사과가 떨어지는 것도 의지의 작용이라고 합니다. 물리학자들이 힘이라고 명명하는 것을 그는 모두 의지로 환원하려는 겁니다. "의지에서는 인식하는 것과 인식된 것이 일치"하기에, 우리는 의지가 작용하는 신체에서 "개체의 본질을 직접 어떤 형식도 없이" 인식할 수 있으며, 이렇게 "힘이라는 개념을 의지라는 개념으로 환원하면, 우리는 미지의 것을 무한히 알고 있는 것으로 환원한 것이 된다"는 겁니다(앞의 책, 159쪽).

의지란 가감 없이 다 알려진 것이라는 니체의 지적을 다시 여기서 보게 되지요? 내 몸이 움직인다는 걸 움직이려는 의지를 가진 내가 직접 알 수 있다는 식의 관념이 쇼펜하우어의 태도에 깔려 있는 겁니다. 이런 자명성이란 '대중의 선입견'에 지나지 않는다는 게 니체의 비판입니다. 그러면서 니체는 의지(Wollen)란 복합적인 것이라고 하면서, 내가 의욕하는 것조차 내가 잘 안다는 생각에 태클을 겁니다. 예를 들어 때가 되면 정확히 일어나 산보를 하는 칸트의 행동, 그걸 야기하는 의지에는 팔다리를 움직이고자 하는 동물적 근육의 욕구도, 습관적으로 어떤 행동을 반복하려는 신체의 성향도 들어있을 것이고, 규칙적으로 생활하려는 '생각'이나 법칙에 따라 사는 게 선이라는 그의 도덕관념도 들어 있을 것이며, 산보를 통해 심신을 쉬려는 어떤 정서나 산보가 주는 쾌감에 대한 기대 같은 것도 들어있을 겁니다. 나아가 귀찮아서 그냥 쉬고 싶다는 의지와 그것을 제압하여 일어서게 만드는 의지도 포함되어 있겠지요. 이 중 후자가 더 지배적이라면 어김없이 산보를 나가겠지만, 그때에도 쉬고 싶다는 의지는 제압된 채 거기 포함되어 있는 겁니다. 아예 없다고 할 수는 없습니다. 그렇기에 만약 병이 들거나 지쳤을 때는, 쉬고 싶다는 의지가 '산보'를 외치는 의지를 젖히고 승리하게 되겠지요. 승리하는 경우가 있다 함은, 승리하지 못할 때에도, 산보하러 갈 때에도 그 의지가 산보라는 신체 안에 존재하고 있었음을 보여 줍니다.

다른 행동, 다른 의지도 마찬가지일 겁니다. 그런 점에서

'~해야지'(I will~)라고 할 때, 그 의지 속에는 수많은 이질적인 것들, 감정과 감응과 사고, 습관 등이 섞여 있습니다. 의지가 복합체라는 말은 이런 뜻입니다. 이 말을 좀 더 밀고 나가면, **하나의 의지 안에는 수많은 다양한 의지들이 있다**는 말이기도 해요. 자, 여기 오렌지가 있습니다. 드시고 싶지 않으세요? 이미 침이 고인 분도 있지요? 의욕 이전에 작동하는 이 의지 속에는 이미 비어 있는 위장의 반응이 섞여 있을 것이고, 향기에 대한 코의 반응과 새큼달큼한 맛에 대한 기억의 작용도, 텁텁한 입을 시원하게 하고 싶다는 입의 반응도 섞여 있을 겁니다. 즉 눈앞에 있는 오렌지를 향해 손을 내밀고 까서 먹으려는 의지 속에는 이 자극에 대한 여러 기관들의 '반응'이 섞여 있지요. 그 기관들이 '나'에게 내리는 명령들이 섞여 있는 겁니다. 내가 하는 행동이란 그 복합적인 명령에 따라 움직이는 겁니다.

지각이나 인식도 마찬가지로 미시적 지각들이 모이고 섞여서 만들어진 복합체입니다. 우리의 눈에는 시신경이 있고, 이는 5가지 광수용체로 구별됩니다. 크립토크롬, 로돕신, 3개의 포톱신이 그것입니다. 로돕신은 명암을 주로 식별하고, 포톱신은 빨강, 파랑, 초록 이렇게 세 가지 색을 포착합니다. 크립토크롬은 생체시계와 관련되어 있다고 하고요. 우리가 눈으로 지각하는 대상은 망막에 있는 다섯 가지 종류의 수많은 시신경들에 의해서 포착된 것이 '섞여서' 만들어지지요. 뿐만 아니라 이렇게 포착된 것들은 뇌의 후두엽에 있는 다섯 개의 시각령에 들어가서 종합되어 하나의 시각상으로 만들어집니다. 이 상이 눈으로 가서 대상을 포착하는 데 역으로 작용합니다. 우리의 눈에 떠오른 시각상은 이 미시적인 지각들, 인식이라고 하기 이전이라 '식'(識)이라 명명하고 싶은 것인데, 이 수많은 미시적 식들이 모이고 거기에 뇌에서 '편집'된 상들이 더해져서 만들어 낸 겁니다. 그러니 **인식도 미시적인 수많은 식들의 종합이고 복합체**예요. 의지도 그렇고 인식도 그렇다면, 그것들을 통해 형성되는 의식도, 이른바 '영혼'도 마찬가지라 해야죠.

앞서 쇼펜하우어에게서 신체의 움직임과 의지가 등치되었음을 보았는데, 의지가 이처럼 미시적 식과 의지들로 이루어져 있다면, 신체 또한 어떤 미시적 힘과 의지에 따라 움직이는 작은 신체들, 즉 하위-신체들의 복합체로 보아야 함을 뜻합니다. 다시 말해 'I will~'이라고 표현되는 의지로 귀속되는 하나의 단일한 신체는 없다는 겁니다. 아시다시피 우리의 몸은 많은 기관들의 복합체고, 수많은 세포들의 복합체지요. 심장, 허파, 신장, 위장 등 기관들은 **나름의 의지**를 갖고 있습니다. 세포들도 그렇지요. 우리의 신체는 그것들이 모여 만들어진 복합체입니다. 그 개체적 신체의 '주관'인 '나'또한 마찬가지입니다. 나의 의지가 있는 게 아니라 수많은 미시적 의지들이 '의지하다'(will)라는 말의 주어를 형성하는 것입니다. '나'라고 하는 것은 의지의 차원에서 보아도 하나의 실체가 아니라 미시적 의지들의 복합체이며, 선행적인 원인이 아니라 저 미시적 의지들이 모여서 만들어진 일종의 결과물인 것입니다.

자명해 보이는 하나의 행동이나 의지 속에서 이 미시적 복합체를 보는 것은, 쇼펜하우어와 니체가 어떻게 다른지는 물론 니체의 사유를 이해하는 데도 대단히 중요합니다. 덧붙이자면 『차이와 반복』의 들뢰즈나 분열자에 대해 말하는 들뢰즈/가타리를 이해하는 데도 마찬가지로 중요합니다. 나의 의지가 이렇게 미시적인 의지들로 이루어져 있다면, 그 미시적 의지들이 모여 하나의 방향으로 통합될 때도 있겠지만, 반대의 경우도 있을 수 있을 겁니다. 즉 상이한 방향으로 미시적 의지들이 분산되고 발산되는 경우 말입니다. 아마도 우리가 어떤 걸 할까 말까 망설일 때, 혹은 상반되는 방향에서 동요할 때가 그런 경우겠지요. 쓰고 싶은 게 있으니 글은 써야겠는데, 시작하면 몸이 힘들 거 같으니 좀 더 자료를 찾아보자며 쓰기를 미룰 때, 그렇게 인터넷을 검색하다가 다른 곳으로 관심이 쏠릴 때, 그러면서도 마감 기한을 지켜야 한다는 생각에 스트레스를 받을 때, 우리는 여러 방향을 향한 미시적 의지들의 발산을 보게 됩니다.

물론 이는 쇼펜하우어의 생각과 달리 직접 명확하게 인지되지 않습니다. 글을 써야 하는데 관련 자료를 읽어야 한다며 다른 책을 뒤지고 있는 것이 실은, 힘든 걸 알기에 글 쓰는 걸 미루려는 몸의 저항이라는 걸 알아차리는 경우는 그리 많지 않습니다. 그저 '이것도 봐야지…'라는 필요에 따른 거라고 착각하지요. 이렇게 상반되는 여러 방향으로 분산되어 발산하는 미시적 의지들의 복합체, 이게 바로 니체가 말하는 의지의 개념입니다. 단일성을 통해 신체, 주체와 직결되는 쇼펜하우어의 의지 개념과 아주 다릅니다. 물 자체로의 의지 개념과는 말할 것도 없습니다.

의지를 이렇게 볼 때, 자유의지 개념에 대한 니체의 비판은 이해하기 어렵지 않습니다. 이미 스피노자가 말했던 것이지만, 밥을 먹는 행동이 '나'의 자유의지라는 통념에 반해 위장의 명령에 복종하는 것이라는 겁니다. 졸리면 자는 것 역시 몸의 명령에 복종하는 것이지요. 그러니 '자유'란 말은 원인을 알지 못함에 기인하는 환상입니다. 그런 점에서 우리는 자신의 신체에 '자자', '밥 먹으로 가자' 등 **명령하는 자**이면서, 동시에 위장 등 **신체의 명령에 복종하는 자**입니다. "일정한 상황 아래서 우리는 명령하는 자이기도 하면서 동시에 복종하는 자"라는 말이 그것입니다(19절). '나'와 '자아' 같은 개념이 바로 이런 이중성을 무시하고 속인다는 겁니다. 미시적인 하위의지(Unterwillen), 미시적인 하위영혼(Unterseelen)들이 있는 것이고, "우리의 몸은 많은 혼들의 집합체일 뿐"이며, 이 미시적 의지와 영혼들을 모아 신체에 대해 하나의 명령을 하는 자, 그게 바로 '나'인 겁니다. 나란 바로 이 미시적 의지와 영혼들의 공동체입니다. "모든 의지에서 단적으로 문제가 되는 것은 앞에서 말한 것처럼 많은 '혼들'의 집합체를 바탕으로 한 명령과 복종이다."(19절) 이는 나중에 "약속할 수 있는 자"로서 '주권적 개인'의 개념을 이해하는 데 매우 중요하니 기억해 두시죠.

니체는 자유의지만 비판하는 게 아니라 부자유의지 또한 비판합니다. 이른바 기계론적 사유가 그것입니다. '땡' 치면 '딱' 가는 식의 인과성만 있다고 하는 것이 기계론이고, 거기 숨어 있는 것이 '부자유의지'인데, 이는 인과관계의 부적절한 사물화라는 점에서 부당하다고 말합니다. 생물이라면 땡 쳐서 딱가는 경우에도, 어떤 방향으로 갈지, 어떤 크기로 갈지, 언제 갈지에 많은 변이가 있을 수 있습니다. 배고프다고 모두 똑같이 음식을 보는 순간 달려들어 먹어대지는 않지요. 먹으려는 의지가 모두 있다고 해도, 그 의지 안에 아주 다른 의지들이 다른 강도로 섞여 있기 때문입니다. 누구는 동물처럼 먹을 것을 향해 덤벼들지만, 누구는 이를 악물고 참고 기다리며, 다른 누구는 '저걸 뭐랑 같이 먹으면 더 맛있을 텐데'라고 생각할 겁니다. 기계도 그래요. 자동차를 몰아 보신 분은 아시겠지만, 어떤 식으로 모는지에 따라 기계도 다른 방식으로 작동합니다. 똑같은 모델이라도 액셀을 밟으면 쌩 가는 자동차가 있는가 하면, 엔간히 밟아도 잘 안나가는 신중한 자동차도 있습니다. 같은 회사에서 만든 스피커도 어떻게 길들이는가에 따라 다른 양상의 소리를 냅니다. 원인과 결과 사이에 일종의 버퍼 같은 완충지대가 있고, 여기서 작동양상의 차이가 만들어집니다. 이 차이는 '결국은 마찬가지'가 아니라 아주 다른 스타일을 만들어 냅니다. 중요한 것은 이 스타일의 차이입니다.

그래서 니체는 실제 삶에서 중요한 것은 **자유의지, 부자유의지가 아니라, 강한 의지와 약한 의지**라고 합니다(21절). 이는 좀 더 세밀하게 다룬다면, 차라리 '힘'과 관련된 것이라 해야 할 것 같습니다. 의지가 갖는 강도의 차이란 바로 힘의 차이니까요. 그래서 니체는 의지에다가 '힘'을 덧붙여 '힘에의 의지'란 개념을 만들어 낸 겁니다. 더불어 긍정적 의지와 부정적 의지 또한 중요하다는 말도 해야 합니다. 하고자 하는 것을 긍정하는 양상의 의지와 '하지 않는 게 좋아' 내지 '해선 안 돼!'로 부정하는 양상의 의지가 니체에게 또 중요하니까요.

7. 강자와 약자, 능동과 반동

니체가 말하는 강함과 약함, 강자와 약자는 자주 오해되는 개념입니다. 니체가 약자로서의 노예에 대비하여 귀족을 강자라고 지칭하기에 오해가능성은 더 커집니다. 더구나 니체가 로마의 귀족 얘기를 종종 하는 탓에, 강자란 말에서 과거에 귀족이었던 사람들을 떠올리게 되는데, 이에 더해 강자를 '명령하는 자'로 정의하고 있어, 니체의 강자는 자주 '지배자', '권력자'를 뜻한다고 간주됩니다. 이와 나란히 '힘이 없는 자', '가진 게 없는 자'들을 '약자'라 지칭하고 권력자를 '힘 있는 자', 강자라고 지칭하는 통상적인 어법이 오해를 부추기고, '민중'이나 '민주주의'에 대한 니체의 비판마저 가세하면, 이제 오해는 갈수록 벗어나기 힘든 첩첩산중으로 들어가게 됩니다. 이는 20세기 초에 니체를 '제국주의 시대의 반동철학'(루카치, 『이성의 파괴』)이라거나 지금도 '권력자'나 '지배자'의 철학이라는 식으로 비난하게 된 이유기도 합니다.

그러나 앞서 의지의 복합체와 '나'에 대해 한 말을 상기해 보세요. '나'는 그게 누구든 명령하는 자인 동시에 명령받는 자입니다. 명령받는 것은 자기 신체 속의 의지들로부터고, 명령하는 것은 유기체인 신체에 대한 것입니다. 니체가 명령하는 자라고 할 때, 이 말은 남들 이전에 **자신에게** 명령하는 자입니다. 자신 안에 있는 노예적인 의지들에게, 망설이거나 동요하는 힘들에게, 앙심으로 날뛰려는 영혼에게 명령하는 겁니다. 이것을 하자고, 해야 한다고, 그러니 그에 맞춰 움직여 달라고. 이는 나중에 나올 '약속할 수 있는 자'도 마찬가지예요. '주권적 개인'이라고도 하는 이 말 역시 자기 자신에게 약속할 수 있는 자입니다. 주권적 개인이란 자신의 신체에 대해 주권을 행사하는 자입니다. 스스로 약속한 바를 지키도록 신체 안의 여러 의지들에 대해서 '통치'하고 주권을 행사하는 자입니다. 자신에게 약속할 수 없으면 남들에게도 약속할 수 없습니다. 자신에게 명령할 수 있는 자만이 남들에게 명령할 수 있습니다. 남들에게 하는 명령이란 자신에게 하는 명령의 연장입니다.

그렇기에 **어떤 자리에 주어진 권한이나 권력에 기대** 남들에게 명령하는 자는 니체가 말하는 명령하는 자가 아니며, 강자가 아닙니다. 권한이 주어진 자리에서 벗어나면, 권력을 행사할 수 있는 지위를 잃고 나면 아무것도 아닌 자가 되기 때문입니다. 자리나 지위가 부여하는 권력이 없으면 명령하고 지배할 수 없는 자에 지나지 않으니 '명령하는 자'도 아닙니다. 오히려 **자리가 제공하는 권력에 예속된 자고, 그 자리와 지위의 명령에 복종하는 자**입니다. 맑스는 돈을 벌기 위해 돈을 사용하는 것이 자본의 논리라면서, 자본가란 '자본의 논리의 담지자'(Träger, agent)

라고 정의한 바 있는데, 이는 돈을 좀 더 많이 벌기 위해 살라는 자본의 명령에 복종하는 자란 뜻입니다. 자본의 에이전트, 자본의 노예지요. 그러니 이들은 자기에게 명령하는 것은 말할 것도 없고, 돈이 아무리 많아도 돈에게 명령하지도 못하는 자, 반대로 돈의 명령대로 사는 돈의 노예들입니다. 강자 아닌 약자지요. 멀쩡하던 사람이 '사업' 한다고 하더니 아주 다른 사람되는 경우 많이 보지 않으셨나요? 돈의 노예가 되었으니, 이전과 같이 살 수 없는 겁니다. 멀쩡하게 살기 어려워진 거지요.

돈의 노예인지 돈을 부리는 자인지를 보아야 합니다. 마찬가지로 시간의 노예인지 시간을 부리는 자인지, 일의 노예인지 일을 자신이 하고자 하는 대로 부리는 자인지, 법이나 규정의 노예인지 그것을 부리는 자인지를 구별할 줄 알아야 합니다. 칸트는 법에 따르는 것이 '선'이라면서 입법자로서 법에 따라 살라고 하는데, 여기서도 상반되는 두 가지 삶의 모습이 갈라집니다. 정해진 도덕이나 법, 규정 등에 따라 '복종'하며 사는 사람의 모습과, 자신이 하고자 하는 것을 자신의 '법'으로 입법하고 그것을 통해 주권적 개인으로서, 자기에게 명령하는 자로서 사는 사람의 모습이 그것입니다. 주권적 개인이란 자신이 세운 법이라 해도 법이기에 무조건 따라야 한다고 믿는 자가 아닙니다. 자신이 하고자 하는 바에 따라 법을 세우고 '다시-세우는' 자고, 때에 따라서는 자신이 하고자 하는 것을 위해 자신이 세운 법을 넘어설 수 있는 자입니다.

중요한 것은 권력이나 권한이 아니라 차라리 스스로를 명령하고 지배할 수 있는 능력이나 역량이고, 이것이 '강자'라고 말할 때의 '강함'이 거(居)하는 곳입니다. 권력이나 권한에 기대 말하고 행동하는 자는 스스로의 힘으로 행동하는 게 아닙니다. 그 권력이나 권한이 없어지면 어떤 것도 제대로 할 수 없는 자를 어찌 강자라 할 수 있겠습니까? 가령 검사나 재벌가 자식들처럼 제도적 권력이나 돈 때문에 사람들을 자기 뜻대로 하는 이들이 많지만, 이들에게서 권력이나 돈을 제거한다면 어떻게 될까요? 돈이나 권력처럼 제거될 수 있는 것의 힘으로 복종을 야기하거나 어떤 일을 하게 하는 이는 자신의 능력 때문이 아니라 자신이 잠시(!) 가진 것 때문에 뜻대로 하는 겁니다. 능력은 언제나 가진 자의 것이지만, 권력은 가진 자의 것이 아닙니다. 가진 자를 제거하면 그 능력도 사라지지만, 권력은 사라지지 않습니다. 다른 사람이 얼른 그걸 차지하지요. 그래서 '권불십년', 어떤 권력도 십년을 못 가느니, 권력은 무상하느니 하고 말하는 겁니다. 그 권력이 능력이라고들 하지만, 우리는 지위나 돈을 잃어서 무력하고 비참하게 된 사람들의 얘기를 많이 알고 있습니다. 사실은 모두 형편없는 약자들이었던 겁니다. 반면 돈이나 지위, 심지어 명예마저 사라져도 남들을 매혹할 수 있는 매력이 있다면, 바로 이런 사람이 진정한 강자라고 해야 합니다.

요컨대 강자란 권력이나 권한으로 사는 자가 아니라 약속할 수 있고 명령할 수 있는 자입니다. 나에게도, 남에게도 약속할 수 있는 자 말입니다. 출생이나 피, 실은 법이나 제도에 의해 얻은 지위를 뜻하는 '귀족' 역시 강자가 아닙니다. 귀족 제도가 없는 조건이 되면, 아무리 '좋은' 혈통도 아무 소용이 없지요. 그 법이 사라지고 지위가 사라지면 무력해지는 자들이라면 강자가 아닙니다. 처참한 약자들이지요. 니체가 말하는 귀족이란 스피노자 식으로 말하면 '고귀한 자'입니다. "모든 고귀한 것은 어렵고도 드물다." 스피노자『에티카』의 마지막 문장이지요. 지위나 지식이 있든 없든, 돈이나 권력이 있든 없든, 어렵고도 드문 어떤 능력을 가진 자가 고귀한 자이고 귀족입니다. 천하지 않은 자본가나 천하지 않은 권력자 보기가 쉽지 않습니다. 천한 지식인, 천한 관료들 만나기는 아주 쉽지요.

제대로 된 '귀족'이란 이런 이들과 반대편 끝에 있는 이들입니다. 출신이 무엇이든 간에 말입니다. 출신이 귀족이어도 하는 짓이 천한 자는 천한 귀족이고, 출신이 빈민이어도 드문 매력을 갖고 있다면 고귀한 귀족이라 해야 합니다.『차라투스트라』에서 귀족에 대해 말할 때, 니체는 '도래할 귀족'이라는 말을 한 적이 있는데, 혈통이나 출생에 의한 귀족이 과거의 귀족이고 시대와 더불어 소멸할 귀족이라면, '도래할' 귀족이란 과거에 속하는 피나 제도가 아니라 지금 세상을 바꾸어 갈 능력을 가진 자, 새로운 세상을 만들 능력을 가진 자라 하겠습니다.

「아마데우스」란 영화를 보셨으면 기억하시겠지만, 거기서 니체적 의미의 강자는 분명 탁월한 창조력을 가진 모차르트입니다. 그 시대에 모차르트는 궁정 귀족 사이에서 하인의 지위로 살았지만, 자신의 능력에 대한 믿음을 갖고 있었습니다. 귀족들은 한때 그의 천재성에 찬사를 보냈지만, 그 관심은 오래 가지 않았습니다. 그들은 꼬마 모차르트의 놀라운 천재성에 감탄했을 뿐 음악에 대한 고귀한 귀를 가졌다 할 수 없습니다. 그들은 '귀족'이지만 고귀한 자가 아니었고, 모차르트는 평민이자 하인이었지만 분명히 고귀한 자였죠. 자신을 평범성의 대변자라고 말하는 살리에리는 그 힘의 탁월성과 고귀함을 질시하고 미워하면서도 반복하여 탄복하며 부러워합니다. 그러나 결국 그 힘에 대응해 자신의 지위를 지키기 위해 돈과 지위를 이용합니다. 이로 인해 모차르트는 몰락을 향해 가게 됩니다. "약자들로부터 강자를 보호해야 한다"는 말을 떠올리게 하는 영화지요. 누가 정녕 고귀한 귀족이고 천한 귀족인지, 누가 정녕 '도래할 귀족'이고 과거의 귀족인지 아주 잘 보여 주는 영화지요. 고귀한 자가 신분으로서의 귀족과는 아주 거리가 멀다는 것을 명확하게 보여 주는 영화입니다.

니체는 힘에 대해 말하면서 힘의 양과 질에 대해 말합니다. 어떤 영역에서든 힘이란 대개 크고 작다는 식으로 비교됩니다. 힘이란 양이지요. 그런데 힘이란 관계입니다. 어떤 관계일까요? 차이에 의해 정의되는 관계입니다. 가령 시속 50Km로 달리는 자동차에서 반대방향으로 시속 60Km로 달리는 자동차를 보면 그 자동차의 속도는 110Km로 보입니다. 그런데 시속 80Km로 달리는 차에서 30Km로 달리는 차를 봐도 속도는 110Km로 같습니다. 해발 1000m 고원에서든 20m 평지에서든 위치에너지의 크기는 지면과의 거리가 1m인 이상 모두 같습니다. 열기관 운동을 설명하는 카르노 법칙도 마찬가지예요. 이웃하는 두

'방'의 온도차가 열기관 운동의 힘의 크기를 규정하지 온도의 절대치가 그걸 결정하지 않습니다. 두 방 모두 섭씨 100도라면 운동은 일어나지 않습니다. 한 방이 50도 다른 한 방이 10도면 운동이 일어납니다. 힘의 크기란 이처럼 짝지어진 힘 간의 차이 입니다. 힘이란 힘들 간의 차이에 의해 형성되는 관계이고, 그 런 점에서 차이 자체라고 해도 좋겠습니다.

그런데 니체가 말하는 힘의 강함과 약함은 힘의 양뿐만 아 니라 힘의 질과도 관련된 것입니다. 사실 질이 더 중요하다 해 야 합니다. 물리학적 힘도 크기뿐 아니라 방향을 갖지요. 크기 와 방향을 갖는 힘을 벡터라고 하지요. 니체는 힘의 질에 대해 '능동적인 힘'(active force)과 '반동적인 힘'(reactive force)으로 구별합니다. 액티브(active)/리액티브(reactive), 물리학에서 이 개념은 작용/반작용으로 번역됩니다. 뉴턴의 제3법칙이죠, 작 용 반작용의 크기는 같다는 것. 가령 지구가 저를 당기는 힘이 작용하는 힘이라면 제가 지구를 당기는 힘이 반작용하는 힘입 니다. 이 힘이 같다는 겁니다. 물구나무를 서서 가부좌를 틀고 앉았을 때, 저는 허공에 앉아 지구를 머리로 받치고 있다고 할 수 있습니다. 같은 크기로 지구가 제 머리를 받치고 있기도 한 거고요.

그러나 이렇게 대칭적인 개념이 되면 이 구별은 별로 쓸모 없는 개념이 됩니다. 그래서 액티브와 리액티브를 물리학적 용 법으로 정의하는 것은 힘의 질을 분석하는 데 별로 도움이 되지 않습니다. 그래서 니체는 다른 방식으로 힘의 질을 정의합니다.

액티브하다는 건 무엇인가? 그건 무언가를 **시작할 수 있음**을 뜻합니다. 리액티브한 힘은 액티브한 힘에 대해 반응하는 힘입니다. 스스로 시작할 수 없고 그저 자극에 반응하는 반동적 힘입니다. 반면 시작할 수 있는 힘은 능동적 힘입니다. 질적인 측면에서 힘의 강함이란 시작할 수 있음을 뜻합니다. 강자란 한 마디로 말해 시작할 수 있는 자입니다. 어떤 관계를 시작할 수 있는 자, 시동할 수 있는 자, 창안할 수 있는 자, 창조할 수 있는 자들지요. 리액션(reaction)하는 자들은 적극적이고 공격적인 것이라 해도 어떤 힘에 대해 반동적으로 반응하는 자예요.

대표적인 반동적 힘은 미움이나 분노, 앙심이나 원한으로 추동되는 힘입니다. 「복수는 나의 것」이니 「질투는 나의 힘」이니 하는 제목의 영화가 있지요? 이런 제목 안 내걸었다 해도, 우리가 아는 영화의 반 이상은 아마 일종의 복수극 아닐까 싶습니다. 반동적 힘도 힘이며 때론 무서울 정도로 '센' 힘이지요. 인생을 건 복수, 집요하고 치밀한 복수를 추동하는 힘 말입니다. 분노와 미움, 원한이나 앙심에는 대체로 다 이유가 있습니다. 세상 모든 이가 '그럴 만하네'라고 하는 것이어도, 이 힘들은 모두 '반동적' 힘입니다. 왜냐하면 **스스로 화내고 싶어서** 화내는 이, **원한을 갖고 싶어서** 원한의 마음을 갖는 이는 없기 때문입니다. 무언가에 반응하여 분노하고 원한의 칼을 갈게 되니, 이유가 무어든 반동적인 힘입니다. 대단히 적극적인 행위를 하고, 치밀하게 계획을 세웠다고 해도 모두 반동적입니다.

아무리 무서운 폭력을 사용하고 아무리 치밀하고 집요하

게 복수해도 복수심과 원한의 감정에 사로잡힌 자는 강자가 아니라 약자입니다. 자신을 자극한 어떤 것에 휘둘려 인생을 바치고 폭력을 사용하는 자니 약자지요. 그가 사용하는 폭력의 크기는 여기서 매우 부차적입니다. 그를 추동한 자극의 크기가 그가 얼마나 약자인지를 규정합니다. 사소한 것에 흔들릴수록 자기 힘이 약하다는 증거지요. 작은 일에 화내는 이는 극심한 약자고, 큰 일에 분노하는 이도 결코 강자가 아닙니다. 자극에 흔들리는 약자지요.

외부에서 오는 자극의 영향을 받지 않은 경우가 대체 어디 있느냐고 하겠지요? 맞습니다. 문제는 외부에서 오는 그 자극에 그대로 반응하는지, 아니면 그걸 새로운 어떤 것으로 창조하는 자원으로 삼는지의 차이입니다. 변형하고 창조하는 것은 시작하는 것입니다. 새로운 것을 창조하는 것은 하려고 맘먹고 하는 일이니, 화내고 앙심을 품는 것과는 다릅니다. 정말 강자라면 대단히 큰 충격으로 다가온 것도 창조적인 어떤 것으로 바꿀 줄 알아야 합니다. 큰 충격을 큰 반발로 되돌려주거나 더 큰 충격을 줄 어떤 것으로 만들어 되돌려주는 것은 강자 아닌 약자의 징표입니다. 원한이든 앙심이든 미움이든 분노든 반동적 감정에 따라 생각하고 행동하는 것은 약자입니다.

박찬욱의 「올드 보이」는 수많은 복수극 중의 하나고, 복수극 자체만 보면 너무 일방적이기에 잘 만든 복수극이라고 보기도 어렵습니다. 그러나 이 영화는 수많은 복수극들이 놓치고 있는 질문을 던진다는 점에서 드문 영화이고 좋은 영화란 생각입니다. 그 질문은 이우진(유지태 분)의 복수가 완전히 끝나고, 오대수(최민식 분)가 무릎을 꿇고 '내 혀를 잘라 달라'고 비는 장면 뒤에 나옵니다. 복수가 완결되었음을 확인한 이우진은 묻습니다. "아저씨, 나 이제 뭐하고 살지?" 중요한 질문입니다. 왜냐하면 이제까지 복수 하나만 꿈꾸며, 그것을 존재이유로 삼고 살아왔는데, 그게 끝났으니 이제 뭐하고 살아야 하느냐는 겁니다. 결국 그는 자살하고 맙니다. 더는 살 이유가 없었던 겁니다.

　탁월한 복수조차 반동적인 것임을 이보다 극적으로 보여주긴 어렵지요. 자신의 존재이유를 자기 안에 갖지 못한 것이고, 상처에 대한 반동으로 복수 하나에 인생을 걸었으니 반동으로 일관했던 것입니다. 이우진은 매우 탁월하게 머리를 쓰고 계획을 세워 아주 극단적인 강도로 복수를 하지만 결국은 자신의 생존조차 스스로 유지할 능력이 없는 약자였던 겁니다. 그는 모든 복수를 뜻대로 하지만, 이런 그를 두고 대체 누가 자유로운 삶을 산다 하겠습니까? 반동적 힘에 사로잡힌 노예로 산 거지요. 원한의 노예, 분노와 앙심의 노예로 말입니다. 그렇다면 복수의 대상인 오대수는 능동적인 사람, 혹은 강자였나요? 전혀 그렇지 않죠. 어쩌다 본 것을 무심코 수다 떤 것으로 뜻하지 않게 치명적 상처를 주었는데, 이는 맘먹고 한 행동이 아니라 수다 속에 작동하는 세간의 통념과 도덕에 반응한 것이지요. 자기 이름을 두고 "오늘만 대충 수습하며 산다"는 뜻이라고 이죽거리는 태도가 이를 잘 보여 줍니다. 오대수는 감금 생활 이후 몸을 단련하고 머리를 써서 자신을 가둔 이에게 복수하는 데 인생을 겁니다. 약자가 반동적인 힘에 사로잡혀 몸을 만들고 그 힘에 영혼을 가두는 거지요. 그래서 복수극에는 강자가 없습니다. 복수극의 양쪽은 대부분 이런 약자들입니다. 반동적 힘의 장에 갇힌 자들이죠. 약자 둘이 싸우는 것이지요.

부자나 권력자는 강자인가? 부자들은 대개 돈이 많아도 돈을 버는 데 인생을 바치는 이들입니다. 돈이 발동하는 힘에 반응하여, 그래 열심히 벌어야지 따라가며 사는 이들이지요. 돈을 써서 새로운 가치, 새로운 무언가를 창조하는 이라면 능동적인 자이고 자신의 자원을 자신의 능력의 일부로 만들 줄 아는 강자라 하겠지만, 돈에 휘둘리고 돈에 끌려다니며 판단하는 이라면, 아무리 돈을 많이 벌어도 약자입니다. 돈이라는 요인이 없어지면 아무 힘이 없는 자들이고, 돈에 사로잡혀 사는 약자지요. 권력자도 마찬가집니다. 호가호위(狐假虎威)라고 하지요? 지위에 주어진 권력이 자신의 능력이나 힘이라고 착각하는 여우 같은 이들이 권력자입니다. 권력을 휘두르는 만큼 그 권력의 힘에 사로잡혀 그 권력이 요구하는 바에 따라 사는 권력의 노예, 지위의 노예들이지요. 권력자들이 물러날 때를 모르고 끝까지 자기 자리에 집착하는 것은 이 때문입니다. 거기서 물러나는 순간 아무 힘이 없는 자임을 스스로 잘 알고 있는 겁니다.

중독자들이 잘 보여 주듯, 관성에 사로잡힌 자들은 모두 약자입니다. 관성이란 나의 힘이 아닙니다. 차라리 그 관성에서 벗어나는 이탈의 선 ── 에피쿠로스는 이를 클리나멘(clinamen)이라 하지요 ──을 그릴 줄 아는 이들이 강자입니다. 이탈의 선이란 관성을 벗어나 새로운 운동을 시작하는 선이니까요. 기존의 권력, 기존의 통념이나 스타일 등에서 벗어나 새로운 것을 창조하고 창안하는 자들이 니체가 말하는 강자입니다. 시작할 줄 아는 자들입니다.

제2장

자유정신과 미래의 철학

1. 조심하라, 목숨을 걸면 둔감해지느니

니체는 경솔함, 명랑함, 무분별, 자유 등을 언급하며 **생명을 즐기기 위해** 무지를 보존하려는 경우가 얼마나 많은지 지적합니다. 유머나 농담이 그렇지요. 무서운 얼굴로 문제라고 생각되는 상대방을 적으로 비난할 때, 논적이 말하고자 하는 바를 요약할 때, 우리는 놀라울 만큼의 단순화와 의도된 무지를 보게 됩니다. 앞서 진리보다는 오류가 훨씬 더 삶에 닿아 있고, 오류라는 것이 우리의 삶이나 생명에 필요하다면서 '유용하고 필연적인 무지'라는 말도 했는데, 이건 차라리 점잖은 경우에 속한다 하겠지요?

최고의 학문 또한 **무지와 단순화를 기반으로** 합니다. 니체는 '무지가 지적 세련됨의 기반'이라고 말합니다. 예를 들어 과학자들은 어떤 공통법칙을 찾으면서 대상을 추상화합니다. 추상화한다는 것은 공통성을 추상화하기 위해 차이들을 다 지워버리는 겁니다. 모든 법칙이 다 그렇습니다. 개별적인 조건이나 그에 따른 차이를 지워야 법칙을 찾아 낼 수 있습니다. "무지라는 이 견고한 지반 위에서 비로소 학문이 자라날 수 있었"(24절)다는 겁니다. 그래서 법칙은 실제로 발생한 구체적 현상들과 직접 일치하지는 않습니다. 추상화된 조건들을 고려하여 계산에 넣어야만 대략이나마 일치합니다. 일치하는 경우에도 선별된 두 변수 간 관계만 그렇지요. 다른 변수는 고려하지 않습니다. 그럼에도 수많은 현상들이 하나의 법칙으로 깔끔하게 요약됐을 때, 복잡한 현상들을 하나의 수학적 공식으로 요약했을 때, '아!' 하고 감탄사가 나오게 되지요. 그 간결한 수학적 공식은 또 얼마나 아름답습니까? 아, 아닌가요?^^ 아름다움에는 동의하지 못해도 그게 매우 세련된 것임에는 동의하실 수 있겠지요?

이는 바로 무지가 세련된 것들의 기반이란 말이 뜻하는 바를 보여 줍니다. 차이를 제거한 의도적인 무지가 수학적 세련됨을 가능하게 해주는 것이지요. 앎에의 의지는 이처럼 무지에의 의지를 세련되게 함으로써 일어나고 추진될 수 있었다고 할 수 있습니다. 이를 보면 '진리와 생명의 거리는 생각보다 멀다'고도 얘기할 수 있습니다만, 그렇다고 꼭 반대편에 있다고 할 수도 없습니다. 때로는 가깝고 때로는 멀죠. 어떤 때는 진리가 살아가는 데 도움이 되고, 어떤 때는 무지가 도움이 된다는 거죠.

"최상의 학문이야말로 이렇게 단순화되고 철저하게 인위적이고 적당히 꾸며지고 적당히 왜곡된 세계에 우리를 붙잡아 두려고 한다"면서 니체는 "최상의 학문은 원하든 원하지 않든 오류를 사랑한다"고 지적하는데, 바로 이것이 학문이 살아 있는 이유고 그런 식으로 삶을 사랑하고 있는 것이라는 역설적인 말을 합니다(24절).

니체는 여기서 진리의 순교자가 되지 않도록 조심하라는 말을 합니다. 목숨 걸고 하는 것. 대단히 중요한 덕목이기도 합니다. 뭔가를 혼신을 다해서 하는 것을 우리는 '목숨 걸고 한다'라고 표현하기도 하죠. 하이데거 같은 경우, 죽음을 향해서 미리 달려가 보는 결단, 이것을 통해서 실존적 각자성을 획득한다는 말을 하기도 하지요. 그런데 여기서 니체가 하려는 말은 흔히 생각하듯 목숨을 소중히 여기라는 것도, 죽음을 바치라는 요구에 속지 말라는 것도 아닙니다. 진리를 위해 수난을 당하게 될 때, "양심이 갖는 모든 무구함과 섬세한 중립성을 훼손"한다는 겁니다. 목숨마저 바치려는 것이니, 그걸 위해 어떤 것도 희생될 수 있다는 생각을 하게 되지요. 양심도 그것을 위한 것이 되어야 한다고 믿게 되고, 목숨 건 것 앞에서 중립성 같은 건 사치스럽고 한가한 것이 되어 버립니다.

좀 더 흥미로운 지적은 진리의 옹호자가 되려 할 때 우둔하게 된다는 것입니다. 어쩌면 매우 뜻밖의 얘기지만 가만히 생각해 보면 무릎을 탁 치게 되는 말입니다. 이는 무언가에 목숨을 걸려는 이들을 매우 당황하게 할 지적입니다. 순교자가 되려는 성향의 사람들의 정서는 대체로 비장함과 이어져 있습니다. 이를 두고 "너무 비장해서 안 돼!"라고 조언하는 경우가 있지만, 비장함이란 그렇게 말려도 소용없는, 그런 저항을 얼마든 넘어서려는 감정이지요. 그러나 목숨을 걸려 하면 우둔해진다, "우둔해져서 안 돼!"라면서 말린다면 어떨까요? 갑자기 비장함이 통하지 않게 됩니다. 비장함이 우둔하게 만든다는 말이니, 분위기 깨는 거지요. 비장미는 무엇보다 분위기로 먹어드는 거라, 분위기가 깨지면 머쓱해지고 맙니다. "우둔해진다니까!"란 말을 들으면서 목숨을 걸 생각은 별로 안 들게 될 것 같지 않습니까? 바보의 미학이란 게 있어서, "목숨을 거는 건 바보짓이야!"라고 하면, "그래 나는 바보니까 그냥 이 길을 갈게!"라고 우직하게 가던 길을 갈 겁니다. 그러나 "목숨을 걸면 둔탱이가 되니 조심해!"라고 하면 우둔함을 자처할 생각마저 사라지게 될 것 같습니다.

그런데 목숨을 걸면 정말 둔감해질까요? 그럴 것이라고 저는 확신합니다. 둔감함의 반대는 예민함입니다. 감각이 섬세해지고 판단이 예리해지는 것은 **생명의 기능**과 관련되어 있습니다. 생존의 위협을 느끼거나, 이게 정말 먹어도 소화가 될 건지 아닌지를 몸이 식별하려 할 때 감각은 예민해집니다. 소화능력이 떨어지는 이들은 혀가 발달하고 폐가 약한 사람은 코가 예민해지는 것은 이 때문입니다. 그래서인지 몸이 약한 사람일수록 감각이 굉장히 예민한 경우가 많아요. 예민하지 않으면 생존이 위험해지니까요. 반대로 몸이 튼튼한 사람들은 감각이 둔합니다. 그러고 보면 세상이 참 공평하단 생각이 들지 않나요?

　이처럼 감각이나 판단능력, 사고능력은 삶을 위해, 생명을 위해 발달된 것이니, 죽음을 각오한 순간 더는 작동하지 않게 됩니다. 죽음을 각오해 버리고, 죽음을 결단해 버리면 감각들이 더는 예민하게 작동할 이유가 없어지지 않겠어요? 어차피 죽을 건데 굳이 예민할 필요가 없죠. 살아남기 위해 아등바등할 때 감각이 살아나는 겁니다. 반대로 감각이 예민하게 작동하면 죽음의 공포가 다시 덮쳐 올 것이고 그러면 목숨을 걸고 우직하게 밀고 나가다 동요하게 되기 때문에, 그 모두를 꺼 두지 않고선 견딜 수 없는 거죠. 그래서 순교자가 되려면 예민한 감각을 꺼 두어야 하고, 둔감해져야 합니다.

　판단력이나 사유능력도 그렇습니다. 사고나 판단은 뇌의 기능입니다. 그래서 흔히 뇌를 '생각하는 기관'이라고 하는데 실은 그렇지 않습니다. 뇌는 운동기관입니다. 그것을 잘 보여 주는 사례가 있습니다. 멍게라고도 불리는 우렁쉥이(sea pine-apple)가 그것입니다. 원래 멍게는 척색동물문 해초강에 속하는 무척추동물인데, 뇌가 없습니다. '시 파인애플'이란 영어이름은 어쩐지 이와 결부된 듯 보이기도 하지요?^^ '파인애플', 식물이잖아요? 그런데 새끼에겐 뇌가 있습니다. 우렁쉥이 유생은 올챙이처럼 생겼는데, 뇌도 있고 척색과 신경도 있습니다. 이 친구들은 여기저기 헤엄쳐 다니다 착생할 곳을 찾으면 머리부터 바닥에 박고 착생하는데, 그러고 나면 제일 먼저 꼬리를 먹어 치우고 그 다음으로 뇌를 먹어 치웁니다. 착생하고 나면 운동을 하지 않는데, 뇌는 사용하거나 유지하는 데 많은 에너지를 요하기에 먹어 치우는 겁니다. 그러니 조심하세요. 운동하지 않으면 뇌가 없어지는 수가 있습니다.^^ 없어지진 않아도 적어도 축소될 수 있습니다.

과학적인 얘기는 아니고, 그저 혼자 상상한 것이니 농담으로 들어 주시면 좋겠습니다만, 이는 요즘 노인들의 가장 난감한 병이자 공포의 대상인 치매와 관련이 있지 않을까 싶습니다. 치매에는 두 가지가 있다고 해요. 하나는 알츠하이머성 치매로, 유전적 소인에 의한 거고요. 또 다른 하나는 혈류성 치매입니다. 혈관 계통에 문제가 있어서 생기는 것이죠. 반 정도가 혈류성이라고 하는데, 유전자가 있어도 모두 치매에 걸리는 건 아니라고 해요. 섭생과 운동 등이 영향을 미친다고 하지요. 혈류가 치매로 이어지는 것은 피를 통해 공급되는 산소와 영양소가 충분하지 않을 때, 뇌세포가 죽기 때문일 겁니다. 혈류와 운동은 밀접한 관계가 있지요. 운동하지 않으면 뇌가 사라져 간다는 말을 여기서 떠올리지 않을 수 없었습니다.

치매란 말은 사실 30년 전에는 별로 듣지 못하던 말입니다. '노망'이 아마 치매와 가까운 말이었을 거 같은데, 그래도 요즘처럼 많지는 않았지요. 예전엔 특별한 경우에나 발생하던 노망이 지금은 누구나 걱정하는 사태가 될 만큼 언젠가부터 급증한 겁니다. 혼자만의 생각이지만, 이건 아마 텔레비전과 관련된 거 아닌가 싶습니다. 방 안에 너덧 시간 앉아 있는 거 쉽지 않습니다. 선방에 있는 분들 아니면 힘든 일입니다. 그러나 TV를 켜

놓으면 아주 쉽습니다. 다들 저녁이면 매일 그러고 앉아 있지요. TV를 보며 운동하시는 분은 드물지요. TV 보며 사유하시는 분 역시 드물 겁니다. TV 프로그램은 대부분 사유하지 않도록 깊이 배려하여(!) 만들어집니다. 사유를 하다가도 TV를 켜면 중단되지요. 뇌를 쓸 일이 없이 너덧 시간씩 그저 앉아 있으면, 뇌에 혈류가 잘 공급될 리 없고, 뉴런들이 시냅스를 늘려갈 일도 없습니다. 편하게 지내기 위해 있던 시냅스도 끊을 겁니다. 매일 이런 생활을 30~40년 하면 뇌세포도 시냅스도 줄어들 테니 뇌 전체가 축소해 가지 않을까요? 한국에 컬러 TV가 보급된 게 80년대니 40년 정도 전인데, 30대에 TV를 보기 시작한 분들의 나이를 생각해 보면 TV가 치매가 급증한 주범이라는 말이 대강 그럴 듯하게 들리지 않나요? 여하튼 뇌가 줄어들어 없어지지 않도록 조심해야겠습니다. 운동하시고, 사유하시고, 공부하시면서…^^

　뇌 얘기 나온 김에 좀 더 하자면, 한스 모라벡이 『마음의 아이들』에서 진지하게 쓴 이래, 뇌를 전기회로로 바꾸는 것, 아니면 업로드/다운로드하는 이야기를 자주 봅니다. 『특이점이 온다』에서 커즈와일은 이를 들어 '영생'의 가능성을 말하면서 '영생'이 있는 곳에 나타나게 마련인 새로운 종교를 하나 만들었다고 하지요. 「공각기동대」에서도 반복해서 나오고, 「트랜센던스」 같은 영화에서도 나오는 게 뇌의 업로드/다운로드지요. 이런 얘기의 발생지점을 보면 좀 황당합니다. 모라벡은 팩시밀리를 보고 이런 생각을 했다고 해요. 지금 팩시밀리는 2차원의 정보를 전송하는데 3차원 정보라고 안 될 이유가 있겠어? 그럼 3차원은 되는데, 뇌라고 안 되겠어? 이게 모라벡의 추론입니다. 전송이 되는데 업로드/다운로드가 안되겠어? 이게 그 후계자들의 추론입니다. 팩시밀리로 사과를 3차원으로 전송받았을 때, 그걸 먹을 수 있을지 궁금하지만, 그건 접어 두지요.

이런 추론에서 잊고 있는 것은 뇌가 **운동기관**이라는 겁니다. 따라서 뇌는 기본적으로 운동을 담당하는 자기 신체와 연동돼 있어요. 가령 피아니스트의 뇌를 뇌를 제 머리에 이식했다고 해서 제가 피아노를 칠 수 있을까요? 쉽지 않을 겁니다. 제 뇌를 개에게 이식하면 개가 지금 저처럼 생각하고 감각할까요? 아마 제 뇌가 개의 몸에 맞게 적응해야 할 겁니다. 그럼 제 뇌가 아니라 개의 뇌로 되돌아가게 되겠지요. 물론 뭔가 남다른 분위기 있는 개가 되긴 하겠지요. 그렇게 과거의 흔적은 남겠지만 그건 부차적이지 않을까요? 그럼, 개와도 다른 물리적 신체를 갖는 저장장치에 뇌를 이식하면 뇌는 멀쩡하게 작동할까요?

이 모두는 뇌란 사고기관이라거나 '정보처리기관'이라는 가정, 그러니 어디에 이식해도 신체와 무관하게 작동하며 사고할 것이라는 가정에 입각한 것입니다. 모라벡이나 커즈와일 같은 분의 뇌, 그분들 뜻에 따라 얼른 이식해 보면 좋겠어요. 인류에게 중요한 교훈을 주는 실험이 될 거 같으니 말이에요. 성공하면? 더 좋지요.^^ 영생이 끔찍한 것은 이미 80억을 바라보는 인간의 신체를 이 지구상에서 먹여 살려야 하기 때문인데, 신체 없이 서버에 들어가서 살 수 있게 되면 지구로서도 정말 다행이라 할 겁니다.

앞서 말했던 **반동적 감정이 발달한 것도** 동물의 생존과 관련된 뇌의 기능 때문입니다. "먹이를 찾아 산기슭을 어슬렁"거려야 하는 동물들에게 뇌가 해야 할 가장 일차적이고 중요한 판단은 상대방을 만났을 때, 얘한테 덤벼들어야 될지, 그냥 있어도 될지, 얼른 도망가야 하는지를 판단하는 것입니다. 이게 판단이나 '사고'의 기원이죠. 좋은 일은 잘 기억해도 나쁜 일은 잊지 못하는 건 이 때문입니다. 위험한 상대나 사건은 한 번만 잘못 기억해도 치명적입니다. 잘 기억했다 가능하면 빨리 도망친 것들만 살아남았을 겁니다. 그렇게 기억력이 발달한 것들이 살아남아 진화한 것이 지금 현존하는 인간 아니겠어요? 감정이란 위급한 상황에 최대한 빨리 대응하기 위해 감각적 지각이나 뇌의 판단을 최대치로 증폭시켜 신체 전체를 빠르게 움직이는 장치입니다. 감정에는 정확성 같은 게 중요하지 않으니 **속도를 위해 정확성을 포기한** 것들이 살아남았을 겁니다. 그래서 우리도 감정이 일면 정확하지 않은 판단을 하기 쉽습니다. 특히 나쁜 감정이 섞여 들면 뇌가 잊지 않도록 진화되었을 겁니다.

그렇게 나쁜 일에 민감하고 그걸 잊지 못하기에 인간은 불행하기 쉽습니다. 나쁜 일, 싫은 일에 둔감하고 좋은 일에 민감해야 행복할 텐데 반대니까요. 좋은 일이 아무리 많아도 한 번 나쁜 일로 화나고 틀어지면 그 사람과는 대개 더 만나고 싶지 않게 되지요. 3년 동안 연애를 하다 어떤 일로 헤어지면, 그 헤어진 사건만 기억에 남습니다. 3년간의 좋은 일이 그 한 번의 나쁜 일을 이겨내지 못하는 겁니다. 3년을 연애했으면 3년의 시간 중 많은 부분이 기쁘고 좋은 일 아니었겠어요? 그러나 헤어질 만한 일 한 번이면, 그건 모두 잊어 버립니다. 능동적 힘이 반동적 힘을 이기기 어려운 게 다 이런 이유에서지요. 힘의 양과 질을 구별하는 게 그래서 중요합니다. 강자를 힘의 양보다는 질에 의해 정의하는 것도 이런 이유에서입니다. 물론 진정한 강자는 능동적 힘이 반동적 힘보다 양적으로 큰 사람이겠지만요.

2. 고독과 버림받음

선택된 모든 인간은 본능적으로 자신이 숨을 수 있는 성과 은밀한 장소를 찾는다. 그곳에서 그는 군중, 다수, 대중으로부터 구원되고 '인간[일반]'이라는 규준을 잊게 되며 그러한 규준이 적용되지 않는 예외가 된다. (26절)

26절에서 니체는 고독에 대해서 얘기합니다. 고독이란 니체가 자주 언급하는 주제 중 하나지요. 『차라투스트라』에서도 고독에 대해 얘기를 하는데, 거기서는 고독뿐만 아니라 '사람들에게 버림받는 것'에 대해서도 얘기를 해요. 『차라투스트라』에서 고독은 버림받음과 다르다고 말합니다. 거기서 고독이란 모든 사물이 다가와 응석을 부리며 모든 것을 털어놓고 말을 건네는 고향 같은 것입니다. "존재의 말과 그 말을 담아 두고 있는 상자 모두가 나를 향해 활짝 열리"는 "복된 고요함" 같은 것입니다(3부 「귀향」). 이를 왜 고독이라고 했을까요? 많은 사람들이 있는 곳에서는 많은 말들 속에서 이 사물들의 말이 들리지 않지만, 홀로 있는 고독 속에서 비로소 이 존재의 비밀이 들리기 때문입니다. 그러니 고독이란 사물의 존재에 눈 돌리고 그들의 목소리에 귀 기울이게 되는 어떤 상태라 하겠습니다. 존재의 목소리를 경청하라면서, 존재를 잊고 사는 세인들의 삶에 대해 비판했던 하이데거의 얘기를 떠올리게 하는 부분입니다.

이런 의미에서 고독이란 사람들과의 물리적 분리를 뜻하지 않습니다. 사람들 속에서, 심지어 소란스러운 거리에서도 고독은 가능한 것입니다. 다시 하이데거 식으로 말하면, 사물들의 존재에 귀 기울이는 태도가 고독이고, 그런 상태로 돌아가는 것이 귀향, 즉 '고향으로 돌아감'입니다. 반면 '버림받음'이란 사람들이 있는 곳에서 자신이 듣고 보고 생각한 온갖 것을 다 말하지만, 이를 어떻게 이해해야 할지 아는 자가 없을 때, 혹은 다들 잘 알아들었다며 심지어 찬사까지 보내지만 실은 이해하지도, 알아듣지도 못한 상태를 말합니다. 사람들한테 추방당하고 배제당하는 것이 아니라 그들이 받아들이고 추앙하지만 실제로는 이해하지 못한 상황을 버림받음이라고 말하는 겁니다.

그러나 버림받음에 대해 분노하거나 이해받지 못함을 한탄해서는 안 됩니다. 그런 감정이 일면 사물들이 응석부리며 즐겁게 얘기해 주는 존재의 비밀을 듣지 못하게 됩니다. 분노나 한탄 같은 감정이 일면 자기 목소리가 커지게 되지요. 그러면 사물이 건네는 목소리를 듣기 어렵습니다. 자기 목소리를 사물의 목소리라고, 존재의 목소리라고 착각하게 됩니다. 그래서 니체는 고독을 말하는 이 절의 말미에서 "분노에 찬 인간만큼 거짓말을 잘하는 인간도 없다"고 씁니다. 남에게든 자신에게든 다르지 않을 겁니다.

전에 제가 『파격의 고전』(글항아리, 2016)이란 책을 쓰면서 이 버림받음과 은거에 대해 쓴 적이 있습니다. 유득공이 쓴 소설 「유우춘전」을 보면 유우춘이란 해금 명인이 나옵니다. 해금하면 유우춘이라고 할 만큼 유명한 사람인데, 해금 배우겠다고 온 사람한테 "이거 뭐 하러 배우냐고, 이것보단 저기 가서 동냥하는 게 훨씬 먹고사는 데 도움이 되니까 배우지 말라"고 합니다. 이렇게 말하는 이유가 뭐냐면, 자기가 연주를 하는데, 제대로 알아듣는 사람은 하나도 없다는 겁니다. 유명하다고 하니까 청해서 듣기도 하고, 또 멋진 연주라고 상찬을 하고 하지만, 자기가 볼 때는 제대로 알고 듣는 사람이 하나도 없다는 거죠. 이런 게 바로 니체가 말하는 버림받음입니다. **'사람들 속에서** 버림받음'이죠. 고전소설에서 자주 나오는 '은거'는 한편으로는 이 버림받음 때문에 택하는 삶의 방식일 겁니다. 그러나 은거는 좀 더 본질적인 고독에, 니체가 말하는 고독에 훨씬 가깝습니다. 사물들이 다가와 말을 건네는 '고독'을 위해, 그 말소리를 듣지 못하게 하는 소란을 피해 홀로 되는 것이니까요. 그렇기에 버림받음이 사람들 속에서 이루어지듯이, 고독이나 은거 역시 물리적 격절이 아니라 사람들 속에 있으면서도 가능한 것입니다. 이해받으려 애쓰는 대신, 사람들로부터 거리를 두고 그 거리 속에서 사물들의 존재에 귀 기울이는 것. 그래서 이는 니체가 말하는 '거리의 파토스'와 가까이 있는 개념이기도 합니다. 사람들과 자신의 거리를 긍정하는 것, 그것을 위해 그들로부터 거리를 두고 멀어지는 것 말입니다.

이는 비밀의 삶이라고 해도 좋을 겁니다. 「불사조 교파」에서 보르헤스는 진정한 비밀이란 보이지 않도록 감추어 둔 게 아니라, 감추지 않고 다 까놓았는데 아무도 보지 못하는 것이라고 한 적이 있지요. 비슷하게 장자는 천하에 천하를 감춘다는 말로 이를 이미 오래 전에 표현한 바 있습니다. 그러니 이런 비밀을 본 자들은 고독할 겁니다. 눈앞에 뻔히 보이는데 다들 보지 못하고 있으니까요. 그렇기에 이런 비밀을 보기 위해 산 속으로, 물리적 고립을 찾아 들어갈 것도 없습니다. 세상 속에서 보고, 그 세상 속에서 사는 것이 이 비밀을 보는 자의 고독이고 은거라고 할 겁니다.

사람들이 이해를 해주면 좋은 일입니다. 이해를 구하는 것도 필요합니다. 차라투스트라가 사람들이 있는 세상으로 내려가는 것은 이 때문이지요. 그러나 "남들의 이해를 얻기란 쉬운 일이 아니다. 다르게 생각하고 다르게 살아가는 소란스러운 사람들"의 경우에는 특히 더 그렇다고 니체는 씁니다(27절). 그렇다고 분노할 것은 없습니다. 서로 다른 리듬으로, 다른 방향을 향해 가고 있으니 이해받지 못하는 건 어쩌면 **자연스러운** 일입니다. 그렇기에 이해해 주는 이가 있다면 놀라운 일이고 이해해 주려는 이가 있다면 고마운 일입니다.

사실 우리는 우리 자신마저도 오해하는 경우가 많죠. 스피노자 말대로, 우리의 영혼은 우리의 신체와 속성이 다르기에 우리의 신체를 알지 못합니다. 게다가 앞서 말했듯이 그 신체 속에는 수많은 의지들이 있고 수많은 영혼들이 있습니다. 그러니 그걸 어찌 알겠습니까? 가끔씩 리듬이 맞는 것만 포착하는 것이고 알게 되는 것이겠지요. 따라서 이해를 구하더라도, 지나치게 이해를 구하지 않는 게 좋습니다. 반대로 **오해가 일반적이며 이해는 희소하고 드물다는** 걸 잊지 말아야 합니다. 60년대 일본 전공투 운동에서 모토로 삼았던 문장을 이런 의미로 이해하면 좋을 듯합니다. "연대를 구하되 고립을 두려워하지 말라!" 이 말은 50년대 큐슈에서 광부들의 코뮨을 만들고 노동자와 그 가족들의 문학서클을 만들어 문학운동을 하던 다니가와 간(谷川雁)이 쓴 글에서 따온 것입니다. 운동이 아니라 우리의 삶과 결부된 말로 바꾸어, 니체적인 의미로 사용한다면 좋은 삶을 만들어가는 데 도움이 될 거 같지 않나요?

소통이 어렵다는 얘기를 전에 했지만, 바로 그렇기에 이해는 드물고 오해는 일반적입니다. 그러니 이해하는 사람을 발견했다면 행운입니다. 그런데 이 사람이 언제나, 혹은 다음에도 이해해 줄 것이라고 기대를 하는 것은 무리입니다. 나도 나를 가끔씩만 아는데, 남이 그 정도 알아 주었으면 다행이라 생각하는 게 좋습니다. 이런 이야기를 길게 하는 것은, 사람들이 이해를 잘 안 해준다고 화를 내는 경우를 자주 보기 때문입니다. 그러면 인생이 참 힘들어집니다. 항상 화를 내면서 살아야 해요. 사람들이 이해를 못 해주면 '이게 일반적이야' 생각하고, 이해해주면 '오 이런 행운이!'라고 생각하며 사는 것이 행복하게 사는 길입니다. 이해해 주지 못하는 사람을 만날 때마다 슬프면 인생이 슬퍼질 겁니다. 반대로 이해해 주는 사람을 만날 때마다 기쁘면 인생이 기뻐질 겁니다.

　니체는 말합니다. "우리는 섬세하게 해석하려는 좋은 의도를 가진 사람에 대해서 진심으로 감사해야 한다"고(27절). 그러곤 덧붙입니다. "'친한 친구'들의 경우에는 애초부터 그들에게 오해할 수 있는 공간과 놀이터를 허용해주는 것이 좋다." 악의나 저열함을 가정할 필요가 없는 편안한 친구들이라면, **오해를 놀이로 받아들이라는**, 쉽게 웃어넘기라는 말입니다. 내가 무언가 중요하고 심오하다고 생각하는 것, 이해되었으면 싶은 게 있다면, 이를 수수께끼를 내는 마음으로 말하고 쓰는 겁니다. '이거 이해할 수 있겠어? 쉽지 않을 걸' 하는 겁니다. 누군가 오해했다면, '헤헤, 그건 답이 아닌데' 하며 웃어넘기는 겁니다. 고귀한 생각이라면 어떻게 오해되지 않을 수 있겠어요? 드물고도 어려운 것인데…. 그러니 남들의 오해나 비난이 없다고 하면 '내가 생각하는 게 너무 수준이 낮은 건 아닌가' 의심해 봐야 합니다.

　한때 책을 내면 인터뷰를 할 일이 많았던 시절이 있었어요. 그런데 인터뷰를 열심히 하고 와서 기사를 읽으면 '어… 내가 이렇게 말했던가?' 싶은 때가 있습니다. 어떤 때는 심지어 제 의

도와 정반대로 쓴 기사를 본 적도 있어요. 처음엔 당황했는데, 몇 번 비슷한 일을 겪고 나니 생각을 바꾸게 되었어요. 글을 쓰는 사람은 자기가 이해한 대로 쓰는 거니 그건 제가 어쩔 수 없는 것인 거죠. 아 그 사람은 그렇게 이해했던 모양이구나 생각하는 거죠. 반대로 정확히 이해하고 써 준 기사를 보면, '오, 이분 이해해 주었네!' 하고 기뻐하는 겁니다. 내 생각이나 취향에 맞춰서 쓰기를 바란다면 내가 써야지요. 사실 내가 써도 내 생각을 충분히 표현하지 못하는 경우가 많은데, 남이 쓰는 게 어찌 내 생각 같겠어요? 물론 그렇기에 인터뷰를 할 때는 오해의 여지를 줄이기 위해 최선을 다하되, 씌어져 나온 것에 대해서는 호오의 판단을 하지 않고 '아, 이렇게 나왔네'라고 읽는 거죠.

공동체인 〈수유너머〉에 관심을 갖고 취재하거나 영화를 찍으러 오시는 분들이 종종 있었습니다. 그때에도 비슷한 문제가 제기됩니다. 모든 이에게 취재나 촬영을 허용할 것인가? 반대로 '좋은 친구들'에게만 허용할 것인가? 개인적인 생각이지만, 저는 특별히 악의나 반감을 가정할 이유가 없다면, 엔간하면 다 허용해야 한다는 입장입니다. 우리 뜻대로 나오지 않을 수 있겠지만, 그게 어쩌면 당연한 게 아니겠어요? 내가 찍어도 내 뜻대로 만들기 어려운데, 남이 찍는 걸 두고 이래라 저래라 할 순 없는 일이니까요. 더구나 그들이 우리의 입장을 알려주는 선전매체도 아니니, 우리 입맛대로 찍어야 한다고는 할 수 없죠. 오해의 여지가 있다면서 찍은 것을 비난하는 것도 우습지만, 찍은 사람이나 영화가 맘에 안 든다고 '초상권'을 주장하면서 만들어진 영화에 대해 상영중지를 요구한다거나 하는 것은 공유의 관념과 반대로 사유, 사생활에 대한 근대적 관념을 극단으로 밀고 간 것이니, 코뮨이나 공동체와는 거리가 아주 멀다는 생각입니다. 오해한다면 어쩔 수 없지 넘어가고, 이해해 주면 고마워라 하는 것, 이건 코뮨을 자처하지 않은 경우에조차 삶을 편안하고 행복하게 살기 위해 필요한 태도 아닐까 싶습니다.

저는 욕을 많이 먹으며 살아서인지^^ 언젠가부터 오해나 비난에 대해서도 굳이 변명할 필요를 느끼지 않게 되었습니다. '안목이 있는 자라면 이해해 주겠지, 안목이 없으면 어쩔 수 없지'라고 넘어가고, 오해나 비난이 퍼져가도 엔간하면 '시간이 지나면 풀리겠지, 안 풀려도 할 수 없고'하고 넘어가려 합니다. 사실 일일이 해명 내지 변명하려면 끝이 없고, 그러고 다닌다고 해결될 것도 아니지요. 해명할 생각을 하게 되면, 해명할 것들이 머릿속에 맴돌아 다른 걸 하기 어렵습니다. 해명하려는 일에 사로잡혀 포로가 되는 거지요. 그런 식으로 살면 내가 정말로 하고 싶은 일을 못하게 됩니다. 인생은 길지 않고 하고 싶은 일은 엄청나게 많이 있는데 그런 일에 시간을 소모하는 것이야말로 어리석은 일 아닌가 싶습니다. 그러려면 '오해의 일반성과 이해의 희소성'을 되새기며, 그런 일에 대해서 좀 의연해지는 게 인생을 좀 더 행복하게 사는 길일 겁니다. 좋은 삶을 사는 길이죠. '정신승리법'이라고요? 맞습니다. 그래도 아큐와는 좀 다른 종류의 정신승리법이란 생각입니다. **패배를 승리라고, 실패를 성공이라고 스스로를 속이는** '패배자의 정신승리법'이 아니라 **오**

해를 오해인 채, 비난을 비난인 채 그대로 받아들이는 '버림받은 자의 정신승리법'이지요.^^ 하고 싶은 일을 하며 사는 데 아주 좋은 방법 아닐까요? 비판이나 자기비판은 좋은 것이고, 정신승리법은 나쁜 것이란 생각, 잘 생각해 봐야 합니다.

3. 도덕의 시대, 도덕 이전, 도덕 바깥의 시대

니체는 결과와 의도를 관계 짓는 방식에 대해 말하며 세 가지 시대를 구별합니다. 도덕 이전의 시대, 도덕의 시대, 도덕 외적인 시대가 그것입니다. 이를 단지 시대구별이나 진단과는 다른 차원에서, 의도와 결과를 대하는 우리의 방식과 결부된 것이란 맥락에서 살펴보기로 하지요. 도덕 이전의 시대는 어떤 행위의 가치를 결과로부터 추론하는 시대입니다. 결과가 좋으면 좋은 행위로, 결과가 나쁘면 나쁜 행위로 간주되는 시대입니다. "이 시대에는 '너 자신을 알라!'는 명법이 아직 알려져 있지 않았다"(32절)고 하는 걸 보면 소크라테스 이전 시대를 염두에 두고 있는 듯합니다. 도덕의 시대는 결과가 아니라 '의도'를 주목하며, 결과를 의도로부터 유래한 것이라고 보는 시대입니다. 도덕 외적인 시대는 의도하지 않은 것에 결정적 가치가 있다고 보는 시대, 그렇기에 의도조차 해석이 필요한 기호라고 보는 시대라고 합니다. 의도조차 다시 물어 왜 그런 걸 의도하게 되었는지, 무엇이 그런 의도를 갖게 했는지를 묻는 것을 뜻합니다. 니체가 말하는 계보학적 질문을 의도에 대해서도 던지는 것이지요. 의도가 만들어진 지반이나 척도를 묻는 것입니다.

니체는 세 개의 시대라고 했지만, 사실은 세 가지 유형의 태도라고 해도 좋을 듯합니다. 왜냐하면 현재도 세 가지 태도는 모두 나타나기 때문입니다. 다만 어떤 게 지배적인가에 따라 시대를 구분할 순 있겠지요. 여기서 특히 주목할 것은 행위의 가치를 그 의도로 소급해서 평가하는 도덕의 시대, 도덕적 유형입니다. 도덕이 지배하는 시대는 바로 이 의도를 묻고, 그 의도를 통해 양심으로 소급하여 가책하는 시대라고 할 수 있습니다.

의도가 좋으면 결과가 좋다고 믿는 분도 있지만, 실은 그렇지 않습니다. 결과가 의도에서 벗어나거나 의도에 반하는 경우가 많지요. 도덕적 평가는 결과가 나빠도 의도가 선했다면 선한 것으로 받아들입니다. 그러나 선한 의도가 나쁜 결과로 귀결되는 경우도 있고, 반대도 있지요. 그래도 도덕주의자는 선한 의도로 행하라고 할 겁니다. 마키아벨리 같은 '유물론자'라면 의도가 무엇이든 결과가 어떠할지를 예측하여 행하라고 할 겁니다. 사드의 소설 『미덕의 불운』과 『악덕의 번영』은 도덕주의에 대한 근본적 반문을 던지는 작품이지요. 『미덕의 불운』의 주인공 쥐스틴은 선하기 그지없는 인물이지만 언제나 불행한 결과로 밀려 갑니다. 이런데도 "선하게 살라"는 거냐고 사드는 묻는 겁니다. 『악덕의 번영』 주인공 줄리엣은 쥐스틴의 언니이기도 한데, 악녀입니다. 그러나 악덕한 인물임에도 제목처럼 하는 일이 다 잘 되어 '번영'으로 이어집니다. 이런데도 "악하게 살지 말라"는 거냐고 묻는 거죠. 의도와 결과의 근본적 간극, 도덕의 근본적 무력성에 대해 쓰고 있는 겁니다.

우리 또한 자신에 대해서나 남에 대해서 의도를 묻곤 합니다. 자기 의도의 선함을 믿는 경우, 그 행동이 남을 힘들게 해도, 내가 너 잘되라고 이러는 거라면서 자기 의도를 드러내고 강조합니다. 의도가 선하니 힘들어도 참고 하라는 거지요. 자식들 다그치는 부모가 주로 사용하는 언사지요. 반대로 남이 한 행동에 대해서는 의도 없이 한 것조차 의도의 불량함을 가정하여 비난합니다. 우연이나 실수로 부딪친 것임에도, 마치 나에게 해를 가하려고 일부러 그런 것인 양 비난합니다. 『장자』에 나오는 이야기인가요? 저기 있는 빈 배가 내가 타고 있는 배에 와서 부딪쳤을 때, 그 배에 아무도 없다면 아무 말 하지 않지만, 누구라도 거기에 앉아 있으면 "야, 너 눈이 있어 없어?" 하면서 비난한다고. 눈이 있다면 부딪치지 않도록 해야 마땅한데 부딪쳤으니 반대추리에 의해 무슨 악의를 갖고 부딪친 거라고 비난하는 거지요. 추월하려고 급하게 끼어든 자동차를 보고 욕을 하는 경우도 이런 것이겠지요. 그러나 끼어든 자동차 운전자가 설마 내 차 방해하려고 끼어들었겠어요? 그런데도 우리는 어느새 '적대행위'로 간주합니다. 적대적 의도를 그 행위 뒤에서 어느새, 그토록 빨리 읽고 있는 겁니다. 이렇게 나와 부딪치는 것들을 나에 대한 적대행위라고 간주하면 세상, 정말 살기 힘들 겁니다. 다가오는 모든 이들을 잠재적 적으로 간주하여 경계해야 하지요. 물론 이는 사적인 이해관계의 경쟁이 어디나 지배하는 자본주의가 촉발하는 바가 크다고도 해야 할 겁니다.

비판을 자기에 대한 공격으로 받아들여 화를 내는 분들을 자주 보시지요? 심지어 어떤 말에 대해 질문을 던지는 것조차 자기 주장의 타당성에 대한 의문 내지 반문이라고 보아 화를 내는 분들도 종종 보셨을 겁니다. '대체 이 질문을 하는 의도가 뭐야?'라는 생각이 밀려오는 거겠지요. 이 역시 마주치고 만나는 일들을 적대적 공격이라고 간주하는 태도의 산물인데, 실은 자기 주장을 충분히 믿지 못하는 약함의 징표입니다. 강자라면 공격적인 비판조차 '그 정도야…' 하며 느긋하고 여유있게 받아넘길 겁니다. 한 방 맞으면 쓰러질 거 같은 주장이라면 작은 질문에도 위협을 느끼며 화를 내게 될 겁니다.

사실 세상사 대부분은 의도 없이 행해집니다. 그냥 그런 일이 '일어나는 것'입니다. 없다고 할 수는 없지만 악의로 인해 벌어지는 불행은 그다지 많지 않습니다. 대부분의 불행은 의도 없이 행해지는 일 때문에 벌어지지요. 악의라고 간주되는 것도 정말 미움과 원한으로 일부러 맘먹고 하는 것을 제외하면, 대부분 오해나 무지에 기인합니다. 물론 이해관계 때문에 그런 경우도 있지만, 문제가 이해관계의 대립이라면 그 행동을 행하는 상대방은 그렇게 행할 충분한 이유를 갖고 있음을 뜻합니다. 이때 중요한 것은 의도를 추단하는 게 아니라 그의 이유를 읽어 내는 것이겠지요. 선의로 인해 발생하는 불행이 차라리 악의로 인한 것보다 많습니다. 내게 영향을 미치는 행동은 대개 가족이나 친구, 연인 등 가까운 사람들에 의해 행해지기에, 많은 경우 선의로 인해 발생합니다. "이게 다 너 잘되라고 하는 말이야!" 이게 어쩌면 제일 난감합니다. 취직할 생각 없는 자식에게 취직을 요구하고 결혼할 생각 없는 사람에게 결혼 안 하느냐고 반복해서 묻는 친척들. 그래서 누군가 말했다죠? "지옥으로 가는 길은 선의로 포장되어 있다"고. 그래서 남들의 악의를 믿는 것도, 자신의 선의를 믿는 것도 조심해야 합니다.

도덕 이전의 시대라는 말로 표현된 유형은 의도와 무관하게 행위의 결과를 냉정하게 볼 수 있습니다. 그게 어쩌면 사태를 정확하게 해결하는 데 도움이 됩니다. 의도의 분별과 호오의 판단을 떠나서, 또한 애증의 감정을 벗어나서 사태를 보면 사태가 명백하게 보인다는 선승들의 말은 이런 시대의 비-도덕적 내지 전-도덕적 태도를 보여 줍니다. 어떤 것도 그 결과를 통해 사고하고 판단하는 냉정한 마키아벨리 식 유물론도 이러한 비-도덕 내지 전-도덕적 태도라고 하겠습니다.

도덕-외적인 태도란 어떤 의도에 대해서조차 감추어진 이유를 찾는 것입니다. 가령 학교에서 같은 학생을 괴롭히는 행동은 분명 괴롭히려는 의도를 갖고 행해집니다. 악의에 의한 행동이지요. 그런데 왕따처럼 이런 의도가 개인적인 게 아니라 집합적으로 행해지고, 또 한 곳이 아니라 여기저기서 널리 행해진다면, 이 의도를 들어 비난하는 것은 의미가 없습니다. 이 의도는 다른 숨겨진 어떤 원인의 징후에 불과합니다. 어쩌면 가장 즐겁게 살아야 할 시기를 입시를 위한 공부에 모두 바치도록 강제하고, 그것에 매진하지 않으면 무능한 자로 모욕하며, 일찍부터 친구관계를 경쟁관계로 세팅해 버리는 교육체제 속에서 발생한 극도의 스트레스, 그리고 그 스트레스를 풀 출구가 없는 상황, 남을 괴롭히는 방식 말고는 스트레스를 풀 방법을 찾지 못하게 된 조건 등이 그런 '악의'가 이토록 널리 퍼져가는 이유일 겁니다. 이런 것이 '의도'를 징후로 보고, 그 징후 밑에서 그것을 만들어 낸 어떤 이유를 찾는 방법입니다.

4. 진리의 위험성에 대하여

앞서 진리보다는 무지가 생명에 유용한 경우가 많다는 얘길 했는데, 나아가 진리 내지 진실이라는 게 생명을 위협할 때도 있습니다. 우리는 언제나 진실을 알아야 한다고 생각하지만, 진실을 몰라도 좋은 때가 있고, 진실을 모르는 게 좋을 때도 있으며, 몰라야 하는 때도 있습니다. 진실을 알면 불행해지는 경우가 있습니다. 예를 들면 히치콕의 영화 「현기증」에서 탐정 스카티는 친구에게 죽은 영혼에 홀린 것 같은 아내 매들린의 비밀을 찾아 달라는 의뢰를 받습니다. 매들린을 추적하면서 스카티는 그 여자를 사랑하게 되지만, 결국 고소공포증 때문에 그 여자의 투신자살을 막지 못합니다. 절망으로 사건이 끝나고 한참 뒤 스카티는 매들린과 똑같이 생긴 여인 주디를 만나 다시 사랑에 빠집니다. 그러나 매들린의 환영만을 보고 주디가 그 여자가 되기를 바라는데요, 급기야 매들린 사망 사건의 단서를 발견하고 그 진실을 추적하기 시작합니다. 그렇게 고소공포증까지 극복하고 간신히 진실을 찾아 냈을 때, 매들린을 연기했던 주디는 떨어져 죽게 됩니다. 돌이켜 보면 실제로 스카티가 만났고 사랑했던 사람은 주디였지요. 그러나 진실을 알려는 스카티의 의지 — 진리에의 의지 — 는 끝내 사랑하는 여인을 죽음으로 몰아넣습니다. 그냥 묻어 두었다면 얻었을 사랑을 진실을 대가로 잃게 된 겁니다. 진실이 사랑하는 사람의 생명을 앗아간 겁니다. 영화 마지막에서 히치콕은 묻는 듯합니다. 이래도 정말 진실이란 것은 드러나야 하는 것인지, 이렇게까지 하면서 진실을 찾는 게 좋은 일인지를. 니체의 말입니다.

> 나 자신은 일찍부터 기만하거나 기만당하는 것에 대해서 달리 생각하고 달리 평가하는 법을 배워왔으며 기만당하는 것에 대해서 맹목적으로 분노하면서 저항하는 철학자들의 옆구리를 쥐어박을 준비가 되어 있기 때문이다. 그렇게 못할 이유가 있는가? 진리가 가상보다도 더 가치가 있다는 것은 도덕적 편견에 지나지 않는다. 그것은 심지어 세상에서 가장 큰 오류로 증명된 가정이다. (34절)

우리의 삶에서도 그렇습니다. 특히 연인이나 배우자의 과거를 파헤치려는 시도는 대개 파경에 이르는 경우가 많습니다. 그걸 안다고 사랑하고 같이 사는 데 도움이 될 리도 없고, 과거를 바꾸거나 좀 더 나은 삶을 만들어 갈 수 있는 게 아닌데도, 진실을 알려는 의지가 발동하여 삶을 망치고 관계를 망치는 경우가 많지요. 진실이 드러나는 게 뜻하지 않게 누군가에게 치명적인 경우도 있어요. 일본군 위안부로 끌려갔던 김창연(가명) 씨가 그랬어요.

> "내려와서 [부산에서] 한 육 개월인가 살고 있는데, 고향사람들 이 와 가지고 내가 왜놈들한테 갔다 카는 그게 알아져가지고. 그 사람은 소문을 낸 게 아니고 남해고향 진씨라꼬, 그 사람은 내 [끌려] 갈 때 건너편 동네 가지 장개 가서 살았어. [그 또한] 자기 가 [이야기]하고 싶어 한 게 아니고 옛날에 누누이[누구누구] 고 생했다, 누이[누구] 했다 나올 때 누구누구 나왔다 하니까 이름 이 나왔지. 소문이 커질지 모르고…"(한국정신대문제대책협의회, 『강제로 끌려간 조선인 군위안부들4』, 풀빛, 2011, 82쪽)

이래서 김창연 씨는 임신 상태에서 남편에게 쫓겨나게 됩니다. 나중에 다른 사람과 만나 사랑하게 되는데 그는 매우 따뜻한 사람이고 위안부임을 알면서도 감싸 주었다고 해요. 그러나 혼인신고를 할 즈음 다시 소문이 돌았고 그 소문에 남편 집안에서 반대하는 바람에 결국 두 번째 애를 임신한 상태에서 다시 헤어지게 되었답니다. 증언 채록자에 따르면 "김창연은 서른네 살 이후 자신의 삶을 전혀 설명하지 않았다"고 해요. "마치 서른네 살로 삶이 종지부를 찍은 것처럼"(앞의 책, 88쪽).

그렇기 때문에 때로는 묻어 두는 것이, 모르고 지나가는 경우가 더 좋은 일들이 많습니다. 반면 이처럼 진실이 드러났을 때 생명이나 삶이 위태로워질 텐데도, 혹은 아주 곤혹스러워질 텐데도—이런 걸 니체는 '위험한 진리'라고 해요—그걸 드러내려는 경우가 있습니다. 진리에의 의지가 정말 그 강도를 시험받게 되는 건 이런 경우일 겁니다. 아주 치명적일 수 있음에도 불구하고 진실을 드러내고 그 진실을 견디어 내려는 것은 아주 강한 정신에게만 가능한 일입니다. 그래서 그는 "어떤 정신의 강함은 **얼마나 '진리'를 견뎌낼 수 있는가에 따라**" 측정된다고 해요. 극히 위해한 진리를 희석시키거나 은폐, 감미롭게 하거나 둔화시키고 위조하는 것을 필요로 하지 않는 정도에 의해 정신의 강함이 측정된다는 겁니다(39절). 진리의 위험성과 혹독함을 견디는 것, 그것이 강한 자라는 겁니다.

방금 '위안부' 얘기를 했지만, 위안부임이 드러나는 것이 삶을, 아니 생명을 중단시킬 만큼 치명적인 것임에도 그것을 드러내고 그 '진리'를 견디어 낸 분들이 있음을 우리는 알고 있습니다. "일본군 위안부였던 내가 여기 있다"면서 위안부의 존재를 부정하던 일본정부에 항의했던 김학순 씨와 이후 위안부 할머니들이 바로 그렇습니다. 우리는 김학순 씨가 증언한 세계와 증언하지 않은 세계가, 아담이 사과를 딴 세계와 따지 않은 세계만큼이나 다르다는 것을 잘 알고 있습니다, 국가적 권력을 상대로, 동시에 위안부의 과거를 냉혹하게 바라보는 이웃의 시선을 상대로 저 위태로운 진리를 견디어 내겠다며 증언한 정신, 이처럼 강한 정신은 어디서도 보기 힘듭니다.

이는 진리에 대한 니체의 입장을 이해하는 데 중요하다고 생각합니다. 이제까지 진리에 대한 니체의 생각이란 "기만당하거나 허구의 세계를 사는 것은 왜 안 되는가?"라면서 진리를 폄하하는 것으로 오해되기 쉽습니다. 진리보다는 차라리 무지가 더 삶에 유용하다며 진리를 부정하고 허구를 찬양하는 것, 진리에의 의지를 부정하려는 것이 니체의 생각이라고 말입니다. 그러나 이를 통해 니체가 말하려는 건 **진리에 대한 추앙이 보지 못하는 것을 보라는** 지적이지요. 방금 인용한 39절은 위태로운 진리를 견디는 정신의 강함에 대한 말로 이를 잘 보여 주지요. 이 강함이란 니체에겐 대단히 긍정적인 뉘앙스의 개념임을 앞서 말씀드렸지요. 진리의 추구나 진리의 가치에 대해 묻지 않고 그저 좋은 것이라고 당연시하는 태도가 워낙 강력하게 지배하기에 니체의 망치가 그것을 비판하는 방향을 향했던 것이지만, 진리는 나쁘고 허구가 좋은 것이라는 평가도 사실은 증명된 적 없는 허상이고, 진리의 도덕을 뒤집은 **대칭적 도덕**에 지나지 않습니다. 중요한 것은 진리냐 허구냐 하는 선택지를 뽑는 것이 아니라, 진리도 허구도 물음의 대상으로 바꾸는 것이고, 그 선택지 자체를 내던져 버리고 삶이란 기준, 강하고 고귀한 자의 삶이란 관점에서 진리와 허구의 문제를 다루는 것입니다.

5. 높이 비상하려는 자를 시험하는 것들

진리를 추구하겠다는 철학자들에게 '왜 속으면 안 되는가'를 묻지만, 니체는 무언가를 위해 높이 오르는 자, 소중하다고 생각하는 것을 향해 높이 '비상하는 자'를 사랑합니다. 진리조차 그렇게 비상하는 자를 높이 오르게 만드는 것일 수 있습니다. 물론 진리 아닌 다른 가치들 또한 높이 오르게 합니다. 높이 오를 줄 아는 자, 높이 오른 자가 '고귀한 자'지요. 그런데 41절에서 니체는 비상하는 자를 시험하는 것에 대해 말합니다. 강자들을 속이며 오는 것들이 있다는 것이고, 비상하는 자들을 오도하는 것들이 있다는 겁니다.

여기서 니체는 비상하는 자들이 주의해야 할 것, '해선 안 될 것'에 대해 말합니다. 먼저 어떤 중요한 한 사람에 연연해선 안 된다고 합니다. 영화나 소설 같은 데서 종종 인생을 건 사랑이나 목숨을 건 의리에 대해 말하곤 하는데, 사랑을 위해서든 의리를 위해서든 **한 사람을 위해서** 목숨 거는 짓은 하지 말라는 겁니다. 그 사람이 아무리 소중한 사람이라고 해도, 그와 맺은 사랑이나 우정이 아무리 소중하다 해도, 한 사람에 연연해선 안 되며 '목숨 거는 일' 같은 건 해선 안 된다는 겁니다. 다음으로, 조국에 매달려선 안 된다고도 합니다. 조국을 위해 목숨 바친 이들에 대한 국가적 기념비, '무명용사의 비' 같은 것은 단지 죽은 이에 대한 추념만이 아니라 조국을 위해 목숨을 바치라는 암묵적 명령문을 두르고 있습니다. 이런 것에 따라 목숨을 바치는 것이 높이 올라가는 것이고 고귀한 것이라고 생각하면 큰 오산이란 겁니다. 니체 말을 마저 덧붙이면, 연민이나 환대, 자신의 해방 같은 것에 대해서도 연연해선 안 된다고 해요. 그게 무엇이든 **어느 하나에** 연연하게 되는 순간, 다른 많은 것들을 보지 못하게 됩니다.

오직 하나의 퍼스펙티브 속에서 소중한 것을 보지 못하게 되지요. '오직 하나'의 퍼스펙티브는 아무리 넓게 펼쳐도 대단히 협소하기 마련입니다. 나중에 거리를 두고 멀리서 쳐다보면, 이 작은 걸 위해 미쳐 달렸단 말인가 싶은 경우가 많지요. 높이 올라간다고 하는데, 좁은 골목 깊숙이 들어가 버리는 경우가 비일비재합니다. 제대로 높이 올라갔다면, 산꼭대기에 올랐을 때 그러하듯이 내게 보이던 것과 다른 많은 계곡과 능선이 눈에 들어와야 하고, 그것들이 갖는 가치의 높이와 위치, 관계 같은 게 충분히 보여야 합니다. 골목길은 깊이 들어갈수록 자신이 따라간 것 말고는 보이지 않습니다. 역으로, 자신이 추구한 것만 오로지 소중해 보인다면, 높이 올라간 게 아니라 골목 속으로 들어간 것임을 알아채야 합니다.

이처럼 오직 하나에 목숨을 걸고, 오직 하나의 가치를 위해 비상하는 것은 위험 중의 위험이라고 합니다. 무언가 적극적인 가치가 있다고 믿어 의심치 않기 때문이고, 목숨을 걸었기에 거꾸로 지고하다고 믿게 되기 때문입니다. 어쩌면 의외일 수 있을 말을 니체는 합니다. "인간은 자신을 보존할 줄 알아야만 한다. 이것이야말로 우리가 독립적인 존재가 되기 위해서 통과해야만 하는 가장 어려운 시험이다."(41절) '자기를 보존하라'는 것, 함부로 목숨 걸지 말라는 말이기도 합니다.

그러나 여기서 '자기보존'이란 현재의 상태를 그저 유지하는 것은 아니며, 소심한 물러섬 같은 것도 아닙니다. 적극적인 의미에서 '자기보존'이란 지금 자신이 처한 환경뿐 아니라 **다**

른 환경, 크게 달라진 환경에서도 생존을 지속할 수 있는 능력입니다. 따라서 이 능력은 상이한 환경, 심지어 아직 부재하는 환경에서도 생존할 수 있는 잠재력을 포함하고, 다른 가능한 환경에서 살아낼 수 있는 복수의 퍼스펙티브들을 포함하며, 생존에 필요한 연합의 능력마저도 포함합니다. 자기 아닌 타자의 투시법을 취해 볼 줄 알아야 하고, 지금 자신이 생각지 못한 것의 가치마저도 알아보거나 상상할 수 있어야 하며, 때로는 그 투시법 속으로 자신을 옮겨 놓을 수 있어야 합니다. 이를 두고 가장 강한 독립성의 시험이라 하는데, 가장 강한 독립성은 어떤 환경, 어떤 조건에서도 자기 발로 서서 살아갈 수 있는 능력을 뜻함을 안다면, 방금 제가 붙인 해석이 과한 게 아님 또한 아실 거라 믿습니다.

「중쇄를 찍자」란 일본 드라마를 혹시 아시나요? 원작은 만화였는데 2016년 드라마로 제작되어 방영되었다고 하더군요. 이 드라마를 보면, 어린 시절 힘들게 살았고 그림 그리는 실력도 없지만 천재적 재능을 가진 만화가가 나옵니다. 나카타 하쿠라는 인물인데, 여러 곡절을 거치며 잡지 연재에 성공하게 되자, "살아 있어서 다행이에요"라고 말하는, 만화가 바로 자기 인생이라는 인물입니다. 오직 만화 그리는 것만 생각하고, 다른 건 생각할 줄 모르는 인물입니다. 그러나 연재라는 걸 해 보신 분은 아시겠지만 완성하면 바로 다음 마감이 기다리는 게 연재죠. 더구나 그림을 일일이 그려야 하는 만화니 얼마나 힘들겠어요. 그래서 보통 어시스턴트들이 있게 마련이죠. 이 친구도 출판사에서 구해 준 어시스턴트가 있는데, 사람 관리도 못하고 사람 쓸 줄도 몰라 결국 다 내보내고 혼자 하겠다고 합니다. 만화에 미쳐 있기에 먹고 자는 것도 잊고 오직 만화만 그립니다. 편집자가 먹을 걸 사다 주고 잠을 자라고 챙겨 주지만 그렇게 하지 않습니다. '오직 만화만! 목숨 걸고 만화만!' 외치다 결국 쓰러지기 직전이 되고, 이 때문에 편집자와 크게 싸우게 됩니다. 오직 하나에 인생을 건 사람은 이렇게 되기 쉽지요. 그의 재능을 알아보고 열심히 도와준 편집자는 결코 이래선 안 됨을 잘 압니다. 이래가지곤 얼마 못 가 쓰러질 게 뻔하고 연재는 중단될 게 뻔하며, 그 결과는 만화를 그리며 살 수 없게 됨을 뜻하는 거니까요.

　오직 하나에 인생을 걸면 이렇게 되기 쉽습니다. 그거 하나만 보이는 깊숙한 골목길로 들어가 다른 모든 것을 보지 못해 망치게 되고, 결국 자신이 그토록 소중하게 여기는 것도 제대로 할 수 없게 되는 겁니다. 그걸 제대로 하려면 자기 몸도, 일정도 관리할 줄 알아야 하고, 만화 그리는 것뿐 아니라 먹고 자는 것을 챙길 수 있어야 하며, 어시스턴트도 관리하고 그가 먹고 생활하는 것, 그가 그리고자 하는 것까지 챙겨 주어야 합니다. 편집자와 소통하고 독자 사인회 같은 마케팅 행사도 할 줄 알아야 합니다. 그래야 자신이 가장 소중하게 하는 만화를 지속할 수 있고, 만화를 자기가 갈 수 있는 최고 높이로 끌고 올라갈 수 있습니다. '자기보존'이란 바로 이런 겁니다. 자기보존을 못하고 자기관리를 못하는 사람, 그에 필요한 물자와 일정, 생활, 함께

일하는 사람들과의 적절한 관계를 만들고 관리할 줄 모르는 사람은 절대로 높이 올라갈 수 없습니다. 자기 아닌 다른 사람의 퍼스펙티브에서 볼 줄 알아야 하고, 복수의 퍼스펙티브 속에서 소중하다고 믿는 것은 물론 그렇지 않은 것의 가치를 알아보고 다룰 수 있어야 합니다. 그러지 못하면, 오직 하나에 연연하고, 오직 하나의 퍼스펙티브를 벗어날 줄 모르면, 결국 자기가 소중하다 여기는 걸 '소중하다'고 목소리 높여 외치다 금세 스러지고 맙니다.

자기보존은 높이 올라가기 위해 정말 중요한 겁니다. 높이 비상하려는 분이라면, 가령 뭔가에 미쳐 하시려는 분이라면 반드시 명심해야 할 '시험대'가 바로 이겁니다. 글을 쓰고 공부하시는 분들도, 예술을 하시는 분들도 마찬가집니다. 몸이 받쳐주지 않으면 어떤 것도 제대로 하기 어렵습니다. 이런 점에서 무언가 정말 하고 싶은 게 있다면 '보신주의'를 원칙으로 삼아야 한다는 생각입니다. 아, 보신주의란 말이 거슬리시나요? 그러나 알아들으셨지요? 보신주의란 몸을 보호하고 챙기는 것을 원칙으로 삼는 태도라는 것. 그마저 가볍게 여겨야 한다 믿기에 농담 내지 반어로 표현한 셈인데, 멋진 표현 아닌가요?^^ 보신주의는 제 인생의 3대 이념 가운데 하나입니다. 나머지요? 호호호, 그건 차차 말씀드리기로 하지요.

최고의 독립성을 위해, 가장 강한 의미에서 자기보존을 위해 때로는 힘든 난관과 두려움을 넘어서는 자기 훈련이 필요하기도 합니다. 굳이 이렇게 말해도 좋다면, 목숨을 걸고 강해지는 것이 필요하다고 할 수도 있겠습니다. 그러나 거기서 중요한 것은 '강해지는 것'이고 높이 올라가는 것이지 '목숨을 거는 것'이 아닙니다. 앞에서도 말했지만, 정말 목숨을 걸면 강해지기보다 둔해집니다. 강해지는 것, 생존능력이 고양되는 것은 살려는 의지를 통해서지, 죽어도 좋다면서 달려들 때가 아닙니다. '죽기 살기로 달려든다'함은 살려는 의지의 최대 강도를 뜻하는 말이지 죽음을 향해 미리 달려가 보는 결단 같은 것이 아닙니다.

이런 뜻밖의 얘기는, 많이들 오해해서 그렇지, 사실 니체에 본질적인 것입니다. 그는 어디서든 힘과 의지를 읽어 내려 하는데, 니체에게 힘이나 의지란 모두 생명과 관련된 것입니다. 자기보존능력의 고양이란 생명력의 고양이고, 독립성이란 변화로부터의 독립성인데, 이는 영향을 받지 않는 독립성 —— 이런 건 없지요 —— 이 아니라 모든 영향을 받으며 생존을 지속할 수 있는 능력, 다시 말해 환경의 다양한 변화 속에서 자기 생명을 보존하는 능력입니다. 모든 변화를 수용할 수 있는 수용능력(capacity)입니다. 생명체가 갖고 있는 능력은 생존을 지속하고 자기를 보존하려는 것입니다. 힘도 의지도 생명력의 다른 표현입니다. 이것을 함부로 버리려고 하는 것은 생명의 본질에 반하는 것이고 생명의 본질에 기반하고 있는 힘의 의지 등에 대해서도 반하는 겁니다. 높이 올라간다 함은, 무언가를 위해 비상한다는 것은 무엇보다 이 생명의 본성과 함께 가는 것일 때, 다시 말해 자기보존능력의 고양을 따라가는 것일 때 제대로 올라가는 거고 제대로 비상하는 거라는 말입니다. 이는 무언가 소중한 것을 위해 달려가려는 이들이 쉽게 잊는 것이고, 그런 만큼 비상하려는 자들에게 중요한 관문이고 시험이라 하겠습니다.

6. 미래의 철학

니체는 문헌학자였습니다. 『비극의 탄생』에서 그는 그리스 비극에 대해, 그와 관련하여 그리스 철학에 대해 씁니다. 철학사를 다루는 경우가 아니더라도, 철학자들은 과거의 철학에 기반하여 말합니다. 반복하여 고대로 되돌아가지요. 화이트헤드는 "철학의 역사는 플라톤에 대한 주석의 역사"라고 말했다지요. 그런 점에서 보면 철학에서 현재는 되돌아오는 과거의 유령에 사로잡혀 있는 것인지도 모르겠습니다.

그러나 니체는 '미래의 철학'에 대해 말합니다. 아니, 그 이전에 "새로운 유형의 철학자들이 출현하고 있다"고 쓰고 있어요(42절). 어떤 철학자들인가? 도래할 철학자는 아직 부재하는 철학자이니 추측할 수밖에 없습니다. 물론 니체가 어떤 구체적인 인물들을 염두에 두고 이렇게 쓰고 있는 건 아닙니다. 어쩌면 부재하는 철학자고, 있었으면 하는 철학자일 겁니다. 그가 기대하고 기다리는 철학자지요. 미래의 철학이란 아직 부재하는 철학, 그러나 언젠가 도래할 철학을 뜻합니다. 도래했으면 하는 철학이지요. 그런데 어떤 이들을 기다리고 있는 걸까요? "어떤 면에서 **수수께끼**로 남아 있으려고 하는" 철학자입니다.

"**유혹자**라는 이름으로 불릴 만한 권리를 혹은 부당한 권리"를 가진 자들입니다(42절).

이는 사실 철학자들의 일반적 이미지와 아주 다른 이미지입니다. 알튀세르가 그랬던가요? 철학에 있는 것은 입장들뿐이라고. 그 입장들의 쟁투가 벌어지는 장이 철학이라고. 그래서 철학이란 전장(arena)이라고. 그래서 알튀세르는 철학자들이 쓰는 것은 테제라고, 주장이라고 말합니다. 자신의 입장을 표명하는 주장들, 그 주장들이 대결하는 것이 철학이란 장이고 철학사인 거지요. 그러나 니체는 이와 달리 수수께끼를 남기려는 자가 미래의 철학자라고 하는 셈입니다. 아주 다른 유형의 철학자입니다. 그런데 이건 대체 무슨 말일까요? 수수께끼를 남기려는 자들이라니. 저는 이 문장을 읽으면서 카프카의 글이 떠올랐어요.「프로메테우스」라는, 반 쪽 분량의 짧은 소설에 나오는 문장입니다.

> 남은 것은 수수께끼 같은 바위산이었다 ── 전설은 그 수수께끼를 설명하려 한다. 전설이란 진실의 바탕에서 비롯되는 것이므로, 다시금 수수께끼 가운데서 끝나야 한다. (프란츠 카프카,『변신-단편전집』, 이주동 옮김, 솔출판사, 2017, 577쪽)

카프카의 소설이 '이거 뭐지?' 싶은 수수께끼를 남기며 끝나는 것은 바로 이 때문일 겁니다. 앞서『벽암록』의 원오 선사를 말하며, 질문 속에는 이미 답이 있고, 답 속에는 또한 질문이 있다고 했지요. 사실 우리는 너무 많은 답을 갖고 있습니다. 상식이란 제기되는 질문들에 대한 답들의 집합이지요. 그렇게 정해진 답을 할 때, 우리는 생각하지 않습니다. 상식이 생각할 뿐이지요. 사유는 이 정해진 답들이 통하지 않을 때 시작합니다. **답들이 물음으로 바뀌는 순간 비로소 사유는 시작합니다.** 그렇다면 위대한 작품은 그게 어떤 종류의 것이든 답이 아니라 물음을 던지는 것이라 해야 하지 않을까요? 답을 던질 때조차 물음을 던지는 그런 것 말입니다.

『벽암록』은 그런 책입니다. 처음부터 끝까지 물음으로 가득한 책입니다. 그 물음들로 인해, '이해할 수 없음에도 손에서 안 떨어지는 책'입니다. '나도 죽기 전에 이런 책 하나 쓰고 싶다' 할 정도로 제겐 꿈의 책입니다. 들뢰즈의 책도 드물게도 이런 책에 속합니다. 『차이와 반복』, 『의미의 논리』 같은 혼자 쓴 책뿐 아니라, 『안티 오이디푸스』, 『천의 고원』 등 가타리와 같이 쓴 책도 그래요. 단언적인 문장들로 이어지지만, 어떤 단언적인 문장도 실은 '이거 대체 무슨 말이지?'라는 물음을 남기는 책입니다. 수수께끼로 가득한 책이에요. 그래서 그의 책도 무슨 말인지 이해되지 않지만 손에서 안 떨어지는 책입니다. 그래서인지 제 주변에는 이 어려운 책에 홀려서 읽고 또 읽으며 그의 사유에 다가가려는 이들이 많습니다. 무덤까지 가져 가고 싶다고 생각하는 분마저 보았습니다. 제가 『벽암록』의 선사들이나 철학자 들뢰즈를 좋아하는 근본적인 이유가 바로 이것입니다. 답을 말하지만 실은 수수께끼 속에서 끊임없이 사유하게 해주는 책이지요. 하나를 풀면 다른 하나가 다시 나오는 수수께끼의 마트료시카 같은 책입니다. 이게 니체가 말하는 미래의 철학자 아닐까요?

니체는 다시 묻습니다. "이 미래의 철학자들은 **'진리'의 새로운 친구들**인가?"(43절) 답은 "그럴 것이다"입니다. 왜냐하면 "이제까지 모든 철학자는 **자신의** 진리를 사랑했기 때문"이랍니다. 그러나 도래할 철학자의 진리가 다른 것은, 그 진리가 모든 종류의 사람들이 공유할 진리, 흔히 말하는 보편적 진리가 아닐 것이란 점입니다. 이런 진리를 말한다는 것은 먼저, 자신이 말한 것이 보편성을 갖는다, 즉 모든 사람들이 받아들여야 할 진리라는 식의 독단을 전제하고 있습니다. 이는 도래할 철학자의 자긍심에 반하는 것이고 그들의 취향에도 반하는 것이라고 하지요. 그들 또한 내게 속한 이 '진리'를 받아들여야 한다고 하는 것이고, 그 진리로 그들을 묶는 것이니까요. 그들에게서 내가 모를 어떤 새로운 진리를 기대하지 않는 것이니까요. "나의 판단은 나 자신의 판단이다. 다른 사람들이 그러한 판단을 할 권리를 갖기는 쉽지 않다."(43절) 도래할 철학자의 자긍심이란 이처럼 다른 사람, 통상적인 사람의 판단에 대해 '거리(距離)의 파토스'를 담고 있습니다. 자신의 고유한 투시법, 자신의 고유한 입지점이란 다른 이들이 접근하기 어려운 것이란 말이고, 그러니 다른 이들이 동의하거나 공유하기 어려운 것이란 겁니다.

이를 안다면 "다수와 의견을 함께하려는 나쁜 취미를 버려야만 한다"(43절)는 말도 이해하기 어렵지 않습니다. 차라리 남과 다른 특이한 의견을 갖는 것이야말로 도래할 철학자의 취향이라 해야 합니다. 많은 사람들에게 공통된 것이란, 그게 진리든 선이든, 가치 있는 것이 별로 없다는 겁니다.

> 위대한 것은 위대한 인간을 위해, 심연은 깊이 있는 인간을 위해, 미묘함과 전율은 섬세한 인간을 위해 존재한다. 간단히 요약한다면, 모든 귀한 것은 귀한 인간을 위해 존재한다. (43절)

스스로가 귀한 자라 믿는 자라면 스스로를 위해 존재하는 귀한 것을 찾아야 합니다. 모두에게 속한 것이 아니라 자신만이 발견할 수 있는 것, 자신만이 볼 수 있는 것을 말입니다. 남과 같은 보편성이 아니라 **남다른 특이성**이야말로 도래할 철학자의 본성입니다. 그 남다른 특이성으로 사람들을 끌어들이는 것, 그게 바로 도래할 철학자의 매력이고 능력인 거지요.

뒤에 보면 진짜 귀한 것들은 그것을 감당할 수 있는 이들에게가 아니면 나타나지 않는다고 얘기를 합니다. 자신을 감당할 수 있는 사람이 아니면 안 나타난다는 겁니다. 나타나도 알아보지 못하거나, 알아봐도 얼른 눈감고 지나치거나 그냥 흘려버리고 맙니다. 맑스도 『정치경제학 비판을 위하여』에서 비슷한 말을 한 적이 있어요. 인간은 자신이 해결할 수 있는 문제만을 던진다고. 해결하려는 문제만을 던진다는 말이고, 자신이 감당할 수 있는 문제만을 던진다는 말이겠지요. 누구나 풀 수 있는 문제, 쉬운 문제만 풀려 한다는 말이 아니라, **어려운 문제는**

그걸 풀 수 있을 사람에게만 문제로 다가온다는 말입니다.

대개는 독자가 저자를 고르지만 니체는 자신이 독자를 고른다고 얘길 한 적이 있는데, 비슷하게 말할 수 있습니다. 원하는 독자를 유혹할 법한 스타일의 글을 선택하는 겁니다. 알아볼 눈이 있는 자들이나 알아볼 수 있는 방식으로 쓰는 겁니다. 물음 또한 그렇습니다. 우리가 물음을 고르는 게 아니라 물음들이 사람들을 고르는 겁니다. 고귀한 것이 고귀한 것을 고르는 것이지요. 이런 사람들은 평범한 사람들의 친구가 아니고 '고독의 친구다'라고 말을 하는데, 그럴 수밖에 없지요. 고귀한 것은 고귀한 이들을 위해 있고, 고귀함을 갖는다는 건 드문 일이니까요. 앞서 말했던 『에티카』의 마지막 문장이 다시 떠오르지요? "모든 고귀한 것은 어렵고도 드물다." 이루기 어렵다는 뜻입니다. 이루기 어려우니 찾아 보기 힘들 만큼 드물다는 겁니다.

물론 남다르다는 것만으로 미래의 철학자를 정의할 순 없습니다. 어떤 점에서 남다른지, 어떤 특이성으로 인해 남다른지를 말해야 합니다. 이에 대해 니체는 생각은 시도하는 자, 실험하는 자라는 점에서 남다르다고, 이전과 다르다고 말합니다. 뒤에서 미래의 철학자, 진정한 철학자라고 하며 말하는 것은 **가치를 창조하는 자**입니다. 창조하기 위해서 계속 실험하는 자, 이런 의미에서 실험하고 창조하는 자들이 바로 미래의 철학자란 겁니다. 과거의 문헌들을 전거로 삼고 보편적 논리 같은 것으로 근거를 들이대는 것은 철학의 본질과 '아무 상관이 없다'라고 이야기를 하기도 합니다.

그래서 철학자가 되는 법을 배우는 건 굉장히 어려우며, 사실 가르칠 수 없다고까지 합니다. 철학을 전공하는 분은 많지만, 철학자라 할 만한 분은 아주 드물지요. 스스로 '철학자'란 직함을 사용한다고 철학자가 될 수는 없습니다. 이전 철학자, 자신이 전공하는 철학자의 문헌을 뒤지는 문헌학자가 대부분입니다. 그중에서 일류 문헌학자도 사실 많지 않습니다. 그것도 쉽지 않거든요. 철학이란 새로운 사유를 실험하며 그 사유의 도구를, 개념을 창조하는 자입니다. 미래의 철학은 더욱 그렇습니다. 미래의 철학이란 삶을 위해, 삶 속에서 당면하는 이런저런 것들을 망치로 두들겨 보며 삶에 필요한 것을 찾아 내는 것이니까요. 이전 철학자의 책을 볼 때도 그렇습니다. 과거의 철학자가 읽는 방법과 미래의 철학자가 읽는 방법은 다르고, 단순한 문헌학자가 읽는 방법과 '철학자'가 읽는 방법이 아주 다릅니다. 가령 칸트 철학에서 '이념'이 어떤 개념인지, 헤겔이 '정신' 개념을 통해 말하려는 게 무언지는 책을 읽고 찾아 낼 수 있지만, 이런 개념들이 삶에 어떤 가치를 갖는지, 어떻게 삶에서 사용해야 하는지는 자기가 시험해 보지 않고서는 알 수가 없는 거죠. 외운다고 알 수 있는 것도 아니죠. 자기가 몸으로 부딪치면서 깨쳐 가는 게 아니면 그냥 문헌에 대한 이야기, 삶의 표면을 겉도는 얘기에 지나지 않게 됩니다. 자기가 삶에서 건져 낸 것들, 그리고 거기서 자기가 부딪쳤던 여러 가지 시험들을 계속 깨고 실험해 가면서 찾아 낸 것들, 이런 것들이 몸에 달라붙었을 때, 그게 철학이라고 말할 수 있게 되는 겁니다.

그렇기에 이런 철학은 보편성 같은 건 갖지 않습니다. 자신이 시험해 본 것이고, 자신의 삶에서 찾아 낸 것이니 차라리 '개별성'을 가질 뿐입니다. 그런데 그 '개별성'이란 것이 반복가능한 어떤 것일 때, 그리하여 '나도 이런 삶을 시험해 보고 싶다'는 촉발을 야기할 수 있을 때, 그것은 개별성을 넘어서고 찾아 낸 자의 '고유성'을 넘어섭니다. 누군가 그렇게 살려는 자가 있을 때, **그런 '누군가'에 의해 반복될 수 있다**는 겁니다. 특이성이란 바로 이런 겁니다. 특이성으로서의 니체나 맑스, 그것은 그가 던진 물음의 반복 속에서 자신의 삶을 찾아 가려는 이들을 잡아 당기며 어떤 시험을 반복하게 하고 그 시험을 관통해 가게 하는 힘을 갖습니다. 여기서 우리는 보편성 이상의 힘을 갖는 것이 특이성임을 볼 수 있습니다. 다른 방식으로 그의 사유를 반복하게 하는 어떤 사유의 장, 그것이 니체나 맑스, 혹은 스피노자나 들뢰즈 같은 이들의 이름이 표시하는 철학인 겁니다.

제3장

삶을 위해 종교를 이용하는 법

1. 철학을 호구로 삼는 자들

『선악의 저편』3장의 제목은 '종교적인 것'입니다. 니체는 기독교에 대한 가장 근본적이고 집요한 비판가였고, 다른 종교에 대해서도 비판적이었기에 이 장은 '종교적인 것' 자체를 겨냥하여 비판하려고 썼을 거라고 생각하기 쉽습니다. 그러나 실은 전혀 그렇지 않습니다. 일단 3장의 시작되는 부분을 보시죠.

> 인간의 영혼과 그 한계, 이제까지 도달된 인간의 내적 경험의 범위와 높이 그리고 그러한 경험의 깊이와 먼 거리(die Fernen), 영혼이 겪은 이제까지의 역사 전체와 아직 다 고갈되지 않은 영혼의 가능성, 이것이야말로 타고난 심리학자이자 '위대한 사냥'

을 즐기는 자를 위해 마련되어 있는 사냥터다. 그러나 그는 자주 절망하면서 이렇게 부르짖지 않을 수 없다. "나는 혼자다! 아, 나 혼자뿐이구나! 그런데 이 숲, 이 원시림은 얼마나 광대한가!" (45절)

인간의 영혼이 얼마나 멀리까지 밀고 나갔는지, 내적 체험이 어디까지 도달했는지, 이로써 드러나는 가능성은 어디까지인지 등의 탐색은 심리학자의 과업이며 '위대한 사냥'을 하려는 사람의 과제라는 말은 이해하기 어렵지 않습니다. 심리학자뿐 아니라 인간을 탐구해 무언가 큰 것을 얻고자 하는 위대한 사냥꾼이라면 자극에 대한 인간의 심리적 반응 같은 것이 아니라 이런 걸 연구해야지요.

니체는 이러한 사냥에는 "용기와 영리함 그리고 섬세함이 필요"하다고 하면서 이 "새롭고 위험한 사냥터에 학자들을 보내는 것이 곤란하다"고 합니다. 학자들로선 서운해 할 얘기겠지만, '위대한 사냥'이란 그만큼 큰 위험을 감수해야 하는 작업인데, 그런 곳에서 그들은 별로 쓸모가 없어지기 때문이란 겁니다. 그런 곳에서 "그들은 추적할 수 있는 시각과 후각을 잃어버리는 것"이라고 말합니다(45절). 그럼 누가 적절할까요? 니체는 그런 사냥을 위해, 즉 앞서 말한 내적 체험이나 영혼의 깊이 등을 다루기 위해 탐색해야 할 대상은 종교적 인간(homines religiosi)의 영혼이라고 생각하는 듯합니다. 기독교와 종교를 그토록 비판하지만, 종교적 체험을 결코 쉽고 단순한 것으로 보고 있는 건 아님을 뜻하지요. 그런데 그런 영혼을 다루려면 파스칼이 그랬듯, 다루는 자 자신이 그처럼 깊고 상처받고 위대해야 한다고 해요. "혼란스럽게 뒤얽혀 있는 위험하고 고통스러운 체험들을 위로부터 조망하면서 정리하고 정식화"할 수 있어야 한다는 겁니다. 그런 사람의 출현은 너무 드물다면서, 니체답게 스스로가 그 드문 영혼을 가진 사람이라고 자처하며 '용서를 빈다'고 합니다. 그가 이 장에서 하려는 것이 무언지를 이런 식으로 말하고 있는 것입니다. 종교적인 것을 다룬다는 것은 그렇기에 쉽게 예상하는 '비판'과는 거리가 멀다는 걸 알 수 있습니다.

여기서 그가 '학자'를 보내선 안 된다고 하는 이유나 '위험하다'는 말에 대해 좀 더 생각해 보아야 합니다. 학자들은 아시다시피 객관적이고자 하고 보편적이고자 하기 때문에 연구를 자신의 주관과 분리하고자 하며, 연구대상 또한 탈-개인화/탈-인격화(de-personalization)시키고자 합니다. 즉 이 얘기는 나에 관한 얘기가 아니고, "여러분 모두에 관한 보편적인 얘기야"라는 식으로 말을 하려 하기에, 자신이 그 주관 속으로 깊이 따라 들어가지 않습니다. 객관적으로 관찰하고 서술할 수 있는 방식으로 자신의 개입을 제한합니다. 더구나 어떤 체험에 자신의 개인적/인격적인(personal) 삶을 걸지 않습니다. 그래서 어떤 것의 타당성은 자신의 실행 여부와 무관하며, 자신이 실행할 수 없어도 자신이 연구한 것이면 얘기해도 된다고 생각합니다.

가령 니체를 전공하는 학자라면, 가볍게 노래하고 춤추는 삶에 대한 니체의 말을 잘 알 겁니다. 자신이 그렇게 살 수 없어도 '니체는 이렇게 말했다'라고 글을 쓰겠지요. 이 경우 그가 연구하는 니체는, 삶을 바꾸는 것에 대한 것임에도 연구자 자신의 삶과는 무관하게 '니체의 견해'로서 요약되고 쓰어지게 되겠지요. 사실 니체를 연구하고 니체에 대해 쓰지만 니체의 가르침대로 사는, 혹은 살려는 사람은 보기 드뭅니다. 그런데 이런 입장이라면 사실 니체가 정말 말하려고 했던 게 무언지 제대로 알기 어렵습니다. 니체의 투시법 속으로 충분히 들어가기 어렵고, 니체가 말하는 삶이나 체험 속으로 깊이 들어가지 못하기 때문이지요. 이런 분들이 쓰고 말하는 니체는 제대로 영향을 미치기도 어렵습니다. 자기도 실천할 생각이 없는 얘기가 남들 삶에 스며들기는 쉽지 않으니까요.

그래서 자신이 연구하는 철학대로 살려는 사람, 자신이 연구하는 과정을 통해 삶 자체가 달라져 가는 사람은 니체 말대로 희소합니다. 니체뿐이겠어요? 스피노자를 전공했는데, 스피노자의 그 긍정적인 영혼을 가지고 사는 사람은 보기 드뭅니다. 들뢰즈나 푸코, 데리다도 그래요. 차이의 철학을 말하지만 동일자의 철학을 집요하게 실천하고 강요하는 분들을 자주 보았습니다. 이렇게 우리는 자신이 말하는 철학과는 거리가 먼 삶을 사는 이들을 자주 보게 됩니다. 심지어 자신은 실행할 생각이 전혀 없는 것을 남들에게 하라고 가르치려는 이들도 있습니다.

전에 보니 '냉장고를 없애라'며 강하게 비판적인 글을 썼다가, 당신은 그럴 수 있느냐는 반박이 들어오자, 철학자란 자신이 할 수 없는 것이라도 중요한 것이라면 말해야 한다고 하는 걸 본 적이 있어요. 그러면서 철학자란 '잠수함의 토끼' 같은 거라서, 징후적 사태를 재빨리 감지해서 말하는 자라고, 비록 나는 실행하지 못할지라도 감지하면 말해야 하는 거라고 하더군요. 정말 어이가 없는 말입니다. 이런 분들 때문에 이른바 '철학자'가 욕을 먹는 거지요. 그런데 그런 식의 태도가 좀 있어 보였는지, 그걸 찾아 읽고 따라다니는 분들이 많다더군요. 이런 분들 때문에 저 어이없는 걸 철학이라고 하는 분이 먹고사는 거지요. 사이좋은 짝입니다. 그 토끼 덕분에 냉장고로 인한 위험을 감지하고 방지했다는 얘긴 못 들었습니다. 냉장고를 내다 버린 이들도 보지 못했고요. 분명한 건 그 토끼가 냉장고를 버리지 않는 한 아무도 냉장고를 버리지 않을 거라는 겁니다. 스스로 행하지 않는 토끼는 '잠수함의 토끼'가 아니라 책상 위의 토끼 인형일 뿐이지요.

학자들은 사실 이렇게 뻔뻔스럽지는 못합니다. 그렇지만 비슷한 면이 있긴 합니다. 자신이 공부한 것을 삶에 적용하기보다는 삶과 무관한 지식으로 탈색하고 '중성화'하려 하지요. 삶과 무관한 중성적 지식, 전문적 지식으로 삼아 탐구하고 주장하지요. 나는 그렇게 못하지만 그래도 옳은 얘기라고, 나는 그저 옳은 얘기를 하는 것뿐이라고. 옳은 대로 살 건지 말 건지는 읽고 듣는 당신들 몫이라고. 그런 식으로 니체나 스피노자 전공자로서 살아가고 있습니다. 니체나 스피노자의 문헌을 뒤져서, 그들이 했던 말을 다시 말하는 것으로 '호구' — 밥벌이 도구 — 를 삼고 있지요. 그들의 삶에서 '철학'이란 '호구'입니다. 철학을 호구로 삼는 분들이지요. 그런 이들의 언행에서 니체나 스피노자적인 긍정성은 찾아보기 힘듭니다. 그들에게 철학 같은 건 그저 자신이 '전공하는' 지식일 뿐이지요.

더 나쁜 건 자신의 '전문성'을 칼로 삼아 다른 이들의 사유나 글에 대해 살벌한 칼질을 해대는 경찰(!) 같은 분들입니다. 자기 삶을 자신이 공부하는 지식이나 철학에 거는 게 아니라, 남의 지식을 자기 지식의 칼에 거는 이들이지요. 자신에겐 결코 겨냥하지 않을 칼을 남을 향해 휘두르는 분들, 아주 무시무시한 분들입니다. 이런 분들 만나면 조심하라고들 하는데, 사실 조심해선 안 됩니다. **조심하면** 칼질에 걸려들기 때문입니다. 그렇다고 그렇게 하지 말라고, 자기 삶이나 잘 돌아보라고 말해도 안 됩니다. 반격의 칼로 되돌아오기 때문입니다. 이런 분들 보면, 그저 웃어 주는 게 좋습니다.^^

자신이 옳다고 믿는 것을 100퍼센트 실행하기는 어렵습니다. 하지만 몇 퍼센트가 되든, 맞는 말이라고 생각한다면, 그대로 해보려고 해야 합니다. 그건 지식으로 중성화해 놓는 것과 아주 다른 겁니다. 자기는 해보려는 의지가 없으면서 사람들한테 해보라고 하는 것은 사기죠. 아주 천한 사기입니다. 자기는 실행할 생각이 없으면서, 이것은 일반적으로 옳은 얘기야 하는 거라면 그 말은 그저 피부를 스치고 지나갈 겁니다. 듣는 이, 읽는 이들을 휘감아 어떤 철학적 삶 속에 끌고들어올 힘 같은 건 전혀 없을 겁니다. "니체가 이렇게 말했대"라는 말처럼 이런 분들이 사용하는 주어는 언제나 **3인칭**입니다. 본질적으로는 그중

에서도 '그들'(they)입니다. '흔히들' 이렇게 말한다의 '흔히들'
이란 주어죠. '나는 니체가 이렇게 말한다고 생각해'라고 할 때
조차, 표면상의 주어 '나'에는 그 사람이 없습니다. 그 동사를
스스로 감당할 사람이 없이 텅 비어 있습니다. 그 텅 빈 곳에 모
두들 들어가야 한다고 말하지만, 사실은 누구도 들어갈 마음이
안 생기게 말하죠. 이런 사람들은 어떤 철학적 문장에서도 실
질적 주어를 '나'로, 자기로 쓰지 않습니다. 이게 니체가 말하는
'학자'입니다. 이것에 비하면 파스칼이나, 키르케고르 같은 사
람들, 이 사람들은 자기 인생을 걸고 신에게 다가가는 사람들입
니다. 그럴 때 피하기 힘든 고독과 대면하고, 종종 찾아오는 절
망이나 좌절에 빠져 보기도 하면서요.

　신에게 다가간다는 것은 신에 대한 지식을 가짐을 뜻하는
것이 아니잖습니까. 신의 이름으로 주어지는 **삶을 사는 것**입니
다. 그렇기 때문에 종교는 계속해서 사람들한테 **삶을 걸 것**을 요
구합니다. 바로 이 때문에 학자들은 대개 '삶을 건다'는 말을 들
으면 '종교적인 것'이라고 간주하여 얼른 옆으로 넘겨 버립니
다. '생의 철학'이라며 탈색시켜 저기 있는 객관적 대상으로 바
꿔 버립니다. 유치하거나 순진한 맹목성의 이미지를 거기에 투
영하면서 밀쳐 냅니다. 덕분에 지금은 '종교적인 것'조차, 삶을
걸라는 말, 삶을 걸만한 것이라는 말을 하기 어려워졌습니다.
'광신'이나 '맹신', 혹은 최소한 쿨하지 못한 것, 객관적이거나
지적이지 못한 것이 된 거죠.

　물론 섣불리 삶을 걸라고 요구하고, 이리 가면 다 된다고

너무 쉽게 답을 주는 것도 문제입니다. 그러나 실패의 가능성이 없는 쿨한 객관성이나 삶과 분리된 지식을 찾기보다는 실패와 좌절이 기다린다 해도 삶을 바꾸려 하는 이들, 거기에 삶을 걸고자 하는 이들만이 니체가 말한 저 영혼의 위대한 사냥에 다가갈 수 있습니다. 중요한 것은 삶을 걸라며 남이 주는 답을 쉽게 받아들이는 게 아니라, 모든 답들을 삶이 걸린 문제로 보면서 근본적인 물음을 던지는 것이고, 쉬운 답을 '어려운' 물음으로 바꾸는 것이 아닐까 싶습니다. 중요한 것은 진리든 무엇이든 자신이 소중히 여기는 가치를 위해서 상처와 고통을 감수하며 삶을 걸 수 있는 것이고, 어디에 가닿을지 모르는 심연 속으로 뛰어들 수 있는 겁니다. 이런 자만이 삶에 대해서, 사람들이 삶을 거는 가치에 대해서 다가갈 수 있다고 말할 수 있습니다. 요컨대 니체에게 '종교적인 것'이란 '학적인 것'이나 '지식'에 비해 열등한 것이 아니라 그 반대란 말입니다. 그게 바로 그가 종교에 그토록 집요하게 천착했고, 그토록 종교에 대해 비판했던 이유라 하겠습니다.

2. 삶을 위해 종교를 이용하라

종교란 믿음으로 논증이나 이해를 대신하는 것이라는 게 흔한 생각이지요. 그러나 서구 중세의 지배적 지식이었던 신학은 그런 생각이 사실과 부합하는지를 의심하게 합니다. 신학이란 믿음의 대상에 대한 이론적 논증 내지 체계화된 주장이지요. 믿기 위해 이해하라는 것을 명시한 신학은 합리적 논증의 방법을 통해 믿음의 근거를 짓고자 했고, 이를 위해 다양한 논증의 형식을 찾고자 했습니다. "이해하기 위해선 믿으라"는 테제를 모토로 했던 신학도 있었지만, 이들조차 이해하기 위해선 믿어야 하는 이유를 설명하고 설득하려 했습니다. 신에 대한 언어적 서술의 한계에 대한 논증을 통해, 혹은 이해의 출발점이 되는, 지금의 수학적 개념으로 바꾸면 일종의 공준이나 무정의 개념처럼 논증의 전제가 되는 것의 불가피성을 증명하려 했지요. "이성의 지속적 자살"을 요구했던 파스칼(46절)조차 신의 존재를 믿지 않는 것보다 믿는 것이 유리함을 증명하기 위해 수학적 확률의 개념을, 즉 계산적인 의미의 이성까지 동원하지요.

따라서 믿음을 요구하는 신학조차 이해하려는 이성을 쉽게 등지는 것이라고 해선 안됩니다. 이런 방식으로 종교적인 것을 다루는 것은 종교적인 것을 이해하길 포기하는 '비합리적' 태도지요. '합리주의'란 이름의 비합리주의고, 이해와 논증을 말하는 비논증적인 주장입니다. 더구나 종교라는 말로 어느새 기독교를 표상하게 되는 우리의 습관은 종교라는 말로 표시되는 믿음조차 아주 협소한 것으로 오해하게 합니다. 반면 불교는 흔히 떠올리는 철학 이상으로 논리적인 종교지만, 단지 철학이 아니라 종교임을 스스로 강하게 표명합니다. 단지 논리적인 것만은 아님을 표명하려는 거지요.

종교가 '이성'이나 '논증'을 주장하는 학문과 구별되는 것은 이성이나 논증의 결여가 아닙니다. 종교가 학문과 다른 것은 이성이든 신이든, 이해든 믿음이든, 어떤 것도 특정한 양상의 **'삶'을 말하기 위해** 사용한다는 점입니다. 이러이러한 삶을 살아라! 이것이 종교의 가장 본질적인 명령어입니다. 막스 베버의 말대로 요즘처럼 종교적 비합리성이 세속적 합리성에 의해 분쇄된 시대에도 사람들이 종교에 진지한 관심을 갖는 모습을 종종 보게 되는데, 누군가에게 그런 관심이 두드러지게 되는 때를 보면 어떤 식으로든 죽음과 대면할 때, 혹은 삶이 근본적으로 흔들리는 어떤 사고나 사건을 경험할 때입니다. 산다는 것이 전면적으로 문제화되는 순간이 종교에 빠져드는 순간이란 거지요. 파스칼이나 키르케고르처럼 이성이나 논리를 부정하며 신앙을 말하는 이들은 이런 순간의 경험이 너무도 강해 다른 생각이 들어설 여지를 잃어 버렸기 때문일 겁니다.

니체가 종교적인 것에 주목하는 것은 바로 이 때문입니다. 종교야말로 삶을 직접적인 타깃으로 하는 사유와 언어이기에, '좋은 삶'을 구성하는 것을 기본 방향으로 설정하고 있는 니체로서는 그런 삶을 찾기 위해서도, 또 그런 삶을 구성하는 방법을 찾기 위해서도 종교를 이용하는 게 유용하고 중요하다고 보는 겁니다. 니체가 기독교를 비판하는 가장 일차적인 이유도 바로 이 때문입니다.

그리스도교적 신앙은 그것이 시작할 때부터 희생이었다. 모든 자유, 모든 긍지, 정신이 갖는 모든 자기 확신의 희생이었고 동시

에 노예가 되고 자신을 조소하며 자신을 불구로 만드는 것이었다. (46절)

이러한 신앙의 전제는, 종교가 요구하는 "정신의 굴종을 최대의 고통으로 여긴다"는 것이고, 그렇기에 대체 왜 이래야 하는지 납득하기 어려운 부조리한 것으로 나타나게 됩니다. 이러한 부조리함을 넘어서기 위해 신이 자신의 자식을 더없는 고통 속에서 죽게 한다는 겁니다. "십자가에 못 박힌 신"이란 우리는 느끼지 못하지만 고대인들에게는 전율할 정도의 '최상의 것'으로 느껴졌다고 니체는 말하는데, 이는 바로 이 극심한 부조리를 신 자신이 떠안고 감을 몸소 보여 주는 것이었기 때문입니다. 이로써 모든 고대적인 ─아마도 그리스나 로마를 염두에 둔 것일 텐데─ 가치의 전도가 이루어진다고 해요.

몸 바칠 만한 삶이란 이처럼 극도의 고통을 이겨 내고 얻어지는 것이라는 생각, 고난의 시험을 통과해야 구원받은 삶이 있으리라는 생각, 그렇기에 때로는 신이 그랬듯이 목숨마저 바치는 자기희생을 감수해야 한다는 생각, 그렇게 고통과 희생을 감수하는 삶이야말로 진정 구원받은 삶에 이르는 길이라는 생각, 바로 이런 생각들이 십자가에 달린 신을 전면에 내세운 기독교에 본질적인 것이란 겁니다.

그런데 이는 기독교는 물론 종교와 무관해 보이는 곳에서도 종종 만나게 되는 발상입니다. 제가 대학에 들어갔던 1980년대에 학교 연극반은 물론 탈반 같은 운동권 동아리 공연에서 보왔던 것, 혹은 전문적인 연극인이나 춤꾼들이 무대나 거리에서 했던 공연의 대부분은 사람들이 죽고 다치는 사건 속에서 쓰러지고 절망하는 주인공, 그러나 그 어둠 속에서 조금씩 일어서 결국 어둠을 떨치고 나아가는 내용이었습니다. 혁명이나 운동에 대한 얘기도 대개 그랬습니다. 기득권을 버리고 공장이나 빈민가 속으로 들어가 고통 속에서 사는 것, 심지어 그런 고통의 조건을 엎거나 걷어 내겠다는 발상조차 비난을 받기도 했습니다. '민중 속으로 들어가 그들의 고통스러운 삶을 함께 하는 것', 이것이 양심이란 이름으로 우리에게 반복하여 제시된 삶의 상이었어요. 니체가 말한 기독교의 '부조리한' 삶과 너무 비슷하지 않나요?

3. 양심과 가책, 책임과 책임감

지상에서 지금까지 종교적 신경증이 등장했던 곳에서 우리는 그것이 고독, 단식, 성적 금욕이라는 세 가지 위험한 섭생 규정과 연결돼 있다는 사실을 발견한다. (47절)

니체는 왜 고독, 단식, 성적 금욕을 종교적 신경증이라고 했을까요? 정신분석학에서 신경증이란 법이나 규범을 상징하는 '아버지'의 무게에 눌려 자신의 욕구를 거세공포 속에서 포기하지만, 본질적으로 사라질 수 없는 것이 욕구이기에 '증상'

이라고 불리는 언행입니다. 즉 자신도 알아보지 못하는—알아보면 죄책감이 발생하니까요—언행을 반복하는 것입니다. 아버지의 무게에 눌린 어머니에 대한 욕구가 대상을 옮겨 가는 변화 양상을 라캉은 '욕망의 환유연쇄'라고 말한 적이 있는데, 실은 이 또한 본질적으로는 오이디푸스기를 거치며 인간의 자식이 될 때 발생하는 보편적인 현상입니다. 다만 지울 수 없는 상처(트라우마) 같은 것으로 인해 욕망이 어딘가에 고착되어 버려, 욕망이 트라우마 인근을 벗어나지 못한 채 증상적인 행위를 반복할 때, 신경증이란 병이 되는 거지요.

고통을 주는 것이어서 그것이 '있었음'조차 망각하지만, 실은 마음이 그 고통의 장소를 벗어나지 못한 채 그 주위를 돌고 있는 것이 바로 신경증입니다. 프로이트는 트라우마가 무언지 알게 되면 증상이 사라진다고 믿었지만, 실은 그렇지 않았습니다. 치료되었다고 생각한 환자의 증상이 자꾸 재발하는 겁니다. 그래서 나중에 가면 생각을 바꾸게 됩니다. 이렇게 재발하는 것은 환자가 자기의 증상으로 인해 겪는 고통을 '즐기고'있는 것이라고, 고통의 반복을 향한 충동이 있는 것이라고. 그래서 트라우마가 정말 있었던 것인지도 의심하게 됩니다. 저거 어쩌면 자신이 만들어 낸 허구인데, 증상적 고통을 즐기기 위해 정말 있었던 사실이라고 믿는 것이라고. 그때 고통을 향유한다 함은 고통을 통해 자신을 채찍질하는 '가책'을 즐기는 것이라고 하지요. 그래서 치료해도 되돌아가는 것이라고요.

앞서 기독교에서 요구하는 자기희생이 고통을 받아들이는

부조리를 뜻한다고 했는데, 십자가에 매달린 신을 통해 그 고통을 진심으로 감수하며 삶의 추동력으로 삼는 삶이 가능해졌다고 했지요. 이를 고려하면 신경증 환자가 '고통을 즐긴다'는 말은 이런 부조리의 전통 속에 있는 것임을 이해할 수 있습니다. 고통을 받아들여 죄인으로서의 삶을 **가책하는 쾌감**으로 바꾸어 놓는 것입니다. 식욕에 반하는 단식도, 성욕에 반하는 성적 금욕도 마찬가지지요. 그렇게 자기의 욕망을 억누르면서 십자가에 매달린 신에, 성스러운 어떤 것에 다가간다고, 그런 삶에 자신을 바치는 것이라고 느끼는 감각이 거기 있습니다. '가책'의 쾌감, 그것이 생존의 쾌감을 대신하는 겁니다.

나중에 다시 보겠지만, 니체가 『도덕의 계보』에서 '양심의 가책'(bad conscience)에 대해 비판하는 것은 잘 알려져 있지요. 그런데 이는 종종 '양심' 자체에 대한 비판으로 오해되곤 합니다. 양심을 벗어난 악의 찬가로 오해받기도 하고, 양심 없는 삶을 말한다고 비난받기도 하지요. 그러나 양심의 가책에 대한 비판과 양심을 비판하는 것은 아주 다른 겁니다. 니체가 비판하는 것은 **양심이 아니라** 양심의 가책입니다.

양심이란 자신이 약속한 것에 최대한 책임을 지는 것입니다. **약속한 것을 할 수 있는 한 끝까지 밀고 가는 것**입니다. 나중에 말하겠지만 '약속할 수 있는 자'로서 주권적 개인은 자신의 약속에 충실한 자라는 점에서 양심적인 자입니다. 심지어 그는 어떤 개념이나 생각이 옳다고 믿는다면, 그것을 최대한 밀고 나가 모든 것에 적용하려 해야 한다고 합니다. 니체는 이를 '방법에의 양심'이라고 말합니다. 가령 힘이나 의지 개념을 끝까지 밀고 나가려는 니체 자신의 시도 또한 이런 것입니다. 어떤 방법이나 개념이 진정 옳다고 믿는다면 그것을 끝까지, 더는 안 되겠다 싶은 한계가 나타날 때까지 밀고 가야 한다고, 그것이 양심이라고 말합니다. '지적 양심'인 셈이지요. 물론 더는 안 되는 한계지점에서라면 그 개념을 접거나 엎어야 하겠지요. 그런 점에서 끝까지 밀고가 보려는 시도는 지적 양심의 시험이기도 합니다. 반면 필요할 때마다, 어려울 때마다 슬쩍 포기하고 배반하는 것은 자기가 택한 방법에 대해 '양심'없는 짓입니다. '나쁜 짓'입니다.

『도덕의 계보』에서 자세히 다루겠지만 양심의 가책은 이런 양심과는 아예 의미와 기원이 다릅니다. 흔히 말하는 '양심의 가책'은 가령 돈을 받고 누군가에게 부당한 이득을 주었다거나, 사적인 이유로 인해 자신의 신념에 반하는 행동을 했을 때 발생하는 내면적인 자책 같은 것입니다. 그러나 니체가 말하는 양심의 가책은 이런 게 아닙니다. 니체가 보기에 이건 일종의 죄의식입니다. 니체는 죄는 일종의 채무고, 죄의식이란 일종의 채무감이라고 봅니다. 죄를 짓는 것이란 빚을 지는 것이란 말이죠. 그런데 채무자가 빚을 갚을 수 없을 때, 신체적 고통을 주는 것으로 그것을 대신하곤 하지요. 형벌이 그겁니다. 형벌을 받은 죄인은 그래서 죄의식이 별로 없습니다. 채무가 자신의 고통으로 변제되었기 때문입니다. 가책이란 고통을 주는 것입니다. 그러나 살인자나 가해자에게 신체적 고통을 가한다고, 죽은 이가 되살아날 리 없고, 폭력으로 신체를 다친 사람의 몸이 회복될 리 없습니다. 그런데도 고통을 주는 것은 빚을 갚고 사태를 원상회복시키는 게 아니라, 고통을 가하는 데서 얻는 쾌감을 즐기기 위한 것입니다. 역으로 채무자가 고통을 감수하는 것은 자신이 진 빚을 갚는 것입니다.

니체가 말하는 양심의 가책은 가책의 쾌감을 얻으려는 이런 욕망을 자기 자신을 향하여, 자기 본능을 향하여 되돌려 놓을 때 발생합니다. 그런 쾌감을 얻으려는 자신의 본능의 '죄-있음'을 향해 채찍을 휘두르는 겁니다. 그 **가책을 통해 자신의 양심-있음을 확인하는 도착적 쾌감**을 얻는 것입니다. 이 채찍이 향하는 곳은 결국 '본능'이고 '욕망'입니다. 니체가 보기에 이런 가책은 생명이 갖는 힘과 의지를 분리하여 무력화시킵니다. 먹고살기 위해 남의 살을 먹는 것 자체도 나의 본능으로 인해 짓는 죄라는 생각, 이런 게 바로 '나쁜 양심'으로 직역되는 '양심의 가책'입니다. 끝까지 밀고 나가며 책임지는 양심이 '좋은 양심'이라면, 이렇게 자신의 욕망 자체를 무력화시키는 것은 '나쁜 양심'입니다. 니체가 비판하는 것은 바로 이 '나쁜 양심'인 '양심의 가책'이지 '양심'이 아닙니다.

반복하지만 양심이란 옳다고 믿는 것을 끝까지 밀고 가려는 마음입니다. 난관이나 고통, 곤혹스러운 것과 대면하더라도 끝까지 밀고 가는 것. 이는 종종 자신을 죽음과 대면하는 지점까지 밀고 가게 하기도 합니다. 양심 때문에 실패하고 몰락하는 이들을 우리는 종종 봅니다. 니체가 '몰락할 줄 안다는 점이야말로 인간의 위대함'(『차라투스트라』)이라고 했던 건 이와 무관하지 않습니다. 끝까지 갈 줄 안다면, 끝까지 가려 했다면, 최선을 다했다 한다면 몰락이나 실패로 끝났다 해도 가책 같은 것은 일어나지 않습니다. 최선을 다한 뒤 실패한 것이니 정말 '어쩔 수 없는 것'이지요. 실패도 몰락도 그대로 수긍하고 받아들일 수 있습니다. 그래서 최선을 다한 자는 이별에도 실패에도 편할 수 있습니다. 자신을 탓할 이유가 없으니까요.

책임과 책임감도 마찬가집니다. 책임을 진다는 것은 자기가 약속한 것을 지키는 자예요. 자신이 하고자 맘먹은 것을 스스로 하는 것입니다. 의도뿐 아니라 결과마저도 자신이 약속한 것을 지키는 것입니다. 자신에 대한 약속이든 남에 대한 약속이든 말입니다. 약속할 수 있는 자, 책임을 지는 자를 니체는 강자라고 합니다.

그런데 책임감은 책임지겠다는 마음 같은 것이 아닙니다. 그건 이미 책임에 속한 마음입니다. 반면 책임감이란 '책임감에 시달린다'고 할 때의 그것입니다. 어떤 나쁜 결과에 대해 '~해야 했는데'라며 시달리거나, 더는 어떻게 해볼 수 없는 것임에도 '내가 해야 하는데'라며 시달리는 것, 그게 책임감입니다. 이 역시 일종의 죄의식입니다. 해주었어야 할 것을 끝까지 해주지 못했다는 사실에서 오는 채무감으로서의 죄의식. 이런 죄의식은 책임지는 자, 약속할 수 있는 자와는 거리가 멉니다. 그는 끝까지 책임을 지려 하지만, 어쩔 수 없는 것은, 해도 안되는 일은 어쩔 수 없는 것입니다. 책임진다는 것은 어떤 일을 **'끝까지'** 해

내는 것이지만, 끝까지란 **'잘될 때까지'**가 아닙니다. 무조건 어떤 일을 **'한없이'** 하는 것이 책임지는 것은 아닙니다. 어떻게 해도 안 되는 때가 얼마나 많나요? 때론 할 수 있어도 중단하는 것이 더 나은 경우가 있습니다. 그럴 땐 중단할 때를 찾아 중단하는 것이 제대로 책임지는 것입니다. 포기하는 것도 어렵기에 포기해야 할 때 포기하는 것, 혹은 포기하게 하는 것이 책임지는 것입니다. 이를 오해하여 중단이나 포기 같은 것 모두를 '~해야 했는데'라며 가책하는 것이 책임감입니다. 채무감이고 죄의식이며, 죄 있다는 생각에 기인하는 가책의 일종이고, 반동적인 감정입니다.

4. 종교적 잔인성과 시험

종교에서 말하는 삶이 희생이나 고통을 본질적 요인으로 한다면, 자연히 그 고통을 주고 견디게 하는 절차가 수반되기 마련입니다. 그 절차는 분명 어떤 잔인성을 갖고 있을 겁니다. 니체는 종교적 잔인성에 세 가지 형태가 있다고 해요. "종교적 잔인성은 많은 단(段)을 가진 거대한 사다리와 같다. 그러나 그러한 단들 중에서 세 가지가 가장 중요하다."(55절) 희생의 개념에 나타나는 세 개의 잔혹성을 말하는 건데, 첫 번째 잔인성은 내가 가진 가장 소중한 것을 바치라는 희생의 요구입니다. 과거의 많은 종교를 보면 희생물이 될 어떤 인간을 바치거나 인간을 대신하여 동물을, 혹은 공물을 바치라는 요구를 볼 수 있습니다. 제사는 원래 인간이 갖고 있는 가장 소중한 것을 바치는 의례입니다. 마야제국의 제사에선 펄떡대는 인간의 심장을 바쳐야 했다고 하지요. 그래서 노예를 잡아 심장을 꺼내 바쳤다고 하고요. 인신공양을 요구하는 신은 어디서나 흔히 발견됩니다. 기독교에서도 신은 '믿음의 조상'이라 불리는 충실한 아브라함을 시험하며 자신의 가장 소중한 것, 즉 자식을 바치라고 요구하지요. 정말 잔인하고 끔찍한 요구인데, 이게 첫 번째 잔인성이라고 해요.

두 번째 잔인성은 자신의 가장 강한 본성(nature)을, '자연'에 속하는 본성을 바치라는 요구입니다. 생존을 위한 동물의 가장 일차적 본성인 식욕을 바치는 단식, 번식이라는 가장 본질적인 본성에 속하는 성욕을 바치라는 성적 금욕이 그런 것입니다. 세 번째 잔인성은 가장 소중한 것과 가장 강한 본성을 바치고 나서 남은 것을 바치라는 요구입니다. 희망이나 믿음 같은 게 그것이지요. 아무것도 남지 않은 사람들에게 남은 희망이나 믿음이란 무엇일까요? 아마도 아무것도 없는 그들을 보호하고 구원해 줄 신 아닐까요? 희망 자체인 신을 바치고, 믿음의 대상을 바치라는 요구가 바로 세 번째 잔인성이라고 합니다. 그걸 버릴 때 남은 것은 어리석음과 절망, 어찌할 수 없는 운명, 견디어 내야 할 중력, 생존의 의지를 잠식하는 허무, 가장 중요한 것을 버렸다는 가책, 값을 길 없는 신에의 채무감 같은 것이지요. 자신의 피조물인 인간의 손으로 신을, 신의 아들을 잡아 바치게 했던 것은 이런 잔인성의 표현이라고 보는 겁니다. 십자가에 달린

신이란 더없는 고통 속에 신에게 바친 신의 상징인 거지요.

이 모든 잔인성은 시험의 형식을 취합니다. 그것을 바칠 마음이 있는지, 그 마음이 얼마나 강한지 시험하는 겁니다. 가장 소중한 것을 희생시킬 것을 반복하여 요구하는 시험, 그런 시험을 통해 그 어떤 소중한 것도 바칠 수 있도록 하는 일종의 훈련인 셈입니다. 결국 이런 시험이 겨냥하는 것은 삶 자체입니다. 생명체라면 누구에게나 제일 소중한 것이 자신의 삶이지요. 이 삶을 바치게 되었을 때, 남는 것은 좀전에 말했던 그런 것들입니다. 어리석음, 둔감함, 중력, 절망, 가책, 허무 등등… 허무주의란 바로 이런 것들만 남은 상태를 표시합니다.

5. 산업사회와 '부지런함'의 무신론

종교적인 것의 중심에는 흔히 신이 있습니다. 하지만 모든 종교가 신을 중심에 두고 있는 건 아닙니다. 종교마다 신의 의미나 위상도 많이 다릅니다. 이른바 원시종교에는 많은 신들이 있고, 이 신들은 대개 탁월한 능력을 가졌지만 무속신앙에서 보듯이 정령이나 귀신 같은 것도 있습니다. 불교에서는 신도 중생의 일종인데, 그렇기에 신에도 여러 등급과 유형이 있습니다. 불교는 신이 아니라 깨달은 자로서의 부처를 그 중심에 두고 있습니다. 부처는 사람과 사람 아닌 생명체들, 그리고 천신들의 스승이란 위상을 갖지요.

식민주의가 한창 기승을 부리던 시절에 만들어져 1960년

대까지 영향력을 미치던 '종교진화론'은 신들의 수나 유형에 따라 종교의 '진화 정도'를 배열하는, 지금 보면 한심하기 그지없는 이론인데, 거기서는 진화의 순서를 '애니미즘 → 토테미즘 ─ 다신교 → 일신교' 식으로 정리합니다. 생물학적 진화론이 오랫동안 인간을 끝에 놓고 인간과 비슷한 순서대로 여러 종들을 배열했듯이, 종교진화론은 서구인들이 자신들이 믿는 종교를 끝에 놓고 그것과 비슷한 순으로 다른 종교를 배열한 겁니다. 자기들 종교가 가장 진화된 종교란 거지요. 단지 순서의 문제만도 아닙니다. 레비스트로스 같은 인류학자라면 '토테미즘이 동물을 숭배하는 종교'라는 식의 관념에 통렬한 비판을 퍼부을 겁니다. 레비스트로스는 토테미즘이란 분류법이라고 하지요(『야생의 사고』, 안정남 옮김, 한길사, 1996). 단군신화에 나오는 곰은 우리의 신이 아니라 조상이지요. 지금 우리처럼 성씨로 사람들을 분류하는 것과 비슷하게, 원시부족들은 토템인 동물들로 사람들을 분류했던 거라 할 수 있겠지요. 물론 레비스트로스가 말하는 분류법은 이보다 훨씬 적용 범위도 넓고 그 작용양상도 심오한 것입니다만.

그렇다면 신을 부정하는 무신론은 어떨까요? 기독교가 신의 중심성이 워낙 확고하다 보니 서양에서의 기독교 비판은 종종 무신론의 형태를 취합니다. 신의 존재를 두고 있니 없니 다투는 것은 기독교 선교하시는 분들 인근에서 흔히 보는 장면이지요. 신의 죽음을 선언하고 기독교를 비판했던 니체는 무신론자였을까요? 그렇지 않습니다. '신의 죽음'은 그가 신을 **비판하**

기 위해 선언한 게 아니라, 당시 세상에서 이미 신이 죽어 버렸다는 것을 **확인하는** 선언이었죠. 신의 죽음은 그런 점에서 그에게는 답이나 단언이 아니라 차라리 물음이었다 해야 합니다. 신이 죽어 버렸을 때, 그건 대체 어떤 의미나 효과를 갖는지, 신이 죽고 없는 세상에서 삶은 대체 어떻게 되어야 하는지 하는 물음 말입니다.

무신론자들에 대해 쓰면서 니체가 말하는 것은 뜻밖에도 '부지런함'에 대한 얘기입니다. 근대의 부지런함에 대해 말입니다. 베버는 근대성을 '탈마술화'라는 말로 특징지은 바 있고, 괴테는 신이 세속화되었다고 했다는데, 분명한 것은 근대에 들어오면서 종교 전체가 실추해 영향력을 잃게 되었다는 사실입니다. 종교는 왜 이렇게 힘을 잃었을까요? 니체는 진정 종교라고 하는 것에 몰두하기 위해서는 **양심에 거리낄 게 없는 한가함**이 필요했다고 합니다. 반면 근대에 이르면 "소란스럽고 시간을 독점하고 있는 부지런함과 어리석게도 그러한 부지런함을 자랑스럽게 생각하는 태도"가 득세하게 되었고 바로 이 부지런함이 신앙 없는 자를 가르치고 준비했다는 겁니다(58절). 그 부지런함이 세대를 거치면서 종교적 본능을 해체해 버렸다는 겁니다.

생각해 보면 무릎을 치게 하는 통찰입니다. 가령 종교란 삶에 대한 가르침이지만, 그 가르침은 먹고 입고 일하는 현행의 삶에 거리를 두지 않고는 생각하기 어렵습니다. 카프카도 「사냥꾼 그라쿠스」에서 먹고살기 바쁘기에 아무리 연민이나 애정을 가져도 돛도 없고 노도 없이 배를 타고 흘러다니는 그라쿠스에 대해 누구도 생각해 줄 여유가 없을 거라고 말한 적이 있지요. 먹고살기 바쁜 사람이 인생을 어떻게 살아야 할지, 어떤 게 좋은 삶인지 생각할 여지가 어디 있을 것이고, 더구나 삶의 지고한 가치 같은 것을 어떻게 찾을 수 있겠어요. 이런 것은 '거리낌 없는 한가함'이 있어야 된다는 겁니다. 그러나 근대, 특히 산업혁명 이후의 유럽은 산업/공업(industry)으로 특징지어지는 세계고, 근면한(industrious) 태도가 중요한 미덕이 되는 사회죠. 미덕이라고 딱히 생각을 하지 않아도 부지런(industrious)하게 살아야 하는 시대잖아요. 이렇게 부지런히 살다 보면 종교니 뭐니 하는 것들은 점점 잊혀지게 됩니다. 눈앞에 먹고사는 문제 외에는 다 잊혀지게 됩니다. 근면함이 무신앙을 가르친다는 말은 이런 뜻입니다.

그렇다고 이것이 종교적 관습의 적대자는 아닌데, 왜냐하면 industry에 필요한 게 참을성, 진지함, 많은 일을 처리하는 거라서 신앙을 등지게 된 것이지 굳이 종교에 반대한다거나 반감을 갖고 그리 된 게 아니기 때문입니다. 차라리 그것은 부지런함에 따른 무관심인데, 이런 무관심은 사물과의 **접촉을 두려워 하는 신중함과 순수함**으로 '승화'되고, 이것이 종교적 무관심이 되는 거죠. 종교적 인간을 자신보다 저급하고 낮은 유형으로 취급하며 자신이 더 높이 있다고 보는 학자란 **바로 이런 무관심에서** 나오는 것이고, 그들의 쿨한 객관주의는 무지하고 우둔하며 소박한 이 무관심의 연장이라는 겁니다.

6. '인간육성사업'과 종교

"자유로운 정신의 소유자인 우리가 말하는 철학자는 가장 큰 책임의식을 가진 자로서 인류의 전체적인 발전에 책임을 느끼는 자"라고 하면서 니체는 "인간을 길러내고 교육하기 위해서 그때그때의 정치적·경제적 상태를 이용하는 것처럼 종교도 이용할 것"이라고 쓰고 있습니다(61절). 여기서 말하는 '철학자'는 조금 전에 비판했던 '학자', 철학을 전공하는 학자가 아닙니다. 그보다는 앞에서 말했던 '미래의 철학자'에 가까운 인간인데, 좋은 삶을 창안하고 그런 삶으로 사람들을 촉발하는 종류의 인간입니다. 이런 인간은 인류의 발전에 대해 양심을 갖고 책임을 지려는 자들입니다. 앞에서 양심과 양심의 가책, 책임과 책임감의 차이에 대해 말했던 것이 생각나시죠?

어쩌면 약간 당혹스러운 것은 '인간육성사업'과 '교육사업'에 대해 말하는 부분일 듯합니다. 이 말들에서 계몽주의를 떠올리는 분도 있을 수 있고, 전체주의나 나치를 떠올리실 분도 있을 수 있을 겁니다. 그러나 그건 말의 어감에서 느끼는 반감 때문입니다. 좋은 삶에 대해 말한다 함은, 그런 삶을 살 줄 아는 인간, 새로운 종류의 인간을 만들어 내고 그런 인간을 길러 내는 방향을 함축하고 있지요. 그게 아니라면 삶을 말하고, 좋은 삶을 겨냥하는 철학을 말하는 게 무슨 의미가 있겠어요? 계몽주의와 다른 것은 이성이란 이름으로 얻어 낸 지식을 빛으로 삼는 식의 철학에 대해 차라리 종교적인 인간이 훨씬 낫다고 본다는 점, 전체주의나 나치와 다른 것은 목적의 자리를 차지한 어떤 동일성/정체성에 사람들을 맞추는 식으로 육성하는 게 아니라 스스로 고양되어 가는 힘과 의지를 통해 각자의 삶을 각이한 양상으로 펼쳐가는 식으로 인간을 육성하는 것이어야 한다는 점에 있을 겁니다.

니체뿐 아니라 맑스조차도 혁명이란 단지 생산수단과 소유관계의 변혁뿐 아니라 인간을 바꾸는 인간혁명이어야 한다고 말한 적이 있습니다(『독일 이데올로기』). 혁명이란 체제를 바꾸는 것으론 부족합니다. 새로운 체제에 부합하는 새로운 인간이 만들어져야 합니다. 혁명을 제대로 하고자 한다면 그런 인간을 육성해야 합니다. 사람들의 감각을 바꾸고 삶의 방식을 바꾸어 이전과 다른 종류의 삶을 사는 인간들을 육성해야 합니다. 이를 위해 사람들이 사는 생활공간의 구조도 바꾸어야 하고 그들이 접하는 것들도 바꾸어야 합니다. 여기서 예술이 대단히 중요한 역할을 합니다. 건축물을 '혁명의 응축기(condenser)'로 만들려던 구축주의자들이 그랬고, 언어를 바꾸려던 러시아 미래주의자들이 그랬습니다. 이런 식의 육성이란 계몽과는 전혀 거리가 멀지요.

인간육성사업을 이끌어 가는 사업을 위해 니체는 그때마다의 정치적·경제적 상황을 이용하듯이 종교 또한 이용해야 한다고 말합니다. 강자들에게 종교란 단지 저항을 극복하기 위한 수단 그 이상이라고 해요. 즉 종교란 지배자와 예속된 자를 하나로 묶어 주는 유대의 끈이고 후자의 양심이며, 복종에서 벗어나려는 속마음을 전자에게 알려주는 통로라는 겁니다(61절). 다시 말해 예속된 자들이 예속에서 벗어나도록 해주고, 그런 노력을 끝까지, 양심이 도달하게 될 최대치까지 밀고 가도록 해주며, 그런 방식으로 지배자와 예속된 자를 하나로 묶어 주는 수단이란 겁니다. 강자로 육성하는 수단이란 말이지요.

그런데 종교를 통해 변화시키려는 인간이 어떤 종류의 인간인가에 따라 종교는 다른 방식으로 작용합니다. 첫째는 '고귀한 혈통을 가진 자들'이라고 요약하는데, 여기서 니체가 염두에 둔 말은 '혈통'이 아니라 '고귀한'이란 말입니다. 즉 "드높은 정신을 가진 탓으로 은둔적이고 관조적인 삶을 즐기"는 이들입니다. 이들에게 종교는 "소란하고 수고스러운 거친 통치행위에서 벗어나 평화를 얻고 모든 정치에 필연적으로 따라오는 추악함으로부터 순수성을 지키기 위한 수단으로 이용될 수 있다"고 합니다. 인도의 브라만들이 그랬다는 게 니체 생각입니다. 스스로를 왕이나 정치가가 하려는 것보다 높은 과제를 지닌 인간으로 간주하여, 정치나 군사 등에 관련된 일은 그거 하려는 이들에게 맡겨 놓고 자신들은 은둔과 명상의 삶을 살고자 했지요. 즉 기존 종교가 발전시켜 온 은둔과 명상의 삶을 새로운 인간, 넘어서는 자로서의 새 인간에 이르기 위한 수단으로 사용할 수 있다는 겁니다. 은둔과 명상에 끌리시는 분들에겐 반가운 이야기죠? 그분들, 고귀한 인간에 속할 가능성이 크다는 말로 들리니 말입니다.

둘째는 '중간적인 층'인데, 이들은 지배하는 자에서 지배받는 자로 옮겨가는 층입니다. 이런 양상의 인간이라면 지배받는 자들에게도 "장차 지배하고 명령하는 일을 할 수 있도록 교육과 기회를" 제공하기도 합니다. 여기서 '지배'나 '명령'이 정치가나 권력자와 거리가 먼 개념이란 거, 기억하시죠? 즉 종교가 자기 자신을 지배하고 자기에게 명령하는 인간들을 육성하는 것이 되리라는 겁니다. 이들 중간적인 자들이 지배하는 자가 되도록 하기 위해 종교는 이들에게 "보다 높은 정신에로의 길을 걷도록, 그리고 훌륭한 자기극복, 침묵, 고독의 감정을 시험하도록 자극과 유혹을 충분히 제공한다"는 겁니다. 기존 종교가 사용해 온 금욕주의조차 자기를 넘어서는 훈련에 긴요한 수단이 될 거라고 해요(이는 니체가 '금욕주의'라면 무조건 나쁜 것으로 비난하는 것이 아님을 보여 주지요).

세 번째로는 평범한 사람들, 즉 노동하고 봉사하는 이들, 유용성을 위해 활동하는 대부분의 사람들에게 종교는 자기 천성과 삶에 만족하게 해주고 마음의 평화를 주며, 자신과 비슷한 사람들의 행복과 고통을 나눠 갖게 해주고, 일상적 삶의 천박함이나 동물적인 빈곤함을 변용시키며, 이런 변용을 미화하고 정당화하도록 해준다고 해요. 이러한 방법으로 평범한 사람들 역시 다른 유형의 인간으로, 다시 말해 강자로 변화되고 '육성'될 수 있다는 겁니다.

이상이 종교적인 것에 대해 이 장에서 니체가 하고자 했던 가장 중요한 이야기, 긍정적인 이야기입니다. 종교적인 것에 대해 니체가 갖는 생각을 잘 보여 주는 이야기죠. 종교에는 이렇게 강자를 만드는 데 사용될 수도 있는 힘이 있지만, 자칫하면 빠지게 될 엄청난 위험도 있습니다. 새로운 인간의 육성을 위해 종교적인 것을 이용할 때조차 주의해야 할 중요한 위험입니다.

> 만일 종교가 철학자들의 수중에 있는 길러냄과 교육의 수단이 되지 않고 그 자체로부터 그리고 독립적으로 존재할 경우, 즉 다른 여러 수단들 중 하나가 아니라 그 자체가 궁극목적이 되려고 한다면, 사람들은 항상 그 대가를 톡톡히 치르게 된다. (62절)

요컨대 종교를 새로운 인간의 육성 수단으로 삼지 않고 그 자체가 절대적 목적이 되어 버린다면, 아주 비싼 대가를 치르게 되리라는 겁니다. 이런 일은 무엇보다 "불구자, 병든 자, 퇴락한 자, 허약한 자, 필연적으로 고뇌하는 자"에게 두드러지는데, 이들뿐 아니라 차원 높은 인간에게도 파괴적인 작용을 미칠 수 있게 됩니다. 이는 종교가 대개 고통받는 사람들을 위한 것이기 때문에 그렇다는 게 니체 생각입니다. 삶에 고통받고 있는 사람들의 언행이 옳다고 인정하고, 다른 종류의 삶의 감각을 거짓으로 여기고, 고통에 시달리는 약한 심성을 보존하게 되기 때문입니다. 어떤 대가를 치르게 될까요? "고통받는 자들을 위로하고, 억압받고 절망하는 자들에게 용기를 주고, 혼자 설 수 없는 자들에게 지팡이와 의지처를" 내어 줌으로써 병든 자와 고통받는 자를 보존하고 약자들을 보존하며, 이로 인해 인간 유형을 낮은 단계에 머물게 한다는 것이 그겁니다(62절). 몰락하거나 사라져야 하는 것을 보존하게 된다는 겁니다. 넘어서야 할 종류의 힘과 의지를 보존하고, 바꾸어야 할 인간 유형에 주저앉게 할 수 있다는 거지요.

더욱 나쁜 것은 이로 인해 가장 소중한 것들을 증오하게 만든다는 겁니다. 강한 것들, 자신들의 강한 의지나 힘 등을 증오하게 만든다는 거죠. 또한 약함을 넘어서게 하는 것들을, 고통이나 불행에 흔들리지 않는 심성들을 '가해적인 것'이고, 사람들을 괴롭히는 것이라고 비난하게 합니다. 그런 점에서 니체는 "인간을 하나의 숭고한 기형아로 만들려 하는 하나의 의지가 18세기 전체에 걸쳐서 유럽을 지배해왔던 것 같지 않은가?"라고 아주 강하게 비판하고 있습니다. 이것이 그가 기존 종교를 비판하는 가장 중요한 이유입니다. 이는 『도덕의 계보』에서 좀 더 구체적으로 치밀하게 분석되며 비판되지요.

결국 처음에 제기한 필로비오스의 문제설정을 여기서 우리는 다시 확인하게 됩니다. 삶을 위해서 철학을 **어떻게 이용할 것인가?** 삶을 위해서 종교를 **어떻게 이용할 것인가?** 이게 가장 중요한 질문이라는 것 말입니다.

제4장

잠언과 간주곡

별을 따라가는 자와 별에 맞아 피 흘리는 자

4장은 잠언들로 이루어진 간주곡입니다. 짧고 멋진 문장들인데, 주석을 달자면 한이 없고 그냥 넘어가자니 허전하여, 몇 개만 골라 간단히 소개하고 빠르게 넘어갈까 합니다.

◆ 한 사람만을 사랑한다는 것은 야만적인 것이다. 왜냐하면 이로 인해 그 밖의 모든 사람은 무시되기 때문이다. 신에 대한 사랑도 마찬가지다. (67절)

그러나 우리는 **한 사람만** 사랑해야 한다고 믿고 있지요. 여기서 '사람'이라는 단어를 '가치'로 바꾸어도 대체로 성립합니다. 앞서 하나의 가치에 몰두하면 높이 비상할 수 없다는 말을 했는데, 하나의 가치만을 사랑하는 것은 다른 가치 모두를 희생하기에 어리석은 결과로 귀착됨을 보았죠. 사실 어느 하나를 끝까지 밀고 가려 할 때일수록 그것과 결부된 다른 많은 것을 사랑할 수 있어야 합니다. 사람에 대한 사랑도 그래요. 누군가를 사랑함으로써 그가 좋아하는 것, 그가 사랑하는 것을 같이 사랑하게 된다면, 그 사랑은 좋은 사랑이 됩니다. 반면 사랑하는 누군가를 위하여 다른 사람에 대한 사랑을 중단하고 사랑 아닌 것들, 좋아하던 일이나 사물들을 포기해야 한다면, 그 사랑은 끔찍한 사랑이 될 게 분명합니다. 더구나 사람에 대한 사랑은 한 사람에 대한 것조차 심지어 며칠 사이에도 그 강도가 계속 달라지고 대상도 달라집니다. 변함없어야 한다는 생각이 그 사람을 아주 힘들게 하고 지치게 합니다. 사랑에 지쳐 가게 됩니다. 사랑하는 대상과의 관계조차 그에게서 거리를 두고 그 인근의 것들을 함께 볼 수 있을 때, 잘 풀리게 됩니다. 중요한 것은 그 변화의 흐름을 읽고 탈 줄 아는 능력일 겁니다. 만들어 낼 줄 안다면 더할 나위 없겠죠. 이는 사랑하는 사람을 그 사람만이 아니라 그 주위를 둘러싼 것과 언제나 함께 볼 줄 아는 눈, 그 인근의 것을 함께 사랑하는 마음이 있을 때 가능할 겁니다.

◆ 천문학자인 현자(賢者)의 말씀. ── 만일 그대가 아직도 별들이 '그대 위에 있는 것'으로 느끼는 한, 그대에게는 인식하는 자로서의 안목이 아직 결여되어 있는 것이다. (71절)

별들이란 무상하게 변화하는 우주를 이해할 수 있는 그림,

아름다운 그림으로 만들기 위해 고정한 특이점들입니다. 그 별들을 보면서 우리는 우주를 본다고 믿지요. 그 별들의 안내를 따라 살려는 사람들이 있지요. "하늘의 별을 보며 길을 찾던 시절은 행복하였노라!"(루카치, 『소설의 이론』) 이상과 꿈을 가진 이들을 이처럼 별을 따라 가는 이들이라 합니다. 별을 따라가는 사람이라면 별에 맞아 피 흘리며 쓰러져 본 적 있을 겁니다. 아직 없다면, 있어야 합니다. 별의 추락 속에서 바닷속으로 빠져드는 심연을 맛볼 때, 우리는 별빛 뒤에 있는 돌을, 별을 둘러싸고 도는 우주의 한 조각을 맛볼 수 있지요.

　　세상에는 두 종류의 철학자가 있는 듯합니다. 하나는 창공의 별을 따라가며 사유하는 철학자이고, 다른 하나는 떨어지는 별에 맞아 피 흘리며 사유하는 철학자입니다. 플라톤도 칸트도 창공의 별 인근에 철학을 펼쳐 놓습니다. 굳이 이상주의자가 아니더라도, 금으로 빛나든 사랑의 꿈으로 빛나든 나름의 별들은 있기 마련인지라, 이런 철학은 쉽게 지지자를 얻습니다. 반면 **추락하는 별에 맞아 심연 속에 빠져들어 가는 철학**도 있습니다. 어둠 속에서 태어나는 철학. 그러나 그것이 반드시 어두운 철학이 되는 건 아닙니다. 별빛을 받아 탄생한 철학이 반드시 밝은 철학은 아닌 것처럼요. 높은 하늘을 말하는 철학을 따라 하늘에 이르려는 생각은 허황된 것이기 마련이지만, 늪에 빠지도록 당겨 주는 철학을 따라 땅 속 깊숙이 끌려들어가는 것은 피하기 어려운 것 같습니다. 어떤 게 더 철학다운 철학일까요?

◆ 인간을 고귀하게 만드는 것은 고귀한 감정의 강도가 아니라 그것의 지속이다. (72절)

　순간적으로 높이 올라가는 것은 어렵지 않습니다. 문제는 어떤 강도를 지속하는 것이고, 지속되는 강도의 흐름을 만드는 것입니다. 지속하는 힘이 없다면, 아무리 높은 강도의 경험도 어느새 스러지고 사라져 버리지요. 한때 잘하는 사람은 종종 보지만, 그것을 지속하는 사람은 보기 힘들지요. 강자란 어떤 인간인지, '넘어서는 자'로서의 초인이란 어떤 자인지 이해하는 데 중요한 문장입니다.

◆ 자기 자신을 경멸하는 사람은 그러면서도 언제나 경멸하는 자로서의 자신은 존중한다. (78절)

　자기 자신을 경멸하는 사람을, '나는 못해', '나는 무능해'라고 말하는 사람을 종종 보게 되는데요, 그들은 이런 자기경멸적인 생각으로 자신의 상태를 지속하려 합니다. 그런 자신을 존중하고 보존하려 합니다. 자기를 경멸하면서도 자기경멸하는 자신은 경멸하지 않는 거지요. **자기경멸 또한 자존심의 한 형태**임을 보여 주지요. 자기경멸하려면 그것을 끝까지 밀고가 보면 좋습니다. 자기경멸하는 자신을 경멸하는 데까지 밀고 가, 자기경멸하는 자신을 파괴할 수 있다면, 자기 경멸은 스스로 경멸에서 벗어나는 출구를 찾을 수 있지 않을까요?

◆ 감정을 통제할 줄 알면 정신이 자유로워진다. ─ 만일 사람들이 자신의 감정을 엄중히 단속하고 가두어 둔다면, 정신에 많은 자유를 부여할 수 있다. (87절)

앞에서도 말했지만 니체에게 강자란 남에게 멋대로 힘을 행사하는 자가 아니라 자신의 신체와 '정신'에 힘을 행사하고 명령하며 지배하는 자입니다. 약속할 수 있는 자입니다. 자유란 그때그때 일어나는 마음에 자신을 맡기는 게 아닙니다. 그건 위장이나 심장, 혀의 명령에 복종하는 것입니다. 자유란 신체 안에 존재하는 수많은 힘과 의지를 장악하여 스스로에게 약속할 수 있는 방식으로 사용하는 것입니다. 관성에서 벗어난 창조의 자유 또한 그렇습니다. 창의적인 연주란 필요한 방식으로 신체를 움직일 수 있는 강력한 통제력에서 나오지, 아무렇게나 두들겨 대는 것이 아닙니다. 그렇기에 자유와 창조는 오히려 긴장을 조였다가 적절하게 풀고 다시 조이는 능력과 가까이 있습니다. 정신의 자유도 그렇습니다. 금욕주의에 대한 비판 때문인지 자신이 이를 이미 말했으나 사람들이 자신을 믿지 않는다고 첨언해 두었네요.

◆ 사는 것을 힘들어 하고 우울한 사람들은 다른 사람들을 힘들게 함으로써, 즉 다른 사람을 증오하고 사랑함으로써 자기 마음을 가볍게 하고 일시적으로나마 유쾌해진다. (90절)

힘들고 우울한 사람은 주변에 있는 사람들을 힘들고 우울하게 합니다. 누군가 날선 얘기를 하고 의외로 힘든 말을 하면, 그 논지를 **반박하기보다는** 그 얘기를 들어 주며 이 사람 상태가 힘들고 우울한가 보다 생각해 보는 게 좋습니다. 말은 많은 경우 정신적 신체적 상태의 표현이니까요. 역으로 내가 힘들고 우울할 땐, 혹시 남들을 힘들고 우울하게 하고 있는 건 아닌지 얼른 돌아봐야 합니다. 화가 났을 때는 말하지 않는 게 좋고, 화났을 때 한 생각은 믿지 않는 게 좋습니다. 그건 아무리 '깊이', 아무리 오래, 아무리 반복하여 생각한 거라도 화난 신체의 표현이지 숙고된 판단이 아니니까요. 반면 누군가 힘들고 우울해서 나를 힘들고 우울하게 할 때, 이걸로 그 사람이 경쾌해질 수 있다면 좋지 하고 받아 주는 것도 괜찮을 거 같습니다. 물론 내가 웃으면서 받아줄 있는 능력(capacity)이 있을 때 얘기지만요.

◈ 삶과 결별할 때 오디세우스가 나우시카와 이별할 때처럼 하라. 삶에 연연하기보다는 삶을 축복하면서. (96절)

생명이나 생성을 긍정한다 함은 탄생이나 생존은 축복하고 죽음이나 소멸은 슬퍼하는 것으로 자주 오해되지만, 그것은 탄생만큼이나 죽음을 긍정하는 것입니다. 존속만큼이나 소멸을 긍정하는 것입니다. 소멸 없는 탄생이란 있을 수 없는 것이니까요. 니체는 모든 익은 것은 죽음을 욕망한다고 했는데, 죽을 때가 된 것은 죽어야 하는 겁니다. 생명에 연연할 때, 삶은 추해지기 쉽습니다. 연명장치처럼 생명을 모독하는 것은 찾아보기 힘듭니다. 요즘처럼 몸이 감당할 수 없을 만큼 수명이 늘어난 시대에도 사람들은 노화를 저지하고 좀 더 오래 살 길을 찾습니다. 그러나 지금은 거꾸로 편하게 죽을 수 있는 권리에 대해 생각해야 할 때 아닐까요? 능력이 다했을 때 물러설 줄 아는 것이 정치인의 미덕이듯이, 건강을 유지할 수 없는 상태가 되었을 때 편하게 죽는 것은 건강한 인간의 미덕입니다.

사람들과 헤어질 때도 마찬가지입니다. 이별을 축복하는 것은 어렵습니다. 가깝고 좋아하던 사람과의 이별일수록 더 힘들지요. 많은 경우 이별이란 어떤 이유로든 더는 함께 할 수 없게 되었을 때 찾아옵니다. 이별의 이유는 대개 함께 만들어 가게 마련입니다. 물론 바깥에서 더 좋은 어떤 것이 채가는 경우도 있지요. 그래도 상대가 떠나 가는 것은 상대가 그런 조건에도 불구하고 함께할 이유를 제공하지 못한 것이니 남 탓할 일만은 아닙니다. 누구 탓인가는 중요하지 않습니다. 누구 탓이든 분명한 건 더 이상 함께할 수 없게 되었다는 사실이죠. 이별의 때가 왔을 때는 이별을 받아들이는 것, 그게 '이별의 능력'이지요. "여성은 매력을 상실하는 것에 비례해서 증오하는 것을 배운다"(84절)고 하지만, 그게 어디 여자뿐이겠어요? 상대방을 떠나지 못하게 붙잡는 힘은 서로를 고통으로 묶기 시작합니다.

당기는 힘. 매혹의 힘을 통해서 함께 할 수 있을 때만 함께 함은 기쁘고 즐겁습니다. **떠나지 못하게 막으려는 힘**이 필요하다는 건 이별의 이유가 이미 충분히 커졌음을 뜻합니다. 그때에는 저지하고 방해하는 힘이 아니라 당기는 힘으로 다가가야 합니다. 매혹의 힘, 좋아하게 만드는 힘으로 당겨야 하지요. 그래도 안 되면, 떠나감을 축복해 주어야 합니다. 그게 이별하는 나의 삶을 축복하고 즐겁게 만드는 방법이지요. '배신'이라는 말은 이별능력의 결여를 보여 줄 뿐입니다. 축복받는 이별을 할 줄 모르는 무능력을 가리기 위해 이별의 책임을 남에게 전가하는 말입니다.

◆ 괴물과 싸우는 사람은 싸우는 과정에서 자기 자신이 괴물이 되지 않도록 조심해야 한다. 만일 그대가 심연 속을 오랫동안 들여다보고 있으면 심연도 그대 속을 들여다본다. (146절)

아주 유명한 잠언입니다. 싸움이 지속되는 것은 힘이 비슷한 경우입니다. 비슷하지 않으면 싸움이 일어나지 않거나, 일어나도 어느새 끝나 버립니다. 싸움이나 비판은 양자를 대칭적인 위치로, 대립적인 두 항으로 밀고 갑니다. 싸움이란 힘의 역학 속에서 진행되는 것이라, 애초에 다른 방향에 서 있다 해도 싸우다 보면 서로의 반대편에 서게 됩니다. 그래서 대칭상이 되기 쉽습니다. 거울상처럼 닮아 가게 됩니다. 그래서 니체는 자랑할 수 있는 적을 가지라고 했지요. 자랑할 수 있는 적이라면, 싸우면서 닮아 가는 것이 좋은 일이니까요. 작은 적, 괴물 같은 적과는 싸우지 않는 게 좋습니다. 싸운다면 닮아 가고 있지 않은지, 비슷하게 작아지고 있는 건 아닌지 자주 돌아봐야 합니다.

심연이란 발 디딜 데 없는 곳이고, 한없이 빠져들어 가는 곳이며, 헤어나기 힘든 곳입니다. 자신이 따라가던 별의 추락에 피 흘리는 이들이 빠져드는 곳이 심연이지요. 모든 의미가 사라지고 모든 가치가 무너지는 곳입니다. 허무의 어둠이 있는 곳이지요. 심연을 들여다보는 건 아주 힘든 일입니다. 심연의 어둠에 침윤되어 심연에 빠져들기 때문이고, 심연의 어둠에 영혼이 잠식되기 십상입니다. 살아갈 가치나 의미의 어떤 새로운 단서를 찾지 못하면 빠져나오기 힘든 곳입니다. 바로 그렇기에 심연을 들여다본 자, 심연 속에 들어갔다 나온 자는 그러지 못한 자와 같을 수 없습니다. 그렇지만 그런 경우에도 그 영혼에 스며들었던 심연의 어둠이 남아 있는 건 아닌지 세심히 보아야 합니다. 그것이 애써 어둠을 벗어난 신체를 다시 잠식하고 있는 건 아닌지 유심히 살펴보아야 합니다.

◆ 우리는 좋은 일이나 나쁜 일에 갚음을 해야 한다. 그런데 우리는 왜 좋은 일이나 나쁜 일을 행한 바로 그 사람에게 갚음을 하는가? (159절)

우리에게 일어나는 일은 좋은 일 아니면 나쁜 일, 그게 아니면 좋지도 나쁘지도 않은 일입니다. 좋지도 나쁘지도 않은 일은 특별히 대응할 필요가 없습니다. 대응해야 할 일은 좋은 일 아니면 나쁜 일입니다. 좋은 일은 상승하는 힘을 실어 그 힘을 최대한 증장시키고, 나쁜 일은 최대한 멀리하여 그 영향을 극

소화하게 되지요. 이는 스피노자 식으로 말하면 일종의 자연학적 윤리학입니다. 자연스러운 일이란 말이지요. 그러나 우리는 대개 좋은 **일**이 아니라 좋은 일을 한 **사람**에 대해 판단하고 대응하고, 나쁜 일이 아니라 그걸 한 사람에 대해 분별하고 대응합니다. 좋은 일이나 나쁜 일이 그 사람을 원인으로 한다고 믿는 셈이지요. 그러나 이는 '생각한다'의 주체인 '나'가 원인이라고 믿는 것과 마찬가지로 착각입니다. 그 사람은 어떤 때는 내게 좋은 일을 하고, 어떤 때는 내게 나쁜 일을 합니다. 좋고 나쁜 정도도 매번 달라집니다. 문제는 때마다 일어나는 '일'이건만, 우리는 일이 아니라 그 일을 한 '사람'을 겨냥하여 판단하고 대응합니다. 이렇게 되면 그 사람이 하는 일이 이후에도 좋을 것 내지 나쁠 것이라는 가정을 어느새 끌어들이게 됩니다.

일에 대한 판단이 사람에 대한 판단으로 대체되면, 좋은 일 나쁜 일에 적절하게 대응하는 게 아니라 어떤 사람에 대해 선판단을 하고 대응하게 됩니다. '이 사람은 이래서 문제야, 항상 문제야!' 이는 대개 뒷담화를 통해 퍼져가게 되고, 그 사람의 반발을 부르게 됩니다. 감정의 골이 생겨 무언가를 새로 도모하기는커녕 만나는 것도 불편하게 됩니다. 이것만큼 관계를 그르치고, 사전에 일을 망치는 것은 없을 겁니다. 특히 공동체를 난감한 위기로 몰아넣는 것이 바로 이런 태도입니다. 덧붙이면, 어떤 일이나 논지에 대한 비판을 그 일을 한 **자신**에 대한 비판으로 받아들이는 것은 정확하게 이런 태도의 반대편 대칭상이라 하겠습니다.

제5장

도덕의 자연사, 도덕의 '유물론'

1. 감응의 도덕, 도덕의 유물론

『선악의 저편』5장은 '도덕의 자연사'(Naturgeschichte der Moral)라는 제목을 갖고 있습니다. '자연사'란 생물학 이전에 자연을 다루는 학문이죠. 자연에서 진화나 화석을 통해 연구하는 고생물학, 그리고 지질학 같은 것을 다루는데, 다윈이 연구했던 게 바로 자연사였습니다. 생명체와 비생명체 모두를 포괄하는 자연의 역사를 다루는 학문입니다. 생물, 광물 등 '모노'(もの, 物)를 포괄적으로 (博) 다룬다는 의미에서 일본에선 '박물학'(博物學)이라고 번역하는데, 우리도 이 말을 널리 사용했었고 지금도 많이 사용하고 있지요. 일본어에서 '모노'란 산 것, 죽은 것, 심지어 사람까지도 포함하기에 적절한 번역으로 보이는데, 한국어에서 물(物)은 그렇게

쓰이지 않지요. 인간은 물론 생물도 배제되어 있어요. 그래서인지 최근에는 원문을 직역해 자연사라고 번역하는 경우가 많은 듯합니다.

여기서 도덕의 자연사는 도덕의 발생계기를 다룬다는 점에서 이후 독자적인 책으로 출판되는 『도덕의 계보』를 예고하는 것이지만, 여기서 읽게 되는 것이 단지 도덕에 대한 계보학적 비판만은 아닙니다. 앞서 3장의 「삶을 위해 종교를 이용하는 법」에서 인간의 육성을 위해 종교를 어떻게 이용할 것인가라는 문제의식에서 다룬 것처럼, 여기서도 도덕을 인간의 육성에 어떻게 이용할 것인가라는 문제의식을 볼 수 있습니다. '유물론이란 물질의 일차성을 말하는 것'이라는 낡은 관념을 벗어나 말한다면, 이는 종교나 도덕에 대한 '유물론적' 분석방법으로 보입니다. 어떤 것을 그것이 산출하는 효과의 차원에서 접근하여 분석하는 것이란 점에서요. 의도의 관념론이나 물질의 유물론을 벗어나서, 차라리 '화용론'(pragmatics)이라는 관점이란 의미에서, 발생조건이나 효과 같은 '외부'를 통해 어떤 것을 다루는 방법이란 의미에서의 유물론 말입니다. '자연발생사'란 말에서 '자연'이란 자연학적 관점을 뜻하는 말로 이해할 수 있는데, 의도가 아니라 신체적이고 자연적인 이유와 효과를 보려는 것이란 점에서도 유물론적이라 하겠습니다.

먼저 니체는 수많은 철학자들이 도덕 자체를 '주어진 것'으로 간주한 채, 즉 의문의 대상으로 삼지 않은 채, 그것을 '정초'하고자 했다고 비판합니다. 정초한다 함은 근거를 찾아 주는 것이고 그 근거를 통해 대상을 정당화하는 것입니다. 물론 이를 위해 근거를 묻기도 하겠지만, 도덕을 주어진 것으로 간주한다면, 근거가 있는지 '묻기'보다는 근거를 '찾아 주려' 하게 될 겁니다. 그러나 니체는 도덕의 본래 문제란 상이한 도덕들을 비교함으로써 기존의 도덕을 물음의 대상으로 만드는 것이라고 봅니다. 그런 점에서 지금까지의 도덕학에는 도덕의 문제 자체가 결여되어 있었다고 비판하지요(186절).

어떤 도덕들이 있을까요? 창시자를 변호하는 도덕, 창시자 자신이 스스로를 십자가에 못 박아 굴욕과 가책을 느끼게 하는 도덕, 복수하려는 도덕, 자신을 은닉하려는 도덕, 스스로를 정화하려는 도덕, 망각을 가르치는 도덕, 복종을 가르치려는 도덕 등이 있습니다. 이토록 다른 도덕들을 일별하면서 니체가 읽어 내는 것은 '감응'(affect)입니다. 이 도덕들이란 "감응을 나타내는 징후적 언어"라는 겁니다(187절). 변명, 굴욕, 가책, 복수심, 복종심 등의 말로 표현되는 감응을 여러 종류의 도덕에서 읽어내야 한다는 말입니다.

스피노자를 빌려 말하자면, 감응이란 어떤 것과의 만남이 주는 촉발(affection)에 따라 발생한 능력의 증감의 표현입니다. 배고픈 사람이 빵과 만나면 신체적 능력이 증가하고 병이 난 사람이 처리해야 할 일과 만나면 능력이 감소합니다. 풀어야 할 문제로 끙끙대던 사람이 해결의 단서를 주는 것과 만나면 '영혼'의 능력이 증가합니다. 능력이 증가할 때 쾌감이 발생하고 감소할 때 고통이 발생합니다. 쾌감은 상승감을 표현하는 감응이고 불쾌감이나 고통은 하강감을 표현하는 감응입니다. 스피노자는 전자를 기쁨, 후자를 슬픔이라고 명명했지만, 이는 감응을 감정의 일종으로 오해하게 할 가능성이 커서 저는 차라리 쾌감과 불쾌감, 혹은 쾌감과 고통 같은 말로 바꾸는 게 좋다는 생각입니다.

우리가 느낌이나 감정을 표현하기 위해 사용하는 정서적 상태들, 가령 유쾌함, 반가움, 기쁨, 경이감 등이 상승감인 쾌감에 속한다면, 불안함, 우울함, 슬픔, 공포감 등은 하강감인 불쾌감에 속합니다. 그런데 감응은 명료하지 않고 단순하지 않습니다. 모든 신체와 영혼은 복합체입니다. 우리 몸은 심장, 허파, 위장, 신장, 혈관 등의 기관이 모인 복합체이고, 각 기관마저도 수많은 세포들의 복합체입니다. 그렇기에 전체로서의 신체적 감응이 '하나'로 보일 때도 각 부분이 느끼는 감응은 다를 겁니다. 커피를 마실 때, 혀의 어떤 세포는 쓴맛에 놀라지만(독일 수 있거든요), 어떤 세포는 단맛에 쾌감을 느끼고, 어떤 세포는 시큼한 맛에 상한 건 아닌가 약간 긴장할 겁니다. 이런 세포적 감응이 모여서 혀가 느끼는 커피 맛의 감응이 형성됩니다. 살찐 사람이 차가운 콜라와 만났을 때, 혀는 쾌감을 느끼겠지만 이나 잇몸, 위장이나 신체의 다른 세포들은 불쾌감을 느낄 겁니다. 불쾌감의 정도와 양상은 기관이나 세포마다 다르겠지요. 살찐 신체를 걱정하는 영혼은 걱정하며 난감해 하겠지만 동시에 예상되는 쾌감을 기대하는 영혼의 일부는 반가워할 겁니다.

이런 식으로 상이한 감응들이 섞일 것이고, 또 이 섞임의 상태는 계속 달라질 겁니다. 처음엔 혀의 쾌감이 컸지만 시간이 지나면서 차가움에 대한 이와 잇몸의 놀람이나 불쾌감이 섞여 들고, 그 다음에는 식도와 위장의 세포가 느끼는 불쾌감이 점점 더 많이 섞여 들게 될 겁니다. 유기체가 느끼는 감응이란 이런 점에서 지속적인 이행상태에 있습니다. 물론 유기체는 이 가운데 가장 두드러진 것만을 주로 포착할 것이고, 그것에 의해 다른 미시적 감응들을 포섭하고 복속시킬 겁니다. 그래도 감응은 모호함을 피할 수 없습니다. 뭐라 한마디로 딱 잘라 말할 수 없는 복합적인 느낌, 흔히 느끼시는 것 아닌가요? 슬픔과 기쁨, 기대와 불안, 희망과 두려움 등이 섞인 감응 같은 거 말입니다. 감정은 이 모호하고 이행상태에 있는 감응을 하나의 말로 명명되는 정서적 상태로 통합합니다. 유기체의 입장에서, 감응의 복합성을 통합하여 '자신'의 주관적 감정으로 단일화할 때, 감응은 감정이 됩니다.

말하고 행동하는 것은 이런 감응들의 효과에 따른 것입니다. 누군가 통상적이지 않은 말을 한다면, 그가 주장하는 바 이상으로 그 사람의 **신체 상태**를 주목하는 게 좋습니다. 그 말은 그때 그의 신체가 감지한 감응이 표현된 것일 가능성이 큽니다. 그 말에 함축된 감응을 읽어 내는 게 필요하다는 겁니다. 도덕도 그렇습니다. 도덕이 감응의 징후라는 말은 도덕가의 주장에서 거기 포함된 감응을 읽어 내라는 말입니다. 어떤 도덕적 주장에 특별한 것이 있다면, 그게 어떤 감응의 징후인지를 읽어내야 합니다. 달리는 자의 감응인지 기어가는 자의 감응인지,

독립적인 어떤 것의 감응인지 기대고 보호받으려는 감응인지, 혹은 힘이 넘치는 감응인지 무력함의 감응인지, 평온함의 감응인지 성급함 내지 열정의 감응인지, 평화의 감응인지 전쟁의 감응인지 등등. 그 도덕은 따르는 이들에게 그 감응에 대응하여 신체를 행동하게 할 것이기 때문입니다. 평온함의 감응을 갖는 도덕에 따른다면 평온한 삶으로 들어갈 것이고, 피 끓는 감응의 도덕을 따라간다면 피 끓는 삶 속으로 들어가게 될 겁니다. 이는 미리 말하자면, 그 도덕 안에서 지배적인 힘과 의지가 어떤 것인지를 보라는 말이기도 합니다. 다음 내용에서 인간의 육성을 위해 강제와 훈육을 이용하는 것에 대해 말할 때도 마찬가지로 해당하는 얘기입니다. 도덕의 감응, 이는 도덕에 '유물론적으로' 다가가기 위한 통로를 제공합니다. 신체의 유물론, 생명의 유물론 같은 것이 그것입니다. 니체가 생명과 신체에 대해 강조하는 바를 염두에 둔다면, 이는 니체가 하려는 것과 다른 것이 아님을 알 수 있을 겁니다.

2. 강제와 훈육을 이용하라

니체는 "모든 도덕은 자유방임(自由放任)과 대립되는 것이며 '자연'에 대한 일종의 폭정이고, 또한 '이성'에 대한 일종의 폭정"이라고 말합니다(188절). 자연학적 도덕조차도 폭압이나 강제 없는 방임이 아닙니다. 자연학에 부합하는 강제가 거기 있습니다. 도덕에 대한 비판은 강제나 폭력을 지적하고 제거하려는 것이 아닙니다. 반대로 니체는 "모든 도덕에서 본질적이고 귀중한 점은 그것이 장기간에 걸친 강제라는 점"이라고 합니다. 다시 말해 지속력을 갖는 강제를, 그 효과를 주목해야 한다는 겁니다. 그것의 생산적인 효과를. 가령 운율의 강제, 두운이나 각운의 강제, 혹은 리듬의 강제야말로 시와 음악을 가능하게 해주는 조건이지요.

이 강제를 멋지게 따르기 위해 프랑스 시인 말라르메는 평생 동안 몇 편 안 되는 시를 쓰곤, 고치고 또 고치길 반복했지요. 래퍼를 꿈꾸는 이들은 라임에 맞추어 글을 쓰라는 음악적 강요에 따라 글을 쓰는 데 인생을 걸지요. 피아니스트나 바이올리니스트도, 메탈 기타리스트도 손가락 돌아가는 것을 연습하는 데 인생을 걸지요. 그 강제에 따르는 훈련이 자유로운 연주를 가능하게 해줍니다. 학교에서 학생들이 배우는 것도 이런 강제에 따르는 것입니다.

물론 푸코가 『감시와 처벌』에서 분석해 보여 주었듯이, 이는 규율에 길들이는 훈육이고 그 자체로 권력의 작용입니다만, 그런 권력이 어떤 능력을 생산한다는 것을 푸코 역시 주목합니다. 그 강제와 훈육으로 학교에서는 지적능력을 생산하고 군대에서는 전투능력을 생산하며 공장에서는 노동능력을 생산합니다. 니체 또한 교회나 궁정 등에서 강제된 "이 모든 폭력적이고 전제적이며 가혹하고 전율할 만하고 부조리한 것이야말로 유럽의 정신을 강한 힘과 가차 없는 호기심과 세련된 유연성을 갖추도록 훈련시킨 수단이 되었다는 것은 분명하다"(188절)고 쓰고 있습니다.

니체는 이런 능력을 육성하기 위해 **금욕 또한 이용하고자** 했지요. 니체의 금욕주의 비판을 안다면, 이는 뜻밖의 얘기로 들릴 수 있을 겁니다. 그러나 이처럼 능력의 육성을 위해 이용할 수 있는 어떤 '기술'로서의 금욕은, 욕망의 억압 자체를 목적으로 하는 태도 내지 '이념'으로서의 금욕주의와 다릅니다. 가령 감각이란 생명을 위해서 진화된 것이기 때문에 너무 안정된 상태는 감각을 둔하게 하고, 역으로 생존을 조여 오는 상황은 감각을 예민하게 합니다. 소화능력의 취약함이 혀를 예민하게 하듯이, 배고픔이나 굶기는 미각을 다른 방향에서 민감하게 합니다. 평소에 못 느끼던 맛도 느낄 수 있기에, 엔간한 건 다 맛있게 먹을 수 있습니다.

이는 자칫하면 반대로 생각하기 쉽지요. 배고프면 아무거나 맛도 모르는 채 아구아구 먹고, 배부른 자는 느긋하게 맛이 어떻느니 하면서 취향을 발달시킨다고. 그러나 맛이란 긍정적 감각이지요. 낯선 음식을 먹고 '이거 맛없어'라고 느끼는 것은 자신이 아는 맛이 거기 없다고 느끼는 겁니다. 다른 많은 사람이 거기 있다고 느끼는 맛을 못 느끼는 것이지요. 맛이 없다고 맛이 있는 것을 찾아 음식을 찾거나 바꾸며 '돌아다니는' 것은 그 둔감한 혀로도 느낄 수 있는 것을 찾는 것입니다. 후줄근해 보이는 음식에서도 그 맛을 알아보는 것이 맛을 아는 것입니다. 좋은 음식만을 찾는 이들은 좋은 맛 아니고선 맛을 느낄 수 없는 감각적 무능력자입니다. 물론 맛을 안다는 것은 좋은 맛을 안다는 것뿐 아니라 저급한 맛, 천박한 맛, 그저 자극적인 맛 또한 섬세하게 식별해 내는 것입니다. 아무거나 다 맛있다고 하는 것은 맛을 아는 게 아닙니다. 허기 속에서 감각이 예민해진다는 말은 허기를 채우기 위해 정신없이 먹는 행위를 지칭하는 게 아닙니다.

분명한 것은 배가 부르면 맛있던 음식도 쾌감을 주지 못하게 된다는 겁니다. 맛으로 인한 상승감이 사라지고 반대로 하강감인 불쾌감이, 나중엔 고통이 느껴집니다. 신체가 그만 먹게 하려고 감각의 수용방식을 바꾸어 버리는 겁니다. 니체가 맛을 제대로 감지하기 위해 음식을 토해내고 맛을 보는 사람들에 대해 말하는 것은 이 때문입니다. 단식이나 금욕이란 충동을 순화하고 감각을 예민해지게 하는 방법(189절)이라는 겁니다. 훈육도 그렇습니다. 예민한 감각이나 지적인 집중을 위한 훈육은 능력을 증장시키기 위한 중요한 수단이지요. 어려운 책을 읽는 것은 물론, 책을 읽는 것 자체도 훈련되지 않은 이들은 제대로 해내지 못합니다.

말난 김에 덧붙이면, 자신의 음악적 감각이나 취향을 과시하기 위해 '이런 걸 대체 왜 듣는 거야'라든지 '난 이런 음악은 견딜 수 없어'라고 하는 이들을 종종 봅니다. 감각이 발달하고 취향이 격조를 얻게 되면 천한 것, 조잡한 것, 상투적인 것, 관습적인 것 등을 얼른 감지하고 그것에 대해 거리를 두려는 태도가 나타나지요. 이것도 거리의 파토스의 일종입니다. 그러나 감각이 좀 더 발달하고 취향의 격조가 정말 높아지면, 천해 보이는 것에서도 고귀한 것을 읽어 내고, 뻔해 보이는 것에서도 남다른 감각을 간취하게 되지요. 어디서나 아름다운 것을 볼 수 있게 됩니다. 이제 거리의 파토스는 **천한 것에서 천한 것만 보는 자**와 **천한 것 속에서 고귀한 것을 보는 자** 사이로 이동하게 됩니다.

많은 경우는 자신의 취향과 다른 것을 '싫다'고 하는 것에 불과합니다. 클래식 음악을 좋아하는 이들이 록 음악을 시끄럽다고 내치는 것이나, 메탈음악 좋아하는 이들이 포크음악을 졸리다고 내치는 것은, 음악의 맛을 알아서 그런 게 아니라 자신이 즐기는 현재의 감각 바깥에 있는 맛을 알지 못해서 나오는 언행입니다. 클래식 음악을 좋아한다지만 기껏해야 브람스나 말러를 벗어나지 못하고, 버르토크나 크세나키스 음악은 대개 못 듣겠다고 포기하지요. 음악적 감각의 무능력지대가 거기서 드러납니다. 그렇기에 우리는 어떤 순간의 감각적 판단이 예민함을 가진 감각적 능력에서 나오는 것인지 자기가 익숙한 것 말고는 그 맛을 알지 못하는 감각의 무능력에서 나오는 것인지를 구별할 줄 알아야 합니다. 그저 부정의 언행으로 내치는 것은 많은 경우 무능력의 소산입니다. 좋은 감각이란 좋은 것을 최대한, 최고의 강도로 찾아 내는 능력입니다. 별거 없어 보이는 데서 놀라운 것을 보고, 더러운 것에서 아름다움을 감지하는 능력이 오히려 탁월한 감각의 능력과 가까이 있습니다.

이런 능력은 타고난 것도 있지만 대개는 훈련을 요합니다. 이른바 '타고난' 감각도 자신이 태어나서 자란 문화 속에서, 습속을 형성하는 반복과 자기 의지와 무관하게 제공되고 부여되는 강제에 의해 조성되고 훈련된 것입니다. 기존의 감각 바깥에 있는 것의 '맛'을 알려면 기존의 감각을 벗어나는 훈련을 해야 하고, 다른 문화에 속한 것의 맛을 알려면 다른 문화 속에 들어가 그것에 익숙해지는 훈련을 해야 합니다. 감각뿐 아니라 사고도 그렇지요. 인류학자들의 중요한 공헌은 우리가 당연하게 생각하는 것 대부분이 다른 문화에서는 그렇지 않으며, 우리가 황당하다고 생각하는 많은 것이 그 문화 속에서는 당연하고 자연스러운 것임을 확연하게 알려준 것입니다. 다른 투시법 속에 들어가서 보고 생각하는 훈련을 하지 않는다면, 어느새 우리는 인류학자들이 '자민족중심주의'(ethnocentrism)라고 부르는, 자기가 속한 '민족'의 문화를 기준으로 다른 문화를 보고 판단하는 오류를 범하게 됩니다. 다른 투시법을 넘나드는 것이 얼마나 중요한지를 알려주지요.

따라서 니체가 말하는 자유는 리버럴리즘(liberalism)이 말하는 자유와 아무 관계가 없습니다. '내가 하고 싶은 대로 하는 것'이 자유라는 생각은 이미 보았듯 니체가 통렬하게 비판하는 생각이지요. 자유란 다양한 종류의 강제를 동반하는 훈련을 통해서, 훈련된 신체와 감각을 다룰 수 있게 될 때 비로소 가능한 것입니다. 니체가 아나키스트를 천민적이라며 비판하는 것도 동일한 이유에서입니다. 권위의 부정이란 이름 아래 리버럴한 자유 개념으로 자신의 자의와 방임을 정당화한다는 겁니다. 강제와 훈련에 수반되는 고통을 피해 그저 지금 편한 것을 추구하는 것으로는 높이 올라갈 수 없고 정작 하고자 하는 것을 할 수 없습니다. 작은 것들로의 한없는 매몰이 있고, 하고자 하는 것 자체를 하기 쉽고 편한 것으로 축소하는 천민적이고 소인적인 자기-정당화가 그 뒤를 잇게 되지요.

물론 이는 육성을 위한 훈육과 강제라는 말로 타인들에게 난감한 폭력을 행사하는 경우와 구별되어야 합니다. 지금까지도 충분히 말했다 싶은데, 이 육성과 훈육은 일차적으로 자신을 향한 것입니다. 자신을 향한 훈육에서도 수단으로서의 금욕과 금욕 자체를 목적으로 하는 금욕주의는 근본적으로 다르다고 했지요? 문제는 훈육이나 강제가 어디를 향한 것인지, 육성에서 작용하는 힘과 의지는 어떤 질을 갖는지를 포착하고 평가하는 것입니다. 그 질과 가치에 따라 육성도 훈육도 아주 다른 것이 될 겁니다. 힘과 의지의 질과 가치를 보는 게 중요한 것은 바로 이 때문입니다.

고통에 몰아넣는 것들을 자꾸 제거해 가면 생명력은 약해지고 열등해져 끝내 약자화된다는 게 니체의 생각입니다. 이 얘기를 읽으니 갑자기 비둘기 생각이 납니다. 평화의 새라는 이미지 때문인지, 아니면 특별히 잡을 이유가 없어서인지, 요즘은 공원뿐 아니라 동네 길거리에도 비둘기들이 많습니다. 그런데 사람들이 잡지 않으니 도망칠 생각도 거의 없고, 그러다 보니 날아다니는 일도 적어졌습니다. 덕분에 요즘 비둘기는 자동차가 가까이 가도 뒤뚱뒤뚱 걷습니다. 잘 날지 않아서 차에 치여 죽기도 하더군요. 닭보다도 한심한 새가 되어 버린 겁니다. 고통이나 긴장의 요소가 사라지면서 약화되고 열등화된 사례가 이런 경우겠지요. 비둘기 다음은 아마 고양이가 되지 않을까 싶기도 합니다. 고양이 걱정을 하시는 분들은 아직도 한국에선 사람이 다가가면 고양이가 도망간다고 목소리를 높이던데, 이런 배려가 고양이를 위한 것이 될지는 의심스럽습니다. 그건 단지 고양이 걱정을 하는 그 사람의 눈, 그 사람의 인간적 동정심을 위한 배려에 지나지 않을 겁니다.

소크라테스주의나 공리주의를 들어, 그저 쾌감이나 행복의 최대치를 추구하거나 유용성으로 도덕적 선을 정의하려는 것에 대해 천민적이라고 비판하는 것(190절)은 이 때문입니다. 오히려 고통스러운 것, 강제나 억압을 동반하는 것들과 대면하면서 뚫고 나가는 것들. 그러면서 고양되어 가는 것, 이것이 강자로 훈련하고 육성하는 길입니다. 어쩌면 당혹스러울 수도 있을 다음의 문장은 이런 맥락에서 보아야 이해할 수 있을 겁니다.

대략적인 의미에서나 엄밀한 의미에서나 노예적인 예속은 정신의 훈련과 훈육을 위해서 필수불가결한 수단인 듯이 보인다. 모든 도덕을 이 점에 비추어 음미해 볼 필요가 있다. 도덕 속에 깃들어 있는 '자연'은 … 우리의 시야를 좁힐 것을, 어떤 점에서 본다면 어리석음을 가르치는 것이다. "그대는 어떤 누군가에게 그리고 오랜 기간에 걸쳐서 복종해야만 한다. 만일 그렇게 하지 않으면 그대는 파멸하게 될 것이며 그대 자신에 대한 일말의 존경심마저도 잃게 될 것이다." 이것이야말로 나에게는 자연의 도덕적 명령이라고 여겨진다. (188절)

고통 자체를 목적으로 하는 금욕주의는 분명 아무것도 존재하지 않는 무(無)를 뜻하는 니힐리즘에 속하지만, 높이 날기 위해 고통을 이용하는 것, 혹은 닥쳐온 고통을 넘어서며 좀 더 높이 올라가는 것이 중요합니다. '초인'이라고 번역되는 개념 '위버멘쉬'(übermensch)는 '넘어서다'를 뜻하는 '위버빈덴'(überwinden)과 '인간'을 뜻하는 '멘쉬'(mensch)를 결합해서 만든 말이지요. '넘어서는 자'란 말입니다. 고통을 넘어서는 자, 장애를 넘어서는 자, **현재의 감각을 넘어서고 현재의 생각을 넘어서는 자**, 그럼으로써 **자기 자신을 넘어서는 자**가 바로 초인입니다. 그리하여 '인간'이라는 한계마저 넘어서는 자가 초인입니다. 그렇게 넘어서는 한에서만 초인이라 할 수 있습니다. 넘어섬이 중단되었다면, **아무리 탁월한 감각이나 재능을 가진 자라도** 초인이라 할 수 없습니다.

3. 감각의 도덕은 관념의 도덕보다 빠르니

니체는 감각과 인식 같은 것들을 도덕의 차원에서 다룹니다. 도덕의 차원에서 다룬다 함은 무엇일까요? 선과 악, 혹은 좋음과 나쁨이라는 범주는 어떤 것에 대한 권장과 금지의 명령어를 담고 있습니다. 감각이나 인식은 그런 권장과 금지의 체계 속에서 형성되고 작동한다는 겁니다. 그 권장과 금지의 체계가 훈련됨에 따라, 권장되는 것에는 쾌감을, 금지되는 것에는 불쾌감을 느끼게 됩니다. 그렇게 되면 이제 권장과 금지는 의식의 판단 이전에 작동하는 선판단이 되고, 판단 이전에 자동적으로 작동하게 됩니다. 내게 하는 게 아니어도 욕하는 걸 보면 즉각 불쾌해지고, 거친 행동을 보면 어느새 반감이 일지요. 도덕적 '악행'에 대해 생각보다 빨리 감각이 '판단'합니다.

명시적 도덕 없이 권장되는 것이 있습니다. **익숙한 것**이 그것입니다. 어느 도덕도 익숙한 것만 보고 생각하라고는 하지 않습니다. 그러나 우리는 익숙한 것만 보고 듣고 생각하려 합니다. 벗어난 것, 생소한 것, 낯선 것에 대해선 밀쳐 내려 합니다. 낯선 것, 생소한 것에 대해선 어느새 금지의 명령어가 내려져 있는 거지요. 그래서일 텐데 낯선 것은 할 수만 있으면 익숙한 것에 맞추어 보고 듣고, 익숙한 것에 맞추어 편집하거나 해석합니다. 그러지 않으면 수용하기 어렵습니다. 심지어 기억조차 그렇다고 해요. 어느 심리학자가 피실험자들을 모아 놓고 카프카 소설처럼 낯선 서사의 이야기를 읽게 한 뒤 기억여부를 테스트한 적이 있습니다. 읽은 직후엔 거의 충실하게 기억했다고 하는데, 일주일 후, 한 달 후, 일 년 후 다시 기억해 달라고 요청했을 땐. 시간이 지남에 따라 낯선 요소가 거의 사라지고 익숙한 양상의 것들로만 재편집된 것을 '기억'해 냈다고 해요. 읽은 걸 기억하는 게 아니라 자신이 익숙하게 알고 있는 것으로 바꾸어 기억하는 거지요. 이게 기억의 '자연학'입니다. 익숙지 않은 것, 불편한 것은 지워 버리고 편하게 있으려는 것이겠지요. 그래서 니체는 말합니다.

우리의 눈은 어떤 주어진 자극에 반응할 때, 특이하고 새로운 인상을 확실하게 붙잡기보다는 이미 자주 만들어 낸 적이 있었던 이미지를 다시 한 번 만들어 내는 것을 편하게 느낀다. 전자의 경우가 훨씬 많은 힘과 '도덕성'을 요구한다. 어떤 새로운 것을 듣는다는 것은 귀에는 고통스럽고 성가신 일이다. … 우리의 감각도 새로운 것을 적대시하고 혐오한다. (192절)

그래서 낯선 것은 들려도 들리지 않고. 보여도 보이지 않습니다. 교정을 보는 이들을 어렵게 하는 것도 이거지요. 익숙한 방식으로 묶어서 읽기에 오탈자가 있어도 보지 못하고 어느새 아는 것으로 대체하며 넘어갑니다. 그래서 오탈자 찾기 어렵습니다. 대강대강 읽는 것이고, 익숙한 허구를 읽고 체험한다는 겁니다. 이는 체험의 경우에도 다르지 않습니다.

우리는 체험의 대부분을 지어내며 어떤 것을 관찰하든 간에 '꾸며내지' 않는 경우는 거의 없다. 이 모든 것은 결국 우리가 근본적으로 그리고 옛날부터 거짓말하는 데 익숙하다는 것을 의미한다. (192절)

이는 특이한 체험을 해도, 특이성을 놓치고 익숙한 체험으로 바꿔 버릴 가능성이 있음을 뜻합니다. 요컨대 인식은 대개 이미 알고 있는 것만 알고자 하고, 감각은 이미 익숙해진 것만을 감지하려 합니다. 새로운 것, 낯선 것은 인식이나 감각 모두 피해가려 합니다. 때로는 '놓치는' 방식으로 피해가고, 때로는 밀쳐 내는 방식으로 피해가려 하지요. 앞서 말한 것처럼, 요즘은 다들 음악을 많이 듣지만, 대부분 좋아하는 음악만 듣습니다. 좋아하는 음악이란 익숙해진 음악이지요. 클래식이든 재즈든, 록이나 가요, 팝이든, 혹은 한국 음악이든 몽골 음악이든, 자메이카 음악이든 케냐 음악이든 모든 음악은 나름의 '음악성'을 갖습니다. 그러나 몽골 음악이나 케냐 음악을 틀어 놓으면 다들 '이거 뭐지?' 할 것이고, 조금 있으면 귀가 닫혀 무감하게 될 겁니다. 미술이나 문학도 그렇지만, 음악은 이들보다 훨씬 더 보수적인 듯합니다. 20대까지 듣던 것을 평생 듣고, 다른 것들을 갈수록 안 듣지요. 20대까지도 사실 흔히 듣는 익숙한 음악만 듣습니다. 그럴듯한 설명을 들으면 잠시 듣지만 조금 있으면 다시 '편한 음악'으로 되돌아갑니다. 문학이나 미술은, 그 또한 예술이니 감각적인 것이 중요하지만, 그래도 개념이 중요한 역할을 하기에 개념이 잡히면 안 보이던 것을 보고 읽고 하기 쉽습니다. 그러나 음악은 개념이 거의 작용하지 않는 것이고 의식이 힘을 쓰지 못하는 영역인지라 취향을 바꾸고 익숙하지 않은 음악을 듣는 것이 극히 어려운 듯합니다. 그래서 역으로 '음악에 대한 감각이 달라지면 무의식이 달라진 것'이라고 말해도 좋지 않나 생각합니다.

그러고 보면 음악은 감각을 훈련시키고 무의식의 층위에서까지 '인간'을 육성하는 데 대단히 좋은 수단 아닌가 싶어요. 제가 사용하는 방법인데, 음반이나 파일을 고를 때, 엔간하면 **안**

듣던 것을 고르는 겁니다. 계속 일삼아 듣는 건 힘드니, 들리든 말든 그냥 틀어 놓는 겁니다. 익숙하지 않던 것도 한참 틀어 놓으면 익숙해지거든요. 사실 바흐의 음악도, 새로운 곡이라면 처음 듣자마자 좋다고 느끼기는 쉽지 않습니다. 대부분의 음악은 일단 여러 번 들어서 익숙해져야만 좋은지 아닌지 감이 오기 때문에 여러 번 반복해서 듣는 것이 좋습니다. 「평균율 피아노곡집」을 처음 들으면서 좋은지 어떤지, 좋다면 어떤 곡이 좋은지 판단하기는 어렵습니다. 어느 정도 익숙해진 다음에 집중해서 들으면, 정말 좋은지, 어느 것이 좋은지, 누가 연주를 잘하는지 판단할 수 있어요. 버르토크나 리게티, 혹은 몽골 음악이나 티베트 음악 같은 것도 그렇습니다.

민중가요 중에 투쟁가, 특히 노동가요는 대부분 일본 음계에 기반하여 트로트 리듬으로 일본군가 풍으로 만들어진 것입니다. 따로 배워서 일본풍으로 만든 게 아니라, 근대 음악이 들어오던 것이 식민지 시대이고, 그때 지배적인 음악이 그런 것이었기에, 그리고 거기 익숙해진 채 습속의 도덕이 되고 문화적으로 전승되다 보니, 무심코 만들었지만 정확하게 그런 식으로 만들게 된 겁니다. 지금도 '뽕짝'이라고들 불리며 대중가요의 강력한 한 축을 이루고 있는데, 변혁을 지향하는 투쟁가조차 여기에 아주 충실하게 만들어진 겁니다. 만든 분도, 노래하는 분들도 모두 그게 익숙해서 그렇게 만들어지고 그런 곡들이 주로 좋다고 선택되어 불리는 거지요.

이는 운동을 하고 새로운 생각을 갖고 살게 되어도 **감각은**

안 바뀌었음을 보여 줍니다. 저는 이것이 대단히 중요한 문제라고 생각합니다. 감각이 안 바뀌었다면 무의식이 안 바뀐 것이고, 삶이 안 바뀐 것이고, 그러면 심지어 혁명을 해도 세상이 안 바뀔 가능성이 큽니다. 소련이 보여 주듯 과거로 되돌아갈 가능성이 큽니다. 즉 니체가 여기서 한 얘기는 '새로운 감각을 위해서는 다른 도덕이 필요하다'라는 말로 바꾸어 이해할 수 있을 겁니다. 강제와 훈육을 동반하는 새로운 습속이 필요하다는 겁니다. 편한 것을 따라가는 것이 아니라 불편한 것을 경험하고 지속하게 하는 과정이 없다면 인간을 바꾸거나 세상을 바꿀 수 없다는 겁니다.

4. 소유의 세 가지 개념

194절에서 니체는 '소유'라는 동일한 개념에서 느끼는 감각의 차이에 대해 이야기하지요. 무엇을 진정한 소유라고 여기는지가 얼마나 다를 수 있는지 보여 줍니다. 이는 사물보다 사람에 대한 것일 때 잘 드러납니다. 니체는 '여성을 소유한다'는 흔한 통념을 사례로 듭니다. 거기에는 여성을 소유물로 간주하던 오래된 가부장제 사회의 '전통'이 스며들어 있습니다. '흔히 하는 말'을 예로 든 것이지만, 불편해 하실 분을 위해 '연인'이라는 대칭적 표현을 써서 생각해 봅시다.

'연인을 소유한다'는 말을 하는 사람 중 첫째 유형은 "연인의 육체와 성적인 만족을 갖는 것으로도 그 여성을 충분하고도 만족스럽게 소유하고 점유하고 있다고" 여기는 사람들입니다. 이 문장은 연인이라 바꾸어 쓰긴 했지만, 원래 문장대로 되돌리는 게 훨씬 더 어울릴 거 같네요. 여성의 육체를 제 맘대로 향유하는 상태를 '소유하다'로 이해하는 경우는 주변에서 아주 흔히 보는 일이지만, 반대로 말하는 경우는 흔치 않은 듯해서요. 어쨌든 여기서 핵심은 '처분권'을 갖는 것을 소유라고 이해한다는 말입니다. 사물에 대해서도 비슷해서, 내 맘대로 향유하고 처분할 권리를 소유권이라고 하지요. 이는 니체 식으로 말하자면 가장 낮은 천민적 유형의 소유감각입니다.

둘째 유형은 그보다 높은 수준의 인간인데, 다시 여성을 연인으로 바꾸어 말하면, "연인이 그에게 자신을 줄 뿐 아니라 자신이 갖고 있거나 갖고 싶어 하는 것을 그를 위해 포기하는지 아닌지"를 두고 '자기 것이 되었다'고 한다고 해요. 세 번째 유형은 자신의 친절하고 좋은 모습뿐 아니라 추한 모습이나 어두운 모습까지 다 알게 된 후에도 상대가 그를 사랑한다고 할 때, 자신의 연인을 완전히 소유했다고 느끼는 경우입니다. 아, 이 얘기가 스토커나 폭력을 행사하는 상대방마저 사랑한다는 식의 얘기는 아님을 굳이 덧붙여야 하는 건 아니겠지요? 사랑하는 사람의 단점마저도 사랑하는 사람에 대한 이야기니까요.

이런 얘기를 꺼내 놓고 니체는 바로 이어서 인민 내지 국민을 소유한다는 말로 넘어갑니다. 여자나 소유물처럼 어떤 사람이나 인민을 자기 맘대로 취급하는 자들은 첫 번째 유형의 천민들입니다. 독재자들이 쉽게 떠올릴 수 있는 사례지요. 자식에 대해서도 이런 유형의 소유감각을 가진 부모가 있음을 우리는 알고 있습니다. 니체는 다음 유형에 대해 더 얘기하진 않지만, 정치가에 대해서도 두 개의 유형을 더 추가하여 생각해 볼 수 있을 텐데요, 대중의 더없는 존경과 사랑을 받는 정치가가 둘째 유형이겠지요. 이런 유형은 흔치는 않아도 가끔 볼 수 있습니다. 한때 호남 사람들에게 '선생님'으로 통하던 김대중 씨, '노사모'가 생길 만큼 대중의 팬층이 두터웠던 노무현 씨가 아마 이런 유형에 속하지 않나 싶습니다. 추한 모습이나 어두운 모습이 드러나도 사랑받는 셋째 유형의 정치가는 아마 찾아보기 어렵지 않나 싶습니다. 있다면 더없이 행복한 정치인일 거 같습니다. 이는 정치가 자신이 목표로 하기도 힘들지만, 목표로 한다 해도 도달할 수 없는 경지 아닌가 싶습니다. 정치보다는 문학의 영역에서나 발견될 수 있는 인간일 거 같습니다.

5. 정의란 무엇인가

앞서 쇼펜하우어의 의지 개념을 비판하면서 니체는 각자의 신체 안에 수많은 힘과 의지가 있음을 강조한다고 했지요? 이미 니체 시대가 그랬고, 지금이라면 더더욱 확연해진, "여러 종족들이 서로 뒤섞이는 해체의 시대"라면 외부에서 오는 자극과 촉발, 그에 따라 고양되는 감응에 따라 새로운 의지들이 생성되기 마련이고,

따라서 그러한 시대에 살고 있는 인간은 그 스스로 "자신의 몸 안에 다양한 유래를 갖는 유산을 지니고 있다"(200절)고 해야 합니다. 말하자면, '신체 내부의 글로벌화'가 발생하는 거지요. 이 경우 인간 각자의 신체는 서로 다른 충동과 욕망이 증식하고 종종 충돌과 갈등이 격화하기 마련입니다. 가령 지금 우리가 보고 듣고 먹는 것을 생각해 보면 신체의 글로벌화는 쉽게 확인되지요. 한국 음악만 듣는 분 있나요? 한국 음악, 미국 음악, 클래식, 재즈, 록, 힙합을 다 섞어 듣지요. 맛집이 늘어선 거리를 보면, 한국 식당, 중국 식당, 일본 식당, 베트남 식당, 태국 식당, 이태리 식당 등이 섞여 있습니다. 이게 다 우리 혀 속으로 들어올 음식의 공급처지요.

이런 시대일수록 허약한 인간과 강인한 인간의 거리는 더욱 멀어지게 됩니다. 한편에는 그런 갈등에 힘들어 하면서 자기 내부에서의 싸움이 그치기를 바라는 인간, 그래서 그 충동마저 진정시키기를 원하는 인간이 나타납니다. 익숙한 것에 안주하는 인간이 그들입니다. "그리고 다른 한편으로는 강력하고 서로 화해하기 어려운 충동들에 덧붙여 **자신과의 싸움**을 조정해 나갈 수 있는 능숙함과 교묘함"(200절)을 갖는 인간이 나타납니다. 이런 자들이 강인한 자, 니체가 말하는 강자입니다. 여기서 니체는 알키비아데스나 카이사르, 레오나르도 다빈치 등의 예를 들고 있으며, 프리드리히 2세나 나폴레옹, 괴테 등을 언급하기도 합니다. 주의할 것은 이렇게 예로 드는 사람들은 구체적 강자의 '모델'이 아니라, 방금 위에서 말한 자기와 싸우고 자기를 지배하는 자로서 강자의 극화된(dramatized) 형상이란 사실입니다. 좀 더 평범하게 말해 강자의 사례라고 해도, 그가 말하는 강자는 바로 여기서도 보이듯 남들이 아니라 자기와 싸우고, 자기를 지배하는 능력을 가진 자라는 겁니다.

이와 관련해 니체가 충동을 진정시키고 완화하려는 시도를 비판하는 이유를 놓치지 말아야 합니다. 저 이질적인 음악이나 음식들을 섭취하고 소화하여 자기 나름의 음악적 감각, 음식적 감각을 만드는 것 말입니다. 충동의 제거, 갈등의 제거가 아니라, 그것을 그대로 두거나 밀고 나가면서도 그것을 지배하려해야 한다는 겁니다. 전자는 작은 힘으로 넘어서기 위해 '적'을 작게 만드는 거라면, 후자는 큰 적을 상대하여 이김으로써 자신의 힘을 강화하고 크게 하는 것입니다.

여기에 이어서 니체는 '무리의 도덕'과 악에 대해 분석합니다. 여기서 겨냥하고 있는 것은 '공동체주의자'의 도덕철학입니다. '공동체주의자'라 하니 한때 인기를 얻었던 마이클 샌델 같은 이가 떠오릅니다. 샌델의 『정의란 무엇인가』는 한국에서도 엄청난 인기를 얻어서 초베스트셀러가 되었는데요, 그건 아마 윤리적 딜레마를 보여 주는, 여기저기서 끌어모은 극단적인 예들의 센세이셔널리즘 덕이 아닌가 싶습니다. 들어 보셨겠지만 브레이크가 고장난 기차가 달려가는데 선로에 다섯 명의 인부가 있다. 당신은 선로 방향을 바꾸는 키 옆에 있는데, 키를 꺾어 비상철로에 들어서면 다섯 명은 살리지만, 비상철로에서 일하던 인부 한 명을 죽이게 된다. 그때 선로를 바꾸는 게 옳은지 안바꾸는 게 옳은지 하는 식의 문제 말입니다.

영미의 윤리학자들은 이런 극단적인 예를 찾아 내서 그 딜레마를 통해 윤리적 사고를 시험하기를 즐기는 듯합니다. 학교에서 강의하기에 아주 좋은 예지요. 졸던 학생들의 주의를 끌수 있고, 토론도 활성화되니까요. 그런 교육학적 효과에도 불구하고 이런 예가 '좋은 삶의 기술'을 익히는 윤리적 사유에 얼마나 도움이 될지는 잘 모르겠습니다. 거의 있을 수 없는 상황을 가정하고 생각해 보는 재미는 있지만, 정작 **일상적인 삶에서 자기 삶을 만들어 가는** '평범한' 방법은 오히려 더 보지 못하게 만들고 마니까요. 더 나쁜 것은 이런 문제가 '답은 언제나 하나', '참은 언제나 하나'라는, 증명된 적 없는 가정을 하고 있다는 겁니다. 앞의 선로 변경 문제가 난감한 것은 어떻게 해도 누군가를 죽이게 되는 상황을 가정하고, 오직 하나의 답을 내라고 요구한다는 점 때문입니다. 그러나 왜 답이 하나여야 할까요? 답이 하나여야 윤리적으로 올바른 사고를 할 수 있어서일까요? 정답을 하나만 골라야 하는 시험 문제풀이 유형의 사고를 하고 있어서 그런 건 아닐까요? 게다가 제가 보기엔 '하나의 답'을 요구하는 저 문제는 문제설정 자체가 이미 윤리적 판단을 수적 비교를 통해 계산하려는 공리주의적 가정을 포함하고 있습니다. 사람 목숨의 수를 비교하게 해놓곤, '그래도 할 수 있겠니?' 하며 공리주의를 겨냥하지만, 문제 자체가 모든 사람의 목숨을 등가화한 상황에서 수를 비교하는 것이란 점에서 공리주의적이라는 말입니다.

그래도 미련하게 주어진 문제를 따라가며 말하자면, 이 문제는 입장에 따라 답이 없을 수도 있고, 답이 여러 개일 수도 있습니다. 인간의 죽음을 절대시하는 입장에서라면 어떻게 해도 답이 없습니다. 어떻게 해도 누군가가 죽게 되는 상황을 함정으로 파놓고 어떤 게 '덜 나쁜가'를 묻는 것이니, 문제를 문제로 인정하는 순간 우리는 함정에 빠지게 되는 겁니다. 어떻게 해도 나쁜 짓을 하게 만드는 함정에 빠지는 거지요. 그러나 반대로 긍정적으로 사유한다면, 둘 다 답일 수도 있습니다. 선로 변경을 하지 않았다면, 멀쩡한 사람을 죽지 않게 했으니, 충분히 윤리적 행위이고, 옳은 행위입니다. 선로 변경을 했다면, 다섯 명이 죽을 것을 한 명으로 줄이고자 한 것이니 이 또한 충분히 윤리적 행위이고 옳은 행위입니다. 나름대로 다 이유가 있는 윤리적 행위인데, 왜 하나만 옳다고 답해야 하지요? 어떻게 해도 최선이 불가능한 상황에서, 차선을 묻는 것인데, 둘 다 충분히 근거 있는 차선이라는 겁니다.

그러나 여기서 정말 중요한 것은 '둘 중 어느 것인가?'라는 질문이 아니라, 두 가지 선택지 사이에서 누구나 쉽게 대답하지 못하고 **망설인다는 사실 자체**입니다. 질문 자체가 처음부터 1명의 목숨과 5명의 목숨을 비교하고 있음에도, 5명을 구해야 하지 않느냐고 명백하게 유혹하고 있음에도 여러분은 5명을 위해 1명을 죽이는 답을 쉽게 선택하지 못하고 주저하게 됩니다. 무엇이 여러분을 망설이고 주저하게 하는 걸까요? 5명을 살리려는 것이니 그걸 선택하려는 여러분의 선한 의도는 분명합니다. 의도도 선하고 결과도 좋은데 왜 망설이게 될까요?

이유 또한 잘 아시는 바입니다. 자신의 선택으로 인해 죽게 될 사람의 처지에 대한 고민 때문이겠죠. 그것은 내 선택으로 인해 죽을 자의 죄없음과 억울함 때문일까요? 그 억울함과 내 선한 의도를 비교하고 계신 건가요? 그건 아닐 겁니다. 그 사람이 설령 죄인이라고 해서 선택이 편해질 것 같지는 않으니까요. 이 망설임의 이유를 더 정확히 말하면, 내 선택으로 인해 죽게 되는 자의 '타자성'에 대한 고려 때문이라 해야 할 겁니다. 죽음이란 **내가 알 수 없고 내가 대신 판단할 수 없는** 타자성의 극한입니다. 그 타자성 앞에서는 목숨 수의 공리주의적 계산도, 도덕주의자의 선한 의도도, 공동체주의자의 사회적 공동선도 망설이지 않을 수 없습니다.

그래서 데리다는 내가 충분히 알 수 없고, 대신 판단할 수도 없으며, 계산할 수도 없는 이 타자성에 대해 생각하려는 시도가 바로 '정의'(justice)라고 말한 바 있습니다(『법의 힘』, 진태원 옮김, 문학과지성사, 2004). 그렇지만 그 계산불가능한 것을 계산의 영역으로 끌어들이지 않으면, 정의는 작동하지 않으며 의미를 갖지 못합니다. 그래서 누군가를 의도를 갖고 죽인 게 명백한 경우에도, 법정에서 피고에게 묻지요. 왜 죽였느냐고. 만약 그로 하여금 살해하도록 만든 나름의 이유가 있다면, 예컨대 오랫동안 남편의 폭력에 시달리다 더 이상 참지 못하고 남편을 죽인 분처럼, 죽인 사람의 처지나 고통 등이 있다면, 사실 계산할 수 없고 또한 충분히 느낄 수도 없는 그 처지나 고통을 형량이라는 계산의 세계 속으로 끌어내 계산해야 합니다. '정상

참작'이라고 하지요? 이런 '계산' 없이 살인이라는 이유로 법이 정한 처벌을 내리면, 정의로운 판결이 아니라 그렇지 못한 판결이 됩니다. 여기서 '정의'란 바로 그 계산할 수 없고 충분히 느낄 수도 없는 타자성에 눈을 돌리는 것이고, 그것을 계산의 영역으로 끌어내는 것입니다.

다시 기차 선로 옆으로 돌아가면, 뻔한 답을 두고도 선뜻 선택하지 못하는 여러분의 망설임이 정의로 '들어가는' 첫 번째 문이라면, 거기서 계산할 수 없는 것을 끄집어내 계산하려는 난감해 보이는 시도가 두 번째 문입니다. 문제가 계산하라는 문제니 결국 우리는 계산을 하게 되겠지만, 계산의 결과가 언제나 동일하리라고는 할 수 없어요. 타자성이란 정확히 계산될 수 있는 것도, 동일하게 계산될 수 있는 것도 아니니까요. 따라서 우리는 달라지는 답들에, 그 답의 상이한 이유들에 열려 있어야 합니다. 정의란 '공동선'도 아니고, '선한 의도'도 아니며, '행복의 계산'도 아닙니다. 그것은 차라리 다른 답들로 열려 있음입니다. 타자성에 대한 고려 속에서 다른 답을 향해 가는 여러 길을 열어 두는 겁니다. 망설임이 바로 그 다른 방향으로 열린 문으로 답을 밀고 가게 하는 것이라 하겠습니다.

샌델은 '행복의 양'을 계산하는 '공리주의'(utilitarianism)를 비판하면서 스스로 공동체가 '선'으로 정한 바를 따르는 이른바 '공동체주의'(communitarianism)를 표명합니다. '공리주의'(功利主義)는 흔히 '최대 다수의 최대 행복'이라는 벤담의 말로 요약되는데, 이는 종종 공공의 이익을 최대화하려는 입장으로 오해되지요. 그러나 유틸리태리어니즘(utilitarianism)은 공리주의(公理主義)가 아니라 공리주의(功利主義)입니다. 공공의 이익과 무관하며, '유틸리티'(utility) 즉 유용성 내지 효용성을 최대화하는 것을 추구하려는 태도입니다. '최대 다수의 최대 행복'이란 말 앞에 **'같은 비용이면'**이란 말이 생략된 것임을 잊어선 안 됩니다. 경제학의 공리인 '생산성 극대화'를 추구하는 것이 바로 공리주의입니다. 이에 반해 공동체주의란 공동체의 이득을 위해서, 혹은 공동체가 '선'이라고 규정한 것을 모두가 실행하는 것이 윤리의 원칙이 되어야 한다는 입장이지요. 미국에선 공화당 같은 보수주의자의 입장이라고 해요. 코뮤니즘이 아니라 코뮤니태리어니즘임을 기억해 두어야 합니다. 그들도 헷갈리면 아주 싫어할 겁니다.

그런데 니체라면 공동체주의 역시 '패거리의 공리성'을 원칙으로 한다는 점에서 공리주의의 일종이라고 할 듯합니다. '공공선'이라고 하지만, 대체 어떤 게 공공선일까요? 한 사회 전체가 동의하는 그런 선은 없습니다. 도둑질 같은 건 모두가 반대하는 거 같지만, 그걸 하는 사람이 있는 걸 보면 실은 그렇지 않다고 해야 합니다. 그래도 '공공선'이라 함은 그걸 지지하는 사람이 수적으로 많다는 이유에서일 겁니다. **많은** 사람들이 **'이득이 된다'**고 믿는 게 공공선이라면, 이는 정확히 공리주의적 계산에 의해 규정되는 선 아닐까요? 심지어 모험심, 복수심, 약탈욕, 지배욕 같은 강력하고 위험한 충동들도 "공공에 유용하다는 이유"가 있으면 존중되지요. 오직 그런 이유로만 존중됩니다.

안중근의 이토 히로부미 암살은, 형태상으로 테러임이 분명하지만 한국에선 테러라고 하지 않지요. 공동체에 유용하다는 이유로 '민족의 영웅'으로 상찬됩니다. 반대도 마찬가지예요. 이토 히로부미나 그보다 강하게 '정한론'을 주장하던 식민주의자들은, 조선의 입장에서 죽이고 싶은 이들이겠지만, 일본의 입장에선 민족이라는 '공동체의 이름으로' 상찬됩니다.

샌델은 군대에서 공동체를 '지키는' 일을 예로 들어 공동체의 도덕으로 제시합니다. 그러나 이는 전쟁 자체를 반대하는 평화주의자들을 '공동체'의 이름으로 비난하는 것이란 점, 그가 정의의 이름으로 주장하는 징병제가 실은 봉건영주나 절대왕정의 이득을 위해 '공동체'의 이름을 빌리는 것에서 시작되었다는 사실을 잊게 합니다. 더불어 평화주의자들은 그것이 공동체를 지키는 것이라는 말에 대해서, 무장을 해야 총기의 위협으로부터 자신을 지킬 수 있다는 미국 총기주의자들의 논리와 뭐가 다른가를 물을 겁니다. 이를 모두 잊는다고 해도, 이런 공동체주의적 도덕은 다수의 이득을 모두의 '공동선'이라고 가정하고, 그 이득을 이유로 복종을 요구하는 공리주의와 조금도 다르지 않습니다. '무리의 공리주의', '패거리의 공리주의'입니다.

니체는 심지어 무리의 공리성(功利性)이 있어도, 그 공리성이 수적인 다수성을 얻었다고 해도, 그 공리성을 넘어서게 될 행동이나 충동을 악이라고 규정하는 것을 비판합니다. 이웃으로 하여금 '만약…', '저러다가…'의 공포를 느끼게 하는 모든 것을 '악'이라고 규정하고, 적당하고 겸손하고 평범한 욕구나 충동을 '덕'이나 '선'이라고 규정하는 것을 비판합니다(201절). 니체의 이 비판은 단지 또 하나의 공정성이나 정의를 근거로 삼지 않습니다. 여기서 니체는 이런 식으로 '덕'이나 '선'이라 규정함으로써 "자신의 감정을 엄격하고 혹독하게 단련시킬 기회와 필요성은 사라"진다는 점을 주목합니다. 그 통상적 '덕'이나 '선'에서 벗어나는 남다른 자의 고상하고 준엄한 품위와 자기-책임감이 대개 사람들의 감정을 상하게 하고, 불신을 일깨우는 것은 바로 그런 도덕적 감각으로 인해서입니다. 결국 '유순한 인간'이 '우둔한 인간'의 존경을 받게 되는 병적인 유약화가 일어난다는 것이 니체가 '공공'의 이름으로 설파되는 도덕을 비판하는 근본적 이유입니다.

니체가 악이라고 불릴 어떤 충동이나 행위, '악인'이라고 불릴 사람들을 상찬하는 글을 종종 볼 수 있는데, 그것은 정확하게 이런 의미로 읽어야 합니다. 즉 기존의 선에 반하여 '악'을 찬양하는 어리석은 대칭성이나, 과장된 어조로 악을 지지하는 위악주의적(僞惡主義的) 도덕비판이 아니라, 자기자신의 엄격하고 혹독한 훈련을 위한 것, 그럼으로써 좀 더 강하고 높은 수준에서 자기를 지배하고 자신의 언행을 책임질 수 있는 '주권적 개인', '약속할 수 있는 자'를 육성하려는 문제의식의 표현이라는 겁니다. 이를 위해 종교도, 도덕도, 혹은 반도덕도 이용해야 한다는 거지요.

이것이 '자유' 내지 '자유인'을 이해하는 데 중요함을 아는 건 어렵지 않을 겁니다. 충동이나 욕구를 약화시키지 말라고 할 때조차, 니체적 의미에서 자유란 그 충동이나 욕구를 '나의 의사'라며 따라가는 것, 그럴 개인의 권리를 주장하는 것이 아니라, **그 충동과 욕구를 다루고 지배하며 자신의 신체에 대해 명령하고 통제하는 능력**입니다. '고귀함' 내지 '고상함'이란, 충동이나 욕구를 지배하고 통제하는 능력의 크기(높이)와 관련된 것입니다. 자유의 높이, 자유의 강도 같은 것입니다. 강하지 않은 욕구나 충동만을 지배할 수 있을 뿐이라면, 그는 아직 낮은 수준의 자유밖에 누리지 못합니다. 흔히들 하는 수준이니 '높다'고, '고귀하다'고 할 수 없습니다. 남들이 생각하지 못하고 보통은 넘지 못할 '높이'의 충동이나 욕구를 지배하고 통제하며 책임질 수 있을 때, 우리는 그를 '고귀하다'거나 '고상하다'고 할 수 있습니다. 스피노자의 말대로 이렇게 고귀하고 고상한 자유란 '어렵고도 드문 것'입니다.

6. 패거리의 도덕과 민주주의

니체가 말하는 '무리'란 '헤르드'(Herd), 즉 패거리라는 뜻입니다. 비슷한 이들끼리 모여 패거리를 지어서 다니는 걸 떠올리게 하지요? 니체는 패거리를 대단히 싫어합니다. 첫째, 패거리란 비슷한 자들이 모여서 만들어지는 것이기 때문입니다. 둘째 이유는, 거기에 강자나 고귀한 자의 생각이나 감각을 맞추게 하는 힘이 있기 때문입니다. 패거리에 속하게 되면 자신의 '고유한' 생각이나 의지를 추구하기보다는 패거리의 논리에 끌려 다니게 되기 쉽지요. 남들과 비슷한 것이 옳은 것이라고 믿고, 그와 다른 것에 대해 배제의 폭력마저 행사하기도 합니다. 반면 그렇게 패거리를 짓기에 개인과는 다른 집단의 힘을 갖게 됩니다. 개인은 집단 속에서 힘을 행사하기에, 집단의 힘이 자기 힘이라고 착각하게 됩니다.

그러나 그 집단과 분리되었을 때, 개인은 극히 무력한 자라는 것이 드러나게 되지요. 따라서 무리, 패거리로서의 집단의 힘 속에서 판단하고 행동하는 한, 집단의 강력한 힘을 행사하는 데 참여한다 해도 개인은 약자에 불과합니다. 그 힘은 자신의 것이 아니라 무리에서 나오는 것이니까요. 그렇기에 무리의 힘이란 약자들이 모여서 만들어진 힘인데, 힘의 질이란 점에서 그것은 **아무리 큰 양적 크기를 갖고 있다고 해도** 약자들에 속하는 것입니다. 그 힘이 무리에 속하지 않은 어떤 특이한 개인에 대해, 그 개인의 능동적 언행에 포함된 힘을 겨냥할 때, 그것은 약자들이 강자를 겨냥하는 것이고, 그것을 무력화하는 것입니다. 니체가 힘을 단지 양적인 것만으로 다루지 않는 것은 이런 사태 때문입니다.

이는 사실 우리가 사는 세상에서 아주 흔한 일입니다. 흔히 '권력'이라고 부르는 현상은 이렇게 무리를 짓는 데서 나옵니다. 자신의 무리가 남들보다 클 때 나타나는 게 권력입니다. 가령 선거처럼 '수'의 크기에 의해 승패를 정하는 것은 무리의 크기에 의해 권력을 행사하는 것입니다. 따라서 그것은 아무리 모은 수가 많아도 약자는 질적으로 약자일 뿐입니다. 그렇게 만든 권력은 강자의 힘을 표현하는 권력이 아니라 약자들이 모여 만든 권력입니다. 흔히 말하는 '권력'이란 본질적으로 약자들이 모여서 힘을 행사하는 현상입니다. 자기 힘만으로는 무언가를 시작하거나 만들어 낼 수 없는 약자들이, 패거리나 제도, 지위가 제공하는 힘을 빌려 남들을 지배하는 것이니까요. 권력은 대개 기성의 가치와 제도에 의해 작동합니다. 가령 예술계의 권력은 제도권을 장악하게 된 자들이 행사하지요. 새로운 창안을 한 사람들은 언제나 거기서 배척당하거나 비난 받습니다. 약자들이 패거리와 제도의 힘을 빌려 새로운 걸 창안하고 시작하는 자들을 억압하는 것입니다. 그래서 니체는 말합니다. **약자들로부터 강자를 보호해야 한다고**. 약자들이 모여서 행사하는 권력으로부터 강자의 특이한 힘을, 새로운 걸 창조하는 능동적 힘을 보호해야 한다는 말입니다.

니체가 요즘 세상을 본다면 무리의 힘, 약자들이 모여서 만들고 행사하는 권력에 대해 더욱더 강하게 비판했을 것 같습니다. 가령 인터넷 댓글이나 SNS를 통해 형성되는 '여론'이 권력을 행사하는 방식이 그렇습니다. 남다를 것 없는 비슷한 견해들, 하나하나 읽어 보면 형편없는 욕들이 모여서 때로는 치명적이기도 한 강력한 권력을 행사합니다. 이러한 권력 행사에 참여하는 이들은 이름이나 아이디를 드러내도 대개는 의미가 없습니다. 그 이름으로 특정화된 생각이 아니라 남들과 패거리를 짓는데서 나오는 힘이 권력으로 작용하는 것이니까요.

니체가 민주주의를 '무리의 도덕'이라고 비판했다는 사실은 잘 알려져 있습니다. '패거리의 도덕'이란 뜻이지요. 주장이나 견해의 차이를, 그 안에 존재하는 고귀한 것과 천박한 것, 특이한 것과 평범한 것 등을 구별하지 않고, 그저 한 사람당 한 표의 등가성을 부여하고 그것들을 무리지어 숫자의 크기로 타당성을 판단하고 결정하는 근대적 선거제도란 니체가 보기엔 방금 말했듯 그저 무리에 동조하여 소리지를 줄만 아는 사람들이 무리의 힘에 의해 권력을 행사하는 것에 지나지 않았던 겁니다. 평균의 힘에 의해 특이한 판단을 무력화하고 제압하는 통계의 힘, 그 통계의 힘에 스스로를 입증하고 정당화하는 '여론'의 권력 같은 것도 마찬가지입니다. 이는 사실 지금 정치판이나 언론, SNS 여론 같은 것을 보면 고개를 끄덕이게 하는 면이 있습니다. 언론은 정확하게 이런 방식으로 오랫동안 권력을 행사해 왔지요. 신문이나 방송에서 나온 것에 동의하는 방식으로 형성되는 개인의 견해, 그런 견해를 모아서 형성되는 수의 권력이 언론의 권력과 손을 잡지 않고선 어떤 생각도 힘을 갖지 못하는 상태를 지속해 왔지요.

SNS는 언론기관 대신 일부 개인이 그런 과정을 시작하게 했다는 점에서 이런 식의 '민주주의'를 더욱 민주화했고, 덕분에 몇몇 중심 언론에서만 하던 것을 다양한 매체로 발산시켰으며, 그 결과 '여론'을 투쟁의 장으로 만들어 버렸습니다. 그래서인지 한때는 잘나가던 이른바 '레가시 미디어'도 가짜뉴스까지 동원하면서 일방적인 주장을 내보내고, 동조자를 최대한 규합하려는 패거리 매체로 전락해 버린 듯합니다. SNS가 여론이란 이름의 '공공성'을 내세우던 전통 미디어의 가면을 내던지고 공공연한 사적 미디어로 나서게 바꾸어 놓은 셈이지요. 이 새로운 미디어는 기성 언론의 권력에 대한 대항적 성격으로 인해 긍정적으로 평가되기도 하지만, 니체가 보기엔 무리의 도덕, 무리의 권력이라는 점에서 다르지 않을 겁니다. 종종 누군가를 납득하기 어려운 이유로 융단폭격을 하고, 심지어 '신상을 털어' 신체적 내지 정신적 폭력을 가하기도 하는, 사람들을 당황하게 하는 SNS나 인터넷 여론을 보면 니체가 말하려는 것이 무언지 쉽게 이해가 됩니다. 패거리의 도덕이 얼마나 끔찍하고, 수를 근거로 한 약자들의 권력이 얼마나 천박한지는 이미 우리도 충분히 지켜본 바 있지요.

민주주의나 무리의 도덕에 대한 이런 니체의 생각은 오랫동안 많은 사람들이 니체를 '파시스트'라거나 '제국주의 시대의 반동적 철학'이라고 해석하게 했던 중요한 이유가 되었지요. 조금 전에 말했듯이 모험심, 만용, 기만, 약탈 같은 것을 언급하면서 이런 것으로 표현되는 충동을 지지하고 '공공의 이익'에 반하여 밀고 나가려는 태도, 평범한 자들이 특이한 자들에 대해 느끼는 두려움에 대한 비난 같은 것이 어떤 특별한 인물 ── '총통' 같은 탁월한 지도자 ── 에 대한 지지와 추종을 주장하는 것으로 오해되어 그랬을 겁니다.

그러나 탁월한 지도자의 리더십에 특별한 지위를 부여하는 것은 파시즘뿐 아니라 모든 정치가가 요구하는 것이지요. 파시즘에 특이한 것은 그것보다는 차라리 '전체주의'라는 말에서도 보이듯이 대중들이 하나의 단일한 의지에 의해 통합되는 것입니다. 좀 더 정확히 말하자면 파시즘은 누가 하자고 한 것인지도 모르는 채, 그저 옆에서 옆으로, 남들이 주장하는 거 보고 동조하는 방식으로 전염되는 의지를 통해 작동합니다. 예전에 루쉰(魯迅)은 이런 사태를 개들이 짖는 것에 비유한 적이 있었지요. 어느 한 놈이 누군가를 향해 짖기 시작하면, 왜 짖는지도 모르는 채 옆에서 따라 짖는 개들 말입니다. 그런 점에서 파시즘이란 니체가 말하는 '패거리의 도덕'에 속한다고 해야 합니다. 전체주의도 마찬가지입니다. '국민'이든 '인민'이든 대중들이 하나의 주장이나 생각에 의해 동질화된 패거리를 이루는 현상이 전체주의니까요.

참고로, 들뢰즈와 가타리는 이렇게 패거리적 동질성을 갖는 두 가지 상이한 경로를 구별합니다. 하나가 **위로부터 내려오는 명령을 받아들여** 동일화되는 것이라면, 다른 하나는 **옆에서 옆으로 감염되는 방식으로** 동질화되는 것입니다. 전자가 스탈린처럼 독재적인 형태의 동일성이라면, 후자는 대중운동 형태로 진행되었던 파시즘적 동질성입니다. 전자는 대중들의 적극적 동의나 지지보다 불안과 공포, 강제와 억압에 따른 것이라면, 후자는 어떤 생각이나 판단을 받아들이는 적극적 동의가 옆에서 옆으로 전염되는 양상에 따라 진행됩니다. 후자는 지금도 현실적으로 나타나는 현상인데, 인터넷에서 어떤 주장이 급격하게 옆에서 옆으로 전염되며 퍼져가는 경우가 바로 그렇지요. 이것이 잘 보여 주는 것은 파시즘이 지도자에 대한 충성이 아니라

지도자 없는 충성, **지도자 없는** 동질화에 더 가깝다는 것입니다. 이는 종종 지도자를 초과하는 폭력적 동질화로 이어지는데, 나치의 경우에도 '돌격대' SA(Sturmabteilung)가 지도자의 통제마저 벗어나며 급격하게 과격화되는 양상을 보인 바 있지요.

따라서 패거리의 도덕에 대한 니체의 비판은 파시즘에 대한 지지가 아니라 반대로 파시즘에 대한 비판이며, 자기 시대 이후에 본격화될 파시즘적 사태를 매우 앞서 예견한 것이라고 할 수 있습니다. 비판의 이유나 내용을 생각해 볼 것도 없이, 민주주의를 비판하면 그 사실만으로 파시스트라고 비난하는 것은 이른바 '색깔론'의 방법으로 상대방을 비판하는 상투적인 방식을 반복하는 것입니다.

평범성에 대한 비판, 패거리의 동질성에 동화되는 것에 대한 비판은 탁월한 지도자에 대한 추종을 설파하는 것이 아님을 다시 강조할 필요가 있습니다. 민주주의란 "정치조직의 타락한 형식"일 뿐 아니라 평준화를 통해 "인간을 퇴화시키고 왜소화"한다고 비판하면서 "새로운 종류의 철학자들과 명령하는 자들이 필요할 것"이라 하고, "그러한 지도자들이 출현하기에 적합한 상황을 창조해야" 한다고 하기에(203절), 그렇게 오해될 수도 있습니다. 그러나 방금 인용한 문구 뒤에 그런 지도자를 **"철저하게 이용해야만 한다"**고 쓰고 있으며, 그 뒤에 심지어 그런 지도자가 나타났다고 해도 그들 또한 "변질되고 퇴화할 수 있다는 끔찍한 위험"이야말로 최대의 위험임을 지적하고 있음을 안다면, 탁월한 지도자를 추종할 것은 설파하는 것이라고 읽을 순 없을 겁니다.

　이 모두는 '미래의 인간에게 희망을 걸어야 한다'는 말로 요약된 것인데, 이는 "인간에게 인간의 미래가 자신의 의지에 달려 있고 스스로가 개척해 나가는 것임을 가르치고, 훈육과 육성이라는 거대한 모험과 총체적인 시도를 준비하는 것"을 뜻합니다. '지도자'라는 말로 하고자 했던 것도 이런 것을 가르치고 준비하는 것을 뜻하는 것이니, 통상적인 지도자의 추종과는 거리가 멉니다. 특이한 자, 남다른 자, 새로운 것을 창안하는 자야말로 니체가 '패거리'나 '민주주의'라는 말로 비판하는 것의 반대편에 있는 것입니다.

　좀 더 적극적으로 본다면, 이는 우리들 각자에게 이런 '미래의 인간'이 되라는 말로 읽어야 합니다. 더불어 이런 종류의 인간이 있다면, 이를 무리의 도덕으로 비난하거나 동질화하지 말고, 그들이 그런 의지를 펼칠 수 있는 환경을 조성해 주어야 한다는 것입니다. 나아가 그런 이들을 이용해 나 자신이 미래의 인간이 되어야 하며, 그들이 나아가다 지쳐 퇴화하거나 변질하지 않도록 '보호해야' 한다는 말입니다. 약자들의 권력에 상처받고 지치지 않도록 강자들을 보호해야 한다는 말입니다. 공동체에 대한 말로 읽는다면, 공동체 안에 있는 이들에게 탁월한 지도자를 기다리라는 말이 아니라, 공동체가 동질적인 무리가 되고 특이한 이들을 밀쳐 내고 구미에 안 맞는 이들을 닦달해 지치지 않도록 해야 하며, 공동체 안에서 각자가 최대한 특이점이 되고, 특이적인 존재가 되어 평균화될 수 없는 색채를 칠하라고 하는 말입니다. 동질적인 사람들이 모여 힘을 양적으로 증가시키는 공동체가 아니라, 각이한 특이점들이 모여 특이성을 만들고 새로운 특이점이 쉽게 출현하도록 하여 그것이 끼어들며 전체의 특이성을 바꾸어 가게 하는 것입니다. 좋은 특이성을 만들고 다시 만들기를 반복하라는 말입니다.

제6장

우리 학자들,
철학 없는 전문가들에 대하여

1. 아마추어가 되라

여기서 니체는 학자들에 대해 비판하고 있습니다. 우리는 이미 3장「삶을 위해 종교를 이용하는 법」에서 학자들에 대한 니체의 비판적 태도에 대해 간단히나마 언급한 바 있지요. 반복되는 것도 있을 것이기에, 가능한 한 간결하게 살펴보려고 합니다.

　우선 여기서 니체는 철학자와 학자를 구별하고 있습니다. 이렇게 구별할 때 학자란 통상 '전문가'를 자처하는 사람입니다. 니체가 보기에 전문가란 모든 '종합적' 과제와 능력에 본능적으로 저항하는 방관자입니다. 바꿔 말하자면, 주어진 과제를, 즉 자기 영토(전문 분야) 안에서 이미 충분히 익숙해진 땅을 파고 또 파는 이들, 그렇게 한 곳만 파는 것이 '깊이'라고 착각하는 이들입니다. 파고들어 갈수록 넓게 보이고 멀리 보이는 게 아니라 오직 그곳만을 보는 자, 사소한 성과와 실적을 하나 둘 더해가는 근면하고 성실한 노동자이고, 자신의 직업인 전문성에 '유용한' 것만을 연구하는 공리주의적 인간이지요.

깊이란 이렇게 눈앞의 과제를 졸졸 따라가며 얻어지는 게 아닙니다. 그건 골목길 깊숙이 들어가는 것이지 높이 올라가는 것도, 깊이 내려가는 것도 아닙니다. 진정한 깊이란 '근본'으로 파고들어 갈 때 얻어지는 것입니다. 근본에 다가가는 것이기에 한동안은 파고들어 가도 딱히 열리는 것이 없어서 아무 성과 없는 무용한 일을 하는 것 같은 어둠과 대결해야 합니다. 그렇기에 깊이는 고귀함을 뜻하는 높이와 다르지 않습니다. 산에 올라가 본 분은 아시겠지만, 최대치의 높이에 가까이 다가가야만 안 보이던 깊은 계곡들이 보이기 시작합니다. 거기에선 상이한 계곡들로 내려갈 수 있지요. 상이한 땅들을 횡단할 수 있게 됩니다. 이런 높이가 얻어질 때, 우리는 충분히 높이 올라갔다고 할 수 있습니다. 즉 충분한 깊이를 얻었다고 할 수 있습니다.

이렇게 높이 올라간 자들이 '전문성'에 반하여 이런저런 영토들을 넘나드는 것을 이른바 '교양인'들이 백과사전적인 박학함을 자랑하는 것으로 오인하면 안 됩니다. 높이이기도 한 그 깊이에 이르기 위해선 니체가 '최고의 문제들'이라고 부른 (213절) 나름의 **근본적인 물음이 있어야** 합니다. 역으로 그런 물음을 갖고 있다면, 여러 영역을 넘나드는 것은 단순한 잡학이나 폼나는 박학이 아닙니다. 근본적 물음을 통해 하나로 묶이는 영토란 점에서 그 넘나듦은 하나의 일관성을 갖고 있다 하겠습니다. '횡단'이란 이런저런 지식을 모으며 모르는 것 없는 박학한 교양인이 되는 게 아니라 강밀한 물음을 통해 영토마다 있기 마련인 벽을 넘거나 돌파하며 가는 것입니다. 빠른 템포로 달리는 대담하고 분방한 영혼을 갖지만, 동시에 어딘가 파고들 때는 한 치의 착오도 범하지 않는 치밀함을 가져야 합니다. 너그러워 보일 만큼 여유있고 포용력 있는 사유와 아주 사소해 보이는 것마저도 소중한 단서로 포착하여 사용하는 섬세함이 공존할 때, 우리는 진정한 깊이를 보게 되지요.

그렇기에 이런 깊이를 얻은 자라면 과학이든 예술이든 역사적 '교양'이든 전문적 지식이든, 어떤 것을 특권화하진 않지만, 어떤 것에 대해서도 관심과 열정을 갖고 달려들게 됩니다. 자신이 들고 있는 물음을 해결하는 데 필요한 것이라면 어떤 것도 배우려 하게 됩니다. 그러나 그때에도 요체는 그 물음이기에 예술이나 지식이 제공하는 어떤 답에도 매이지 않고 그것을 사용할 수 있습니다. 경쾌함과 가벼움, 춤이나 고양된 기분이 느껴지는 걸음으로 필요한 곳이라면 어디든 찾아가고 답파하는 기쁨이 이런 자들이 '연구'할 때 얻어지는 감응입니다. 진지하지만 진지함을 '무거움'이나 '심각함'으로 오인하지 않고, 오히려 그 진지함을 가벼움과 유쾌함의 힘과 결합할 줄 알 때 진정 깊이를 얻었다 할 수 있습니다. 그리하여 자신이 갖고 있는 물음과 문제들을 풀기 위해 여기저기서 얻은 것들을 시험하고 실험하면서, **그 물음을 던져 준 삶**, 아니 **그 물음으로 덮쳐 온 삶**을 끌어안고 나아가는 자들, 아마도 이것이 니체가 말하는 '미래의 철학자들'이고 '미래의 인간들' 아닌가 생각합니다.

그러나 전문가들, 연구를 '직업'으로 삼는 이들에게 이런 사람은 전문성 없는 '아마추어'로 보일 겁니다. 연구를 재미로 하는 자, 자기의 전문적 영토를 갖지 못한 채 여기저기 넘나드는 떠돌이 잡학자 말입니다. 맞습니다, 아마추어입니다. '아마추어'(amateur)란 '아마레'(amare), '사랑하다'라는 동사에 나온 말이지요. 앞서 말했듯이 '아모르 파티'의 '아모르'(amor)라는 말도 거기서 나왔지요. 아마추어란 흔히 호사가적 취미로 어떤 걸 하는 사람이라는 의미로 사용되지만, 사실 진정한 아마추어란 어떤 것을 '제대로 사랑할 줄 아는 사람'입니다. 삶을 사랑하라는 말은 삶을 진정으로 사랑하라는 말이고, 진정 사랑할 만한 삶을 살라는 말이라고 했지요. 지식이나 연구도 그렇습니다. 진정 좋아하고 진정 사랑하는 지식이나 연구를 가질 때, 우리는 그를 제대로 된 아마추어라고 할 수 있습니다. 그처럼 진정 사랑할 수 있는 지식이나 연구를 가졌다는 말은 사랑할 만한 삶을 가졌다는 말이기도 합니다.

우리는 진정한 아마추어가 되어야 합니다. 어떤 것을 직업으로 삼는 것이 '프로'라면, 프로가 된다는 말은 돈을 받기 위해 어떤 것을 하게 되었음을 뜻합니다. 사실 어떤 일도 직업이 되면, 다시 말해 돈을 벌기 위해 일삼아 하게 되면 즐거움이 없어도 해야 하고, 결국 즐거움 없이 하게 되기 십상입니다. 이게 바로 아마추어가 프로로 **전락하게 되는** 지점입니다. 전문가들은 많은 경우 자신이 하는 일을 직업으로 삼는 이들인데, 많은 경우 좋아서 시작했으나 결국 돈 벌기 위해 그 일을 하고 있는 이들입니다. 아마추어에서 시작해 프로가 된 겁니다. 그런데 여기서 즐거움마저 사라진다면, 이제 그는 더 이상 아마추어라 할 수 없습니다. **그저** '프로'일 뿐입니다. 지루함이든 고단함이든, 고통을 참고 견디며 일하는 자, 그런 점에서 '노동'으로 어떤 일을 하고 있는 이들입니다. 프랑스에선 이런 일들이 많았는지, 프랑스어에서 '노동'을 뜻하는 말 '트라바이으'(travail)는 '고문기계'나 '고통'이란 의미를 함축하고 있습니다. 지식을 다루는 '노동자'란 니체의 말은 이런 점에서 정확하다 하겠습니다.

　학자들은 대개 어느 영역의 전문가를 자처합니다. 아마추어를 경멸하지요. 전문가로서 어느 한 영역을 '깊이' 파고든다 함은, 제대로 파고들었다고 해도 오직 그것만을 아는 경우가 대부분입니다. 대단히 제한된 시야와 지식을, 대단히 과도하게 갖고 있기 마련입니다. 이런 이들을 니체는 『차라투스트라』에서 매우 기형적인 형상으로 극화한 바 있습니다. 귀가 몸의 반을 차지하는 사람, 커다란 눈이 몸 전체를 차지한 사람 등이 그것입니다. 보는 것으로 특화된 사람, 듣는 것으로 특화된 사람, 입만 특화된 사람. 손만 특화된 사람. 이런 사람이 다 전문가라는 겁니다. 또 『차라투스트라』 4부에 나오는 거머리의 뇌를 전문적으로 연구하는 사람도 그런 경우입니다. 이는 극화된 형상이지만, 동시에 매우 '사실적인' 묘사라 할 만하지요? 지금은 과학이 극도로 분화되다 보니 거미나 메뚜기를 연구한다는 말로는 전문가가 되기 부족하니까요. 거미의 항문, 메뚜기의 발톱 정도는 되어야 충분히 전문가가 되었다 하겠지요.

2. 철학의 몰락

전문가들, 특히 과학 분야의 전문가들은 철학자들을 경멸한다고 하는데, 니체 시대에도 이미 그랬던 모양입니다. 지금도 '그건 철학자나 하는 생각이지'라거나 '그건 철학이지 과학이 아니야'라고 하는 얘기를 종종 듣게 됩니다. 전에 물리학 공부를 하겠다고 파인만이 쓴 물리학 교과서를 본 적이 있었는데, 거기 보니 파인만이 바로 그렇더군요. '철학'이나 '철학자'란 말을 이 분은 욕으로 사용하더군요. '그 얘긴 철학적인 얘기니 그만하라'는 식으로 말입니다. 니체는 이것을 '철학의 몰락'을 보여 주는 하나의 징후 같은 것으로 보는 듯합니다.

역으로 철학자마저 학자가 되어 버린 경우를 니체는 언급합니다. 근대에 들어오면서 철학자가 모두 다 학자가 되어 버렸다는 겁니다. 철학이 가령 '인식론'이란 주제에 갇히게 되고, 그 안에서 세부적인 주제를 붙들고 진리의 인식가능성을 연구하는 것이 그것입니다. 좀 더 확연하게 전문적 학자가 된 철학자는 '실증주의자'들이라고 니체는 말해요. 진리의 실증성이란 관념에 사로잡혀 있고, 실증성에 대한 믿음 속에서 지식의 '진리성' 주변을 맴도는 사람들이지요. 이는 니체 시대 이후인 20세기에 오히려 본격화되니, 어쩌면 예언적인 말이었다 해도 좋을 거 같네요. 나중에 미국에 건너가 미국의 주류철학을 형성하게 되는, '비엔나학파'라고 불리던 사람들이 그들입니다. '논리실증주의'라고도 하는데, 이들은 가령 참/거짓의 증명가능성이 없는 문장은 '넌센스'라고 하면서 철학이나 언어로부터 걷어내려고 했지요. 참/거짓을 가려내지 못하는 문장이란 옳고 그르다는 판단이 불가능한 문장이기에 '의미 없는' 문장이라고 비난하는 겁니다. 가령 에이어라는 사람은 하이데거의 유명한 책 『존재와 시간』을 읽어 보았는데, 처음부터 끝까지 '의미 있는' 문장을 하나도 찾지 못했다고, 모두 넌센스한 문장뿐이었다고 했다지요. 나중에 포퍼 같은 사람은 증명가능성이란 개념을 '반증가능성'으로 바꾸어 '반증주의'를 주장하면서 적어도 반증가능하지 않은 문장은 과학이 아니라면서 과학에서 몰아내려 했지요.

논리실증주의가 증명가능한 문장으로 문장을 제한하려는 것은 참이 증명되는 것만 남겨 두려는, 오직 진리만이 살아남게 하라는 인식론주의적 태도를 보여 줍니다. 포퍼 역시 반증가능성을 견디어 낸 것만을 남겨 둠으로써 아직 거짓 아닌 것만 살아남게 하려는 것이란 점에서 전혀 다르지 않다 하겠습니다. 포퍼는 그나마 이를 '과학'으로 제한해서 좀 낫다 하겠지만, 반증가능성을 견뎌 낸 것만 남겨 두었다면 과학마저 처참한 결과를 맞이하게 되었을 겁니다. 유명한 예가 뉴턴의 고전물리학에 따라 계산한 달과 천왕성의 궤도가 실제 궤도와 맞지 않았다는 사실입니다. 포퍼의 반증주의에 따르면 실제 궤도와 맞지 않는 뉴턴 물리학은 '반증'된 것이니, 폐기되어 마땅했는데, 결코 그렇게 되지 않았지요. 천왕성 궤도에 대해서는 인근에 다른 별이 있어서 그럴지 몰라 하면서 열심히 망원경을 들이댔고, 덕분에 해왕성을 발견하는 성과를 얻었습니다. 반증가능성 얘기를 믿고, 반증되었으니 폐기하는 일은 실제로 과학사에서 잘 일어나지도 않았고, 또 그리 되어서도 안 되었던 것입니다.

실증주의자들처럼 철학자가 학자가 되는 경우, 철학은 하나의 전문화된 학문이 됩니다. 삶의 문제를 풀고, 좋은 삶을 찾아가는 사유가 아니라, 전문적인 지식이 됩니다. 철학이 '인식론화'되어 버린 것이 바로 그 사례지요. 인식능력이나 인식가능성을 다루는 전문지식, 그게 그들이 추구하는 철학입니다. 이를 니체는 '철학의 격하'라고 말합니다. 인식론으로 격하된 철학이란 "경계를 넘어서지 못하고 경계 너머로 나아갈 권리를 스스로 거부하느라 애쓰는 철학"이고 "마지막 숨을 내쉬고 있는 철학이고, 종말에 다다른 철학"이란 겁니다(204절).

프랑스 철학자 알튀세르는 실증주의를 특정 학문에 나타나는 '자생적'(spontaneous) 철학이라고 말합니다. 자연과학이나 역사학, 혹은 사회학 같은 학문은 자신이 다루는 것이 '사실'이라고, 있는 그대로의 사실을 다루는 것이라고 믿는데, 이런 태도가 연구대상의 실증성을 강조하고 이를 있는 그대로의 진리라고 믿는 자연발생적 철학으로 나타난다는 겁니다. 가령 역사가가 다루는 사료는 그 시대에 씌어진 것들이니, 쓴 사람을 제약하는 여러 조건 속에서, 쓴 사람의 관점에서 쓰여진 것입니다. 이것이 있는 그대로의 사실이라고 한다면, 제가 쓴 모든 책도 사실이라 해야지요. 그러나 쓴 사람을 젖히고 쓰여진 사료란 있을 수 없는 것이니 사실이라는 생각 속에서 그 사료에 담긴 것이 있는 그대로의 사실이라고 믿는 거죠. 사실 이게 아니면 사료를 다루는 그 힘들고 지루한 작업을 어찌 견딜 수 있겠어요? 과학도 그래요. 양자역학의 실험은 이론적 구성 없이는 구상도 할 수 없는 것이어서, 무구한 사실성을 다루는 것이라 하기 어렵습니다. 이론적으로 구성된 명제를 실험하고 '입증'하는 거지요. 입증된다고 해도 입증된 사실은 무구한 사실, 그 자체로서의 사실이 아니라 구성된 '사실'이고 '주장'입니다. 그러니 '가설'이란 말을 쓸 때조차 가설 속에 있는 대상들, 즉 개념들은 사실이라고 믿는 것에 불과합니다. 니체 말로 하면 그 자체가 하나의 해석인 어떤 것을 증명하는 거지요.

3. 철학 없는 철학자들

철학을 학문화하는 것, 철학자가 학자가 되는 것에 대해 니체는 비판합니다. 이런 종류의 철학자들보다는 차라리 비철학자, 미련하게 살면서 모험을 강행하는 자가 훨씬 낫다고, 이런 게 철학의 본질에 훨씬 더 부합한다고 해요. 철학이 학문이 될 때, 철학자는 학자들이 그렇듯 '노동자'가 되기 마련입니다. '철학적 노동자'가 그것입니다. 자기에게 주어진 전문적 과제를 아주 성실하고 근면하게 열심히 풀어 답을 써내는 것을 철학이라고 생각하는 사람들입니다. 이는 철학의 본질을 외면하는 것이라고 하는데, 이와 결부하여 학문적 인간, 객관주의자, 회의론자 등에 대해 말합니다. '학문적 인간'이란 고귀하지 못하고, 즉 지배력 없고 권위 없고 자족할 줄 모르는, 근면하고 참을성 있게 질서에 적응하며 균형있고 절제된 욕구를 가진 인간으로, 명예와 인정욕망에 끄달리고, 자신의 유용성이 증명되는 것에 민감한 인간이며, 질투심에 사로잡혀 자기가 오를 수 없는 높이에 있는 이들의 흠결을 날카롭게 찾아내고, 사람들에게 친숙하게 굴어도 마음을 활짝 열 줄 모르는 인간입니다 (206절). 주변에서 흔히 보는 학자들이지요.

객관주의자란 인식이나 서술, 혹은 판단이나 지식에 자기 주관이 개입되지 않는 것을 지고의 가치로 생각하는 사람입니다. 그렇게 함으로써 '여기 서술된 것은 자기 개인과는 무관함'을 강조하지요. 마치 그것이 공정성이나 정의의 징표라도 되는 양 말입니다. 주관이 개입되었다 함은 오류 그 자체인 듯 말합니다. 그런 점에서 이는 "인식되기를 바라는 모든 것 앞에 복종하는 데 길들여져" 있으며, 거울이 되어 '비추는 일' 말고는 다른 즐거움을 알지 못합니다(207절). 물론 이는 결코 어떤 사실이나 현상을 관찰하여 얻은 것을 자의적으로 변조하거나 왜곡하라는 주장이 아닙니다. 니체가 보기에 모든 것은 해석이고, 보고 관찰하고 서술하는 것 자체가 이미 해석이기에 주관이 개입할 수밖에 없습니다. 더구나 인식하는 것조차 무언가 하거나 얻고자 하려는 의지가 산출하는 것입니다. 그렇지만 마치 그것

없이 오직 인식되기를 바라는 대상의 명령에 충실히 따라야 한다고 믿는 게 객관주의자지요. 인식되기를 바라는 것들의 노예라는 겁니다. 불가피하게 남을 수밖에 없는 개인적인 것들은 방해물로 간주하여 제거해야 한다고 믿는데, 그런 식으로 자신의 활동을 자신의 삶과 분리하는 것이죠. 긍정도 부정도 하지 않고, 앞서가지도 따라가지도 않는, 아무것도 아닌 자, 아무런 내용이 없는 반사경이라는 게 니체의 비판입니다.

다음으로 회의론자인데, 모든 것을 의심한다고 할 법한 니체인지라, 회의론자를 비판하는 게 약간 의외일지도 모릅니다. 회의론자는 의심하는 자입니다. 데카르트처럼 '모든 것을 의심하라'고 주장하는 회의론자도 있지만, 가령 진리가 정말 가능한지를 세심하게 따지며, 진리를 어렵게 하는 소소한 조건을 하나하나 따지는 것도 회의론자입니다. 그러고 보면 근대의 인식론은 일종의 회의론에 대한 응답이고, 그런 만큼 회의론에 말려든 사유라고 하겠습니다. 엄밀하게 따지는 게 왜 문제냐고 되물을 수도 있습니다. 그런데 여기서 말하는 회의론자는 어떤 근본적인 물음을 던지는 자가 아닙니다. 그보다는 어떤 독자적인 가치척도 없이, 단지 '그건 이래서 문제야', '저건 저래서 분명 안될 거고…' 하면서 사사건건 회의하는 사람들, 사소한 것에 대한 의심에 매여 정작 해야 할 것을 못하는 사람들입니다. 진정 물어야 할 것은 어쩌면 답이 없을 수도 있는 근본적인 물음입니다. 근본적인 것은 전혀 묻지 않은 채, 정해진 틀 안에서 사소한 문제들을 들어 의심하고 회의하는 것이 바로 니체가 지적하는 회의론자들의 문제입니다.

진리든 도덕이든 사소한 것을 물으며 '근거'를 찾고자 하지만, 근본적인 것은 어느 근거도 없는 가정에서 시작합니다. 진리를 찾는 게 옳다는 가정 같은 것 말입니다. 수학도 무정의 개념이나 공리에서 시작하지요. 근거 없는 가정은 누구도 피할 수 없어요. 그게 문제라는 게 아닙니다. 근거가 없더라도, 때론 난감하게 하는 의문이 있을 때도, 과감하게 나가는 게 중요한 경우가 있습니다. 가령 17세기에 뉴턴이 운동을 계산하는 수학으로서 미분법을 창안했을 때, 버클리는 무한소라는 개념이 어떤 때는 0이라고 간주하고 어떤 때는 0이 아니라고 간주하기에 모순율에 어긋난다며 문제를 제기한 바 있습니다. 수학으로선 치명적인 난점이었지만 18세기까지 누구도 그걸 심각하게 묻거나 문제 삼지 않았습니다. 그리고 그것이 수학의 발전에서 어쩌면 가장 혁신적인 비약을 가능하게 했습니다. 소소한 의문을 무시하고 그 수학이 가진 힘을 최대한 밀고 나간 게 성공의 이유였지요.

작은 의심은 행동이나 판단, 결정 등을 계속 유예시켜 버리죠. 물론 독단론에 대해 진정제 같은 역할을 해주는 것이 이렇게 의심을 계속 던져 주는 사람들입니다. 니체는 이런 의심을 "신경쇠약이나 허약증으로 불리는 복합적인 생리 상태의 가장 정신적인 표현"이라고 하면서, "오늘날 '객관성', '과학성', '예술을 위한 예술', '의지에서 자유로운 순수한 인식'으로서 진열장에 전시되어 있는 것 대부분은 단지 화려하게 장식한 회의주의와 의지 마비증일 뿐"이라고 말합니다(208절).

이것에 비하면 비판가는 **큰 의심**을 할 줄 아는 자입니다. 이들은 미래의 철학자에 훨씬 더 근접해 있는 사람입니다. 그래서 실험의 인간이라고 표현하기도 하죠. 이 사람들은 회의론자랑은 달리, 가치척도가 확실합니다. 나름의 기준을 가지고 시험하고 묻고 비판을 하는 거죠. 통일적인 방법을 의식적으로 사용하고, 기지 있는 용기, 독립성과 책임 능력 등을 가지고 있다는 점에서 다릅니다. 그러나 비판 자체는 사실은 철학 자체는 아니고, 비판가는 철학자 자체는 아니며, 비판 자체는 도구일 뿐이라는 점에서 아직은 '모자란다'고 합니다.

진정한 철학자란 이 또한 넘어선 자들이겠죠. 앞서 '미래의 철학자'라고 했던 이들 말입니다. 간단히 말하자면, 근본적인 물음을 던지는 자, 가치를 창조하는 자, 명령하고 입법하는 자, 인간이 가야 할 방향과 목적에 대해 규정하고 이를 위해 존재하는 모든 것을 도구와 수단으로 사용하는 자, 이런 자가 진정한 철학자라는 겁니다. 핵심적인 것은 '가치를 창조하는 자'라는 겁니다. 앞서 능동적 힘을 이야기하며 강자란 '시작하는 자'라고 했었죠? 창조하는 것은 시작하는 것입니다. 다른 삶을 산다는 것 역시 시작하는 것입니다. 다른 세계를 만드는 것, 다른 관계를 만드는 것 역시 그렇습니다. 시작한다고 다 잘되지는 않습니다. 아니, 실패가 오히려 더 많이 기다리고 있을 겁니다. 그러니 시작한다 함은 시험하고 실험하는 것입니다. 조심스레 실험하면서 다른 세계, 다른 삶을 만들어 가는 겁니다.

4. 미래 철학의 적들

미래의 철학자에겐 적이 있습니다. '오늘의 이상(理想)'이 그것입니다. 어떤 시대건 그 시대의 지배적인 이상, 이념 같은 것들이 있기 마련이지요. 헤겔 말로 '시대정신' 같은 것이 그것이죠, 유행하는 흐름 같은 것도 그렇습니다. 주류적인 가치도 그렇고요. 다들 이런 '이상'을 따라, 지배적인 가치나 유행에 따라 살기 마련이지요. 이는 '오늘'을 사는 자들입니다. 미래를 사는 자, 도래할 삶을 사는 자란 시대정신 같은 '오늘의 이상'과 다른 삶을 살려는 자입니다. '반시대적'으로 사유하고 반시대적으로 감각하며 반시대적으로 사는 이들입니다. 시대정신, 지배적인 이상과 대결하면서 거기에 돌파구를 내는, 그런 점에서 시대의 '양심'이 되는 자들이고, 시대의 미덕을 해부해서 비밀을 드러내는 자들. 그리고 그럼으로써 인간의 새로운 위대함이 무언지를 알아내는 자들입니다.

그렇기 때문에 반시대적인 삶을 사는 자는 역사적 조건에 따라 다른 형상을 취하게 됩니다. 무엇과 대결하고 있는가에 따라서 그 형상들이 계속 달라지게 마련이기 때문입니다. 좀전에 말했던 전문가가 판치는 세계에서는 거꾸로 다양성을 가진 사람이 훨씬 더 미래의 철학자에 가깝다고 하겠지요. 니체는 16세기 르네상스 시대를 들어, 축적된 의지의 에너지와 과도한 자아의 욕망, 욕심 등에 고통받던 시대였다고 하면서, 그렇기에 이런 시대에는 거꾸로 겸손한 무아(無我)적 인간성이 필요했다고 말합니다. 소크라테스 시대에 아테네인들은 말로는 행복을 추구한다고 하면서 실제로는 쾌락을 추구했다고 합니다. 그런 아테네인들의 영혼을 **위대한**(거대한) 영혼이라고 니체는 말하는데, 그런 위대한 영혼 때문에 소크라테스적인 아이러니가, **작게 만드는** 에토스가, '너 자신의 무지함을 알라'고 하는 것들이 필요했던 것 같다고 쓰고 있습니다. 소크라테스 시대마저도 그 시대의 이상과 이념 이런 것들과 대결하는 과정을 통해서 위대함을 정의해야 한다고 보았다는 셈이지요. 소크라테스가 인간을 왜소하게 한다고 비판하지만, 왜 당시에 그런 사유가 나타나게 되었는가를 역사적으로 이해하려는 것이라 할 수 있을 겁니다.

오늘날은 무리동물과 평등의 시대이기에 '드문 것과 낯선 것, 특권적인 것, 보다 높은 인간과 영혼, 더욱 높은 의무와 책임, 창조적인 힘의 충일 이런 것이 위대함을 구성한다'고 니체는 말합니다. 그런 점에서 미래의 철학이나 '위대함'이란 시대를 **지배하는 것을 벗어나고 넘어서는 방향과 결부된 것**이라 하겠습니다. 즉 '위대함'이란 일종의 출구란 겁니다. 지금의 시대정신에서 벗어나 다른 삶, 다른 세계로 가는 출구.

이는 위대함이나 미래의 철학조차 계보학적으로 접근하는 방법이라 할 수 있습니다. 그런데 처음에 말씀드렸듯이 계보학이 단지 발생조건을 추적하는 것이 아니라, 그 조건으로 인해 존재하게 된 것의 가치를 포착하고 비판하는 것이라고 한다면, 이는 '미래의 철학' 내지 '위대함'이라고 긍정적으로 서술된 것에 대해서도 역시 그런 계보학적 관점에서 볼 것을 요구하는 게 아닌가 싶습니다. 소크라테스의 시대가 위대한 영혼의 시대였기에, 자신의 무지함과 왜소함을 알라는 그의 가르침이 정당하다고 할 수는 없지요. 오히려 시대정신보다 훨씬 못 미치는 왜소한 덕에 대해 비판해야 합니다. 괴물과 싸우다 보면 괴물이 되기 쉽고, 작은 적과 싸우다 보면 작아지기 쉽다고 하지만, 방금 말한 소크라테스를 보면 큰 적과 싸우기 위해 작아지는 위험 또한 있음을 알려 주는 듯합니다.

어쨌거나 이런 난점을 진지하게 고려하자면, 소크라테스가 잘 보여 주듯, 시대정신과 대비하여 제시되는 '미래의 철학'이나 '위대함'이 그 자체로 긍정될 순 없는 것임을 뜻하는 것 같습니다. 이는 그 자체로 긍정적인 의미를 갖는 '미래의 철학'이나 '위대함'이라는 니체적 가치와 상충되는 것으로 보입니다. 시대정신과 대결한다고 모두 강자의 도덕, 자유인의 윤리가 되는 것은 아니니까요. 그 시대정신과 어떻게 대결하는가에 따라 소크라테스처럼 왜소한 노예의 윤리가 나올 수도 있고, 위대함이란 말에 걸맞는 사랑할 만한 윤리가 나올 수도 있다는 거지요. 다시 말해 시대정신과 대결한다는 것만으로는 충분히 '위대하다' 하기 어려우며, 그것과 **어떻게 대결하는가**에 따라 '위대하다' 할 것이 나온다는 겁니다. 대결상대를 잘 고르는 것도 중요하지만, 대결 방법을 잘 고르는 것도 중요합니다. 대결하다 닮아 가는 것도, 대결하다 반대가 되는 것도 모두 고유한 가능성과 위험을 동시에 포함하고 있는 거지요. 누구와 어떻게 대결하는가를 정확히 아는 것이, 그것과 대결하는 자신을 추동하는 게 어떤 힘과 어떤 의지인지를 아는 것이 중요하다 하겠습니다.

제7장

우리의 덕, 미래의 덕

7장에서는 '우리의 덕'이라는 제목 아래 무사심, 동정(同情), 역사적 감각, 성실, 잔인성, 혹은 공리주의자들이 말하는 이득 내지 정당성 같은 '덕'들에 대해서 다루고 있습니다. 이때 '우리'는 때론 지금 시대의 '우리'를 뜻하기도 하고, 때론 '그들'과 대비되는 긍정적 뉘앙스의 '우리'를 뜻하기도 합니다. 전체적으로는 하나의 단어로 명명되는 덕들에 대해 흔히 말하는 덕에 대해 비판하면서 긍정적으로 재정의하는 방식으로 씌어져 있습니다. "자신의 미덕을 탐구하는 것보다 더 아름다운 일이 있을까?"(214절)라고 하면서 자신의 덕을 찾자고 하는 것을 보면, 과거의 덕에 대비하여 '미래의 덕'을 만들어 가려는 것이라고 이해해도 좋을 듯싶습니다. 여기선 시간상 하나하나 쫓아가 다룰 순 없겠고, 제가 말하고 싶은 걸 골라 적당히 말하겠습니다.

1. 도덕적 분별, 감각적 분별

이런저런 덕을 다루기 전에 도덕적 분별심에 대한 얘기를 하는데, 먼저 "자신이 민감하고 섬세한 도덕적인 분별심을 가졌다고 사람들로부터 인정받는 것을 중시하는 사람을 조심하라"고 합니다. 이런 이들은 "우리 앞에서 (혹은 더 유감스럽게도 우리에게) 한 번이라도 잘못 행동하게 되면 결코 우리를 용서하지 않는다"는 것이 그 이유라고 해요(217절). 처음 읽으면 무슨 소린가 싶지요? 자기가 잘못해 놓고 우리를 용서하지 않는다니…. "똥 싼 놈이 화낸다"는 말을 떠올리면 조금 쉽게 이해할 수 있을 겁니다. 자신의 추한 모습을 보이고 싶지 않았는데, 자신의 도덕성이나 능력을 인정받고 싶었는데, 그게 무산되었으니, 그걸 지켜본 이들에게 앙심(ressentiment)을 품게 된다는 말이지요. '당신들도 나처럼 잘못이 있음을, 나보다 낫지 않음을 입증해 주마'라는 생각을 한다는 겁니다. 니체는 이들이 여전히 우리의 친구로 남아 있을 때조차 반드시 우리를 본능적으로 비방하고 중상하려 하리라고 덧붙이는데, '니들이 나보다 낫지 않음'을 보여 줌으로써 자신이 그래도 괜찮은 사람임을 입증하고 인정받으려는 욕망을 생각하면 충분히 설득력 있는 직관입니다. 그러니 이런 분들 조심하시는 게 좋습니다.

한국의 주요 언론사나 우파 정치인들이 자주 동원하는 도덕주의가 정확히 이런 경우일 겁니다. 누군가의 비도덕성을 폭로하기 위해 볼 것 안 볼 것 가리지 않고 뒤지고 사소한 거든 큰 거든 흠 잡을 게 있으면 까놓고 비난을 합니다. 특히 도덕적으로 깨끗하리라고 생각되는 분들에 대해 심하게 신상을 텁니다. '너라고 별 수 있어? 겉으론 멀쩡해 보이지만 너도 알고 보면 더러운 놈이잖아. 위선자라고!' 이렇게 까고 비난하는 정치인들, 대개는 조금 추적해 보면 도덕적으로 심각한 문제가 있는 분들이죠. 남들 앞에서 민망한 짓을 했기에, 남들 또한 그렇다는 걸 보여 주려 애를 쓰는 겁니다. '정론지'를 자처하며 자신들의 분별력을 인정받고 싶어 하는 언론사도 비슷합니다. 이들 가운데 특히 자신의 비도덕성으로 인해 비판받은 적이 있는 곳일수록 도덕주의적 비난에 목소리를 높이지요. '니들도 다 그렇잖아, 나만 그런 게 아니라고!' 외치며 엔간한 사람들을 모두 자기와 비슷한 자로 만드는 겁니다. 무시무시한 앙심이 그들의 분별력 밑에, 날카로운 정론의 글자들 밑에 깔려 있는 겁니다. 이런 점에서 그들의 도덕주의는 '어차피 다 똑같잖아!'라며 **반도덕을 정당화하려는 도덕주의**고, 그런 식으로 **반도덕을 조장하는 도덕주의**입니다. '반도덕적 도덕주의'지요.

'자신의 도덕적 분별력을 인정받고 싶어 하는 이들'에 대해 얘기했는데, 이들은 한편으로는 남들 앞에서 자신의 행위가 도덕적 분별력이 있는 것임을 보여 주려 할 것이고, 다른 한편으로는 남들의 행위에 대해 도덕적 분별력이 있음을 보여 주려 할 겁니다. 방금 니체가 했던 것은 전자에 대한 것이었지요. 이런 분들이 자신의 도덕적 분별력을 사용하는 것은 무엇보다 후자, 즉 남들에 대해서일 겁니다. 여기서 좀 더 나아갈 필요가 있는데, 굳이 인정욕망 때문이 아니어도 남들의 행위에 대해 도덕적 분별을 하고, 그에 따른 칭찬이나 비난—대개는 비난이지요—을 하는 일은 아주 흔히 일어나는 일이기 때문입니다. 게다가 더 어렵게 하는 것은 이런 도덕적 분별이나 비난이 나름의 이유가 있는 경우가 많다는 점입니다. 이는 특히 공동체에서 빈번히 일어나며, 아주 심각한 문제를 야기합니다.

분별은 도덕적인 것만 있는 게 아닙니다. 맛에 대한 분별, 소리에 대한 분별, 미에 대한 분별, '진실성'에 대한 분별 등 모든 판단의 영역에서 분별이 행해집니다. 분별이란 빠르게 판단하기 위해 어떤 척도에 의해서, 그리고 과거의 경험에 따라 미리 판단해 두는 것입니다. 앞서 천적을 만난 적 있는 동물 얘기를 한 거 기억하시죠? 감정도 그렇지만, 선판단으로서의 분별역시 빠르게 행동하기 위해 어떤 경험에 대해 미리 답을 내 두는 겁니다. 이것은 좋다, 이것은 더럽다, 이것은 맛없다, 이것은 시끄럽다, 이것은 아름답다. 사람에 대해서도 그렇습니다. 이 사람은 게으르다, 저 친구는 이기적이다, 그 사람은 진지하지 않다 등등.

나름의 이유와 유용성이 있는 것이지만, 이미 말씀드렸듯이 이는 변화하는 사태를 정확하게 보고 판단하는 게 아니라, **빠른 속도를 위해 정확성을 포기**하고 대충 판단하는 것입니다. 그렇기에 급할 때는 유용하겠지만, 실제로는 부정확한 경우가 많습니다. 부정확해서 문제인 것만도 아닙니다. 선판단으로서의 분별이란 사태나 사람, 행동에 대해 이미 답을 갖고 미리 판단하기에, 이런 분별심이 자리 잡으면 항상 하던 대로 판단을 반복하기에 사태나 사람에 대해 제대로 알 기회를 차단합니다. 전에 어디서 들으니, 초콜릿을 똥 모양으로 정확하게 재현해 놓곤 먹으라고 주었더니 어른들의 경우 대부분 먹지 못했다고 하더군요. 똥은 더럽다는 선판단이, 초콜릿임을 알아도 먹지 못하게 저해한 겁니다. 고수처럼 익숙하지 않은 향료가 들어간 음식을 못 드시는 분들 많잖아요? 어느 향료든, 그걸 쓰는 것은 맛있어서 쓰는 거지요, 그러나 익숙하지 않은 것은 '맛이 없다'고 느끼게 되는데, 그런 분별이 일어나는 순간 그 음식의 맛을 제대로 경험할 가능성은 이미 사라지고 맙니다. 그 다음엔 맛볼 생각마저 사라지지요. 이렇게 되면 먹던 종류의 음식만 먹게 됩니다. 외국여행을 가도 자국 식당만 찾아다니는 '입맛의 민족주의'는 이처럼 맛의 분별력이 강한 사람들의 혀에서 발생하는 겁니다. 맛을 심하게 분별하기에 미각이 발달했다고 믿겠지만, 실은 익숙지 않은 종류의 맛을 알아볼 능력의 부재가 혀 끝의 민족주의의 실제 원인이지요.

90년대 초반에 중국에 처음 갔는데, 안내해 주던 후배가 메뉴판을 읽으며 대강 골라 음식을 주문했는데 나온 것 중 하나가 '고등어국'이더군요. 약간 당황했어요. 고등어는 그렇지 않아도 비린데 이것을 국으로 끓였으니…. 그 위엔 먹어본 적 없이 말로만 듣던 시앙차이(고수)가 둥둥 떠 있었구요. 망설이게 되더군요. '이걸 어찌 먹나….' 맛보기 전에 하는 이런 선판단이 바로 분별입니다. 이것만이었다면 아마 먹지 못하거나 살짝 맛만 보고 '역시…' 하며 포기해 버렸을 겁니다. 이게 분별의 대가지요. 하지만 제 삶의 '이념' 중 하나가 '헝그리 정신'인지라, 돈도 아깝고 음식 버리기도 아까워서 어떻게든 먹으려 했습니다. 용기를 내어 먹었는데, 몇 숟가락 먹고 조금 익숙해지니 이게 아주 맛있는 겁니다. 정말 놀랐어요. 고등어 비린내와 시앙차이가 섞이니, 비린내는 비누 냄새 같은 시앙차이의 맛을 '생선화'하고, 시앙차이는 비린내를 지워 주면서 오묘한 맛이 만들어진 것이었습니다. 한 번도 먹어 보지 못한, 그러나 실로 경이로운 맛이었어요. 음식맛에 큰 관심이 없던 저 같은 사람이 아직도 잊지 못할 맛이었어요. 다시 먹어 보고 싶었는데, 이름을 몰라 아직도 다시 먹어 보지 못했어요. 그 뒤로 맛에 대한 분별심을 접을 수 있었습니다. 오히려 못 먹어 본 음식에 대해 '이건 어떤 맛일까' 하는 호기심에, 안 먹어 본 것을 시켜서 먹어 보려 하게 되었습니다. '실험' 내지 '시험'의 정신이 혀에 찾아온 거라 해도 좋지 않을까 스스로 자긍하고 있지요.^^

2. 분별심과 뒷담화는 공동체를 잡아먹는다

분별은 지각이 아니며, 분별심은 감각이 아닙니다. 지각이나 감각에 선판단이 달라붙어 **지각에 앞서** 판단하는 것이고, **감각에 앞서** 판단하는 것입니다. 정확하지 않아도 얼른 도망치는 게 생존에 유용한 동물적 위기상황이 아니라면, 인생에 전혀 도움이 되지 않는 것들입니다. 이미 알고 있는 것만 알게 하고, 먹던 것만 먹게 하며,

듣던 것만 듣게 합니다. 익숙하지 않은 것들을 거부하게 합니다. 특히 '싫다'거나 '문제야'라는 부정적 분별을 하는 경우는 이런 대가를 좀 더 심하게 치르게 합니다. 어떤 음식을 '좋다'고 분별하는 경우에는 그것에 대해 일단 맛보고 느끼고 이해하려고 다가가기에, 적극적으로 '맛본' 뒤에 판단을 내리게 되지만, 부정적 분별은 대상을 내치게 하기에 제대로 다가가고 '맛볼' 여지가 없어지기 때문입니다.

이런 것이 어떤 사태나 행위, 사람에 대해서 행해질 때는 더 난감한 대가를 치르게 합니다. 어떤 행위에 대해서 분별을 하게 되면 그 행위가 행해진 맥락이나 그것의 효과를 정확히 알기 이전에 판단하게 되고, 그렇게 한 이유를 알기 전에 이유를 안다고 생각하게 됩니다. 어떤 사태에 대해 분별을 하게 되면, 사태를 정확하게 알기 이전에 판단하게 되어 정확한 판단도, 적절한 대처도 하지 못하게 됩니다. 어떤 사람에 대해 분별을 하게 되면 그 사람이 했다는 이유만으로 모든 것에 대해 이미 그 사람에 대해 갖고 있는 분별심에 따라 선판단하게 됩니다. 그 사람은 항상 그런 종류의 사람이라고 판단할 준비가 되어 있기에, 다르게 지각하고 생각할 여지가 사라집니다. 그러곤 대개 말하지요. "난 이런 사람을 이해할 수가 없어!"

고지식하게 말하자면, 이는 맞는 말입니다. 분별을 하는 경우 사람도, 사태도 제대로 이해할 수 없습니다. 이 경우 '이해할 수 없다'는 말은 분별로 인한 자신의 무능을 고백하는 것이지요.^^ 그렇다면 어떻게 해야 하나요? 이해하려고 해야죠. 이해하기 위해 그의 입장에 서 보려고 해야 하고, 왜 그렇게 행동할까를 알려고 애써야죠. 그러나 다들 아시다시피 그렇게 하지 않지요. "난 너를 이해할 수 없어"라는 말은 '아, 내가 너를 이해하기 위해서 좀 노력을 해야 되겠네' 하는 말이 아니라, '이해하고 싶지 않아, 이해하지 않겠어' 하고 내치는 말이죠. **이해하지 않겠다는 결심**을 표명하는 말입니다. 자기의 무능 앞에서 이해가능성의 문을 닫아 버리는 겁니다. 이렇게 되면 그 사람에게도, 행동이나 사태에도 다가갈 수가 없습니다. 이해할 수 없는 상태를 고집하며 내치고 비난하길 반복하게 됩니다.

전에 교도소에 가서 보니 거기에 온 사람들은, 작은 죄를 지은 사람부터 살인죄로 들어온 사람까지 다 나름의 이유가 있더군요. 물론 거짓말도 섞여 있을 거고, 과장된 부분도 있겠지만, 스피노자가 했다는 말처럼, 어떤 것에도 다 이유가 있습니다. 물론 그 이유에는 감정적 판단이나 착각, 이해관계와 계산 같은 것도 포함되어 있습니다. 따라서 어떤 행동의 이유를 '이해한다'는 것은 그 사람의 행동을 '옳다고 받아들임'을 뜻하는 게 아닙니다. 받아들이든 말든, 이유를 이해할 때에만 행동이나 사람에 대해, 왜 그렇게 했는지 이해할 수가 있고, 그때 비로소 그 사람이나 행동에 대해서도 정확하게 판단할 수 있게 됩니다. 이해하기를 거부해 버리면 이유도 정확히 모르는 채 자신이 미리 내린 판단에 따라 내치거나 반응하게 되지요.

그래서 분별심이 강한 사람들 옆에 있으며 아주 피곤해집니다. 분별심이 강한 사람이 남의 장점이나 잘한 일을 지적하는 일은, 없다곤 못하겠지만, 희소하지요. '지적질'이란 말의 뉘앙스에서 잘 드러나듯, 분별심 강한 사람의 주 타깃은 잘못한 일이고 남의 단점입니다. 분별심이 강한 분들은 대개 **남의 단점을 찾는 데** 매우 빠르고 뛰어납니다. 남보다 먼저 단점을 찾고, 남보다 빠르게 잘못된 일을 지적합니다. 남보다 빠른 것을 통해 자신의 안목이나 능력을 과시하려는 듯이 말입니다. 그래서 이런 이들은 대개 소문에 빠르고 '여론'에 민감합니다. 정보담당자 시키면 좋을 분들이란 생각을 하게 할 만큼, 어느새 누군가에 관한 정보를 듣고 모아, 자기 분별을 섞어 남 얘기를 합니다. 재빠르게 정보를 모아 최대출력으로 남 얘기를 하는 게 1인방송국을 생각나게 하지요. 그렇게 모은 정보에는 단점이나 비난거리가 많습니다.

그들은 대개 그런 얘기를 당사자 앞에서 하지 않고 뒤에서 합니다. 이른바 '뒷담화'지요. 칭찬을 뒷담화로 하는 분은 별로 없지요. 그래서 이런 분들 주변에는 비슷한 분들이 모여듭니다. 남 얘기 좋아하고 뒷담화하기 좋아하는 사람들. 뒷담화란 맞장구를 짝으로 갖고 있으니까요. 결국 이런 분들은 자기와 다른 분들, 뒷담화 듣고 '그건 아닌 것 같은데'라고 말하거나 생각하는 분들과는 잘 어울리지 않습니다. 뒷담화의 '즐거운' 분위기를 망치기 십상이니까요. 유유상종, 끼리끼리 모입니다.

앞에서 강자와 약자에 대해 했던 얘기들을 기억하신다면, 이렇게 분별심 강하고 남 얘기 잘 하는 분이나 그 인근에 모여드는 분들이나 모두 무리적 본능이나 패거리 문화에 충실한 약자들임을 잘 아실 겁니다. 분별하면서 남에 대해 '판단'하는 것이니 가치관이 확고한 강자 아닌가 생각하실지도 모르지만, 이런 분들이 분별하고 판단하는 기준은 많은 경우 **주변의 동의를 쉽게 받을 수 있는 것**, 다시 말해 세간의 가치, **기존의 가치에 충실한 것**이 대부분입니다. 매우 '도덕적인' 분들이지요. 새로운 가치를 창안하고 새로운 무언가를 시작하는 분이 아니라, 통념적인 기준에 어긋나는 것들을 비난하는 분들이지요. 쉽게 동조해주는 친구를 찾는 것도 무리적 본능에 충실한 태도지요. 그래서 이런 분들 주변에는 언제나 나쁘게 말하면 '패거리'라고 할 사람들이 있습니다. '뒷담화'란 어떤 문제나 단점을 정면에서 말하지 못하고 뒤에서 하는 얘기지요. 강자와는 거리가 먼 일입니다. 게다가 하는 얘기를 보면, 아무리 거창하게 말해도 실은 별거 아닌 얘기들이 대부분이고요. 물론 앞뒤 안 가리고 앞에서 말하는 분도 있습니다만, 무엇이 나쁜가를 찾는 부정적 태도를 벗어나지 못하는 한, 앞에서 대놓고 말하는 게 강자의 징표는 아닙니다. 강자란 **사나운 자가 아니라** 시작하고 긍정하는 자를 뜻하니까요.

단점을 잘 찾고 문제를 잘 찾는 사람이 집단에서 리더가 되거나 영향력을 행사하는 자리에 있게 되면, 그 집단은 제대로 지속하기 어렵습니다. 왜냐하면 리더나 상층에 있는 사람이 분별을 하고 단점이나 잘못을 찾아 비난할 때, 그 하나하나가 상대방에게는 치명타가 될 수 있기 때문입니다. 그러니 살아남기 위해 그 사람으로부터 인정받으려는 '인정 경쟁'이 벌어지게 되지요. 그런데 난감한 것은 리더나 영향력이 큰 사람일수록 분별을 행하고 남 애기를 하게 되기 쉽다는 겁니다. 집단이나 공동체의 '사업'이나 '운영', 혹은 '운명' 같은 것에 대해 마음을 많이 쓰기에, 안 되는 일의 이유를 찾고 제대로 안 하는 사람의 단점을 쉽게 보게 되기 때문입니다. 문제점이나 약점을 지적하는 것이 아니라 그걸 넘어서는 방향으로 사람들이 **행동하게** 해야 하지만, 진정한 강자가 아니면 쉽지 않지요. 단점도 그래요. 어떤 사람이든 장점과 단점은 대개 같은 것인 경우가 많아요. 같은 특성이 어떤 조건에서는 단점이 되고 다른 조건에서는 장점이 되는 거지요. 그러니 중요한 능력은 누군가의 어떤 특성이 장점이 되도록 관계나 배치를 만들어 내는 겁니다. 안목 있는 자는 단점을 잘 찾는 자가 아니라 **장점이 될 잠재성을 볼 줄 아는 자**고, 훌륭한 리더란 특성이 **장점이 되는 배치를 만들어 내는 사람**이지요. 이런 게 진정 강자입니다. 긍정의 방식으로, 무언가를 할 수 있게 하는 방식을 창안하고 시작하는 자.

뒷담화는 공동체나 집단을 부정적 감정으로 분열시키고 해체시키는 치명적 독입니다. 이유가 무어든, 뒷담화란 누군가를 비난하고 단점을 떠벌리는 겁니다. 즉 뒷담화는 자신이 명시적으로 생각을 했든 아니든, 언제나 '얘는 이래서 문제가 있어, 쟤는 저래서 문제야'라면서 '쟤랑 놀지마'라는 명령어를 직간접적으로 말하는 겁니다. 이게 반복되고 퍼져 가면 비난의 대상이 된 사람은 고립될 텐데, 그런 이야기는 결국 돌고돌아 그 사람 귀에 들어가게 되겠지요. 그 얘기를 듣고 '맞아, 내가 그런 문제가 있지!' 반성하고 갱생하는 사람이 있을까요? 뒷담화 듣고 반성해서 인생 달라지길 기대하는 건, 사막에서 고래가 튀어 오르길 기대하는 것과 다르지 않지요. 역으로 자신의 단점에 대해 정당화하며 자신을 방어하려 할 겁니다. 그리고 자신을 뒷담화한 사람에 대한 악감정만 일어날 겁니다. 그렇게 되면 양쪽은 감정적으로 더욱 멀어지고 대개 적대감마저 갖게 됩니다. 그럼 하는 일이 더욱 꼬이겠지요. '말한 대로', 더욱더 '비난한 대로' 되기 쉽습니다. 만약 뒷담화한 사람이 리더 근방에 있다면, 욕 먹는 사람은 더는 공동체 안에 있기 힘들게 될 겁니다. 적어도 양자는 무얼 같이 할 생각을 하기 힘들어질 거고, 서로 안 만나는 게 편한 관계가 될 겁니다. 이런 일이 여러 사람들을 겨냥하게 되면 공동체 같은 집단은 아마 깨지게 될 겁니다. 이건 제 자신이 여러 번 겪은 것이기도 한데, 그래서 이젠 '공동체를 망치지 않으려면 분별심 강한 사람을 조심해야 한다', '뒷담화와 공동체는 상극이다!'라고 생각하고 있습니다.

중국 선종의 승찬이란 분이 쓴 「신심명」이란 글에 보면 "지극한 도는 어렵지 않으니, 오직 분별하지 않으면 된다. 애증을 떠나면 만사가 통연명백해진다"는 말이 있어요. 조주 스님이 인용하여 더 잘 알려진 말인데, 이 말을 저는 바로 이런 맥락에서 이해하고 받아들입니다. 물론 여기서 니체가 얘기한 것과는 약간 어긋남이 있는 맥락의 말입니다만, 남들에게 분별력을 인정받으려는 사람뿐만 아니라, 남들에게 분별심을 발동하는 사람 또한 사태를 정확하게 보지 못하고, 본다 해도 **아무것도 모르**

는 이보다 더 사태를 그르친다는 생각입니다. 문제나 단점을 보지 못하거나 알아도 말하지 않는 사람은, 최악의 경우에도 그로 인해 그 단점이나 문제를 방치하게 되지만, 그걸 분별하고 거기다 뒷담화까지 하게 되면 인간관계를 망가뜨리고 심하면 공동체 자체를 말아먹게 될 것이기 때문입니다.

3. 사심 없는 자의 사심

다음으로 몇 개의 덕들에 대해 다룹니다. 먼저 '사심 없음'. 사심 없음이란 독일어로 'Uninteressierte', 즉 영어로 치면 'interest'의 반대말입니다. interest는 아시다시피 '이해, 관심, 이득' 등을 뜻하니 반대말은 '이해관계를 떠나 있음, 이득에 관심 없음'인데, 이해와 상관없이 '관심 없음'을 뜻하기도 하지요. 그래서인지 Uninteressierte도 종종 '관심 없음'이라 번역되기도 하는데, 이는 사심 없음과 뉘앙스가 많이 다르지요. 사심이란 이해득실에 대한 관심이지만, 관심이란 사람에 대한 관심, 지적 관심, 미적 관심 등 이해득실과 무관한 것도 다 포함하니까요.

　　여기서 이 개념을 다루는 것은 아마 칸트를 염두에 두고 있기 때문으로 보입니다. 칸트는 미적 관심을 '무사심의 관심'이라고 규정한 바 있지요. 약간 다른 맥락에서 '목적 없는 합목적성'이라고 하기도 했고요. 무사심 내지 무관심의 관심이란 이해관계나 유용성 등을 떠난 관심입니다. 가령 건물을 만들 때 대리석으로 바닥과 벽을 마감하고, 기둥의 끄트머리에 식물모양의 장식을 하는 것은 건물이나 기둥의 기능, 유용성과 별 관계가 없습니다. 더구나 그렇게 하려면 비용이 많이 듭니다. 그런데도 그렇게 하는 것은 이해관계나 유용성을 떠난 어떤 관심 때문이라 할 수 있지요. 미적 관심, 멋있게 만들고 싶다는 관심이 그렇게 돈을 들여 유용성 없는 '장식'을 하게 하는 거지요. 이런 게 미적 관심에만 국한된 것은 아닙니다. 시를 읽고 인문학 서적을 읽는 것 역시 직접적인 이득이나 유용성과 무관합니다. 그렇다고 다른 어떤 목적이 있는 것도 아닙니다. 읽고 공부하는 것이 그저 좋아서, 혹은 재미있어서 하는 거죠. 무사심의 관심이나 목적 없는 합목적성이란 이런 것을 지칭합니다.

그런데 니체는 무사심의 관심이란 관념을 비판한 적이 있습니다. 여성이나 남성의 아름다움에 대한 판단은 그림이나 조각상이라 해도 성적인 관심과 무관할 수 없듯이, 다른 미적 판단 역시 나름의 관심이나 욕망과 무관하지 않다는 것이 그 이유입니다. 나중에 『도덕의 계보』에서 좀 더 자세히 언급할 기회가 있을 텐데, 니체가 말하는 관심이 단지 이런 것만은 아닙니다. 확장하면 미적 쾌감을 주는 것 역시 생리학적 관심이나 감각적 욕망과 관련된 것이지요. 그러나 칸트의 미적 관심에 대한 규정 또한 모든 관심의 배제를 뜻하는 것은 아닙니다. 무사심이라는 말도 직접적 유용성이나 이해관계가 없음을 지칭하는 한, 충분히 이해할 만한 말이란 생각입니다. 그렇기에 무사심의 관심에 대한 니체의 비판은, 기본 발상에 동의하더라도, 지나친 것 같다는 느낌은 피하기 어렵습니다.

무사심의 관심이란 말과 거기에도 '사심'이 어찌 없냐는 비판은, 겉으로 드러나는 것과 그 안에 숨어 있는 것의 관계에 관한 것이라 해야 할 것 같습니다. 혹은 '관심'에 대한 다른 투시법과 관련된 것이라고 해도 좋을 것 같습니다. 이는 '섬세하고 까다로운 자', '고귀한 자'들이 대중들에게는 종종 '사심 없는' 것으로 보이는 이유와 관련된 것입니다. 그런 이들은 대중이나 무리에 속하는 자, 패거리를 짓는 자들이 관심을 가진 것에 종종 무관심합니다. 예술을 한다거나 공부를 한다면서 돈을 벌거나 높은 지위를 얻는 것, 때론 명예를 추구하는 데도 별 관심이 없는 분들 종종 보셨죠? 이런 분들을 대중들은 이해하기 쉽지 않습니다. 대체 뭐 하고 살려는 건지, 무슨 낙으로 사는지 이해하지 못합니다. 이런 게 '무사심'이라 하는 거지요.

그러나 그들 역시 관심을 갖고 있고, 그 관심은 통상적인 것보다 훨씬 '강한' 경우가 많습니다. 돈과 명예를 추구하는 예술가들도 많지만, 돈 안 되는 것을 쓰고 만들고 하는 예술가, 돈 되는 것과 반대방향으로 가며 창작하는 예술가들도 있습니다. 농사 지어 돈 벌 생각을 하지 않으면서 그저 시골에 들어가 농사짓고 사는 사람도 있고, 산이 좋다고 산장에서 최소생계비 벌면서 사는 분도 있고, 자전거 타는 게 좋다고 돈 버는 일은 대강 하면서 자전거 타는 데 미쳐 사는 분도 있습니다. 이런 게 무사심의 관심인데, 실은 통상적 관심보다 강한 관심을 갖고 있는 것입니다.

개인적인 얘기를 잠시 하자면, 앞에서 제 삶의 이념에 대해 말씀드린 적 있죠? 세 개의 이념이 있는데 바로 '보신주의', 그리고 '헝그리정신'과 '무사안일주의'입니다.^^ 무사안일주의는 '공부하고 글 쓰는 데 방해되는 건 엔간하면 벌이지 않는다'는 이념입니다. 보신주의는 공부하려면 몸의 건강이 받쳐 주어야 하기에, 몸을 건강하게 유지하자는 이념입니다. 그래서 매일 요가를 하고 명상을 합니다. 헝그리정신은 자본주의 사회에서는 먹고살려면 돈을 벌어야 하는데, 내가 좋아서 하는 일에 돈까지 주는 경우는 별로 없지요. 그러니 하고 싶은 것을 하려면 돈을 적게 벌어야 하고, 그러려면 적게 쓰고 헝그리하게 살아야 한다는 생각입니다. 이 모두는 세간의 가치에 대한 일종의 '무관심'을 반어적으로 표현한 것이지만, 실은 하나의 과도한 '관심'에서 나온 것입니다. '공부'가 그것이지요.

이게 나름 제 삶의 '원칙'인 셈인데, '원칙'이라 하지만, 사실 지키기 위한 원칙이 아니라, 공부하는 게 좋다 보니, 거기 방해되는 걸 안 하게 되기에, 지킬 생각 안 해도 지켜지는 '원칙'입니다. 가령 워낙 좋아하는 게 있다 보니, 맛있는 걸 먹는 것도, 놀러다니는 것도, 멋진 옷을 입는 것도, 유행하는 물건을 사는 것도, 뉴스나 이슈를 찾아 인터넷을 뒤지는 것도 다 그만 못하기에 잘 하지 않게 됩니다. 페이스북을 하거나 이슈를 찾는 것은 공부하는 데 필요한 한에서 마치 의무 수행하듯이 하게 되더군요. 사람이니 맛있는 것 먹는 것도 싫어할 리 없지만, 뭐가 맛있는지, 그걸 만들려면 어찌해야 하는지, 어디가면 맛있는 걸 먹을 수 있는지 하는 건 모두 '쓸데없는 짓'으로 보입니다. 다른 것도 마찬가집니다. 돈 버는 일도 그래요. 돈이 싫다고 말하면 거짓말이겠지요. 그러니 아무 문제없는 돈을 누가 준다면 덥석 받겠지만,^^ 돈을 벌기 위해 이리저리 알아보고 생각하고 계획하고 일을 하며 시간을 쓰는 일은 하지 않습니다. 그래서 우리 어머니 같은 분이 보기엔 제가 정말 이해할 수 없는 사람일 겁니다. 저를 예로 들어 좀 민망하지만, 칸트가 말한 무사심 내지 무관심에 대한 말은 바로 이런 의미 아닐까 생각합니다. 니체가 말한 관심이나 욕망에 대한 말도 바로 이런 의미일 겁니다. 남들 관심 가진 대부분에 대해 저는 관심이 없는데, 그건 무언가 미쳐 있는 것, 아주 강한 관심이 있기 때문입니다. 사심 없어 보이겠지만, 사심이 아주 강한 겁니다. 다만 그 사심이 다른 분들로선 별로 관심이 없거나 이해하기 힘든 사심이라 그렇게 보이는 거지요.

니체 말로 돌아가면, 섬세하고 까다로운 자들, 고귀한 자들이 관심을 가진 것 대부분에 대해 평균적인 사람들은 관심을 갖지 않습니다. 그렇기에 평균적인 사람들 눈에는 그런 사람들이 갖고 있는 관심이 안 보이는 겁니다. 그래서 평균적인 인간들은 그런 사람들을 보고 '사심 없는 사람'이라고 부르면서 어떻게 그렇게 사심 없이 행동할 수 있는지 놀라워한다는 겁니다 (220절). 그러나 "'사심 없는' 행위도 조건에 따라서는 매우 이해 관심에 매여 있고 사심 있는 행위"라는 겁니다. 이런 식으로 그는 사심 없음이란 관념의 부당성을 지적하는 셈인데, 제가 보기에 여기서 더 중요한 것은 평균적인 사람들의 관심과 다른 관심이 있다는 사실, 그런 관심을 갖는 것이 니체가 말하는 고귀한 자, 강한 자의 특징이란 사실 아닐까 싶습니다. 남들 관심 있는 것에 별 관심이 없고 반대로 남들 관심 없는 것에 관심이 있다면, 니체를 읽는 게 좋겠지요. 자긍심을 주니 말입니다.^^

하나 덧붙이면, 니체는 자주 의지를 약화시키는 것에 대해서 비판을 하지요. 의지를 강화해야 한다는 말인데, '의지를 강화한다'는 것이 도대체 무얼까를 이를 통해 다시 생각해 보아야 합니다. 그것은 물론 하고자 하는 것에 집중하는 강도를 높이는 것을 뜻합니다. 그것은 남들과 싸워 자기 의지를 관철시키는 홉스적인 이미지와는 거리가 멉니다. 그것은 오히려 남들이 흔히 관심을 갖지 않는 것에서 어떤 매력을 발견하고 관심을 갖는 것, 평균적인 관심과 다른 어떤 관심을 향해 집중하는 것입니다. 남들은 전혀 관심없어 보이는 데 꽂혀 빨려들어 가는 것, 어쩌면 이것이 의지를 강화한다는 말의 실질적 내용이 아닌가 싶습니다. 이렇게 할 때, 우리는 '높은 본성을 가진 자'와 가까운 것이라고 해야 할 겁니다.

'덕후'가 되자는 거냐고요? 그럴 수도 있습니다. 그러나 평범한 덕후가 되어선 안 됩니다. 흔한 덕후와는 다른 특이한 덕후가 되어야 합니다. 흔한 덕후의 관심과 다른 관심을 갖는 덕후 말입니다. 예를 들어 스피커 소리가 원음을 얼마나 비슷하게 재생하는지만을 따지는 오디오 덕후들이 많습니다. 이들은 자신이 무슨 지고한 감각이나 미감을 갖고 있다고 생각하는데, 실은 소리에 대한 극히 평범하고 통념적인 재현적 감각에 갇혀 있는 것입니다. 그래서는 소리에 대한 남다른 감각이 생겨나기 어렵습니다. 사물들이 갖는 각이한 소리에 대해 섬세하고 예민한 감각을 가진 이라면 현이 내는 소리와 종이가 내는 소리, 마찰이나 타격이 내는 소리와 자기의 힘이 진동을 통해 만들어 내는 소리가 각이함을 알 것이고, 그것을 어떻게 나름대로 발전시킬 것인지를 고심할 것이기 때문입니다. 비싼 오디오를 사서 공연장과 비슷한 소리를 재현하려 애쓰는 덕후들보다는, 쓰레기장에 버려진 사물들 속에서 새로운 음악적 소리의 가능성을 포착해 모으고 다니는 이들이 훨씬 더 고귀한 감각을 가진 분입니다. 가령 이렇게 버려진 것들을 악기 대신 사용하여 탁월한 음반을 만들었던 톰 웨이츠가 그렇습니다. 그저 피규어나 물건을 수집하고, 브랜드에 달라붙은 평가를 따라다니는 덕후라면, 아무리 깊이 빠져들었다고 해도 고귀한 감각을 얻었다고 하기 힘들지요.

4. 역사적 감각

그 다음은 역사적 감각에 대해 말합니다. 니체는 역사적 감각이란 한 민족이나 사회, 개인의 삶의 기준이 되는 가치평가들 사이의 순위를 재빨리 알아맞히는 능력이라고 합니다. 무슨 말인가 싶지요? 개인도 그렇지만, 사회나 민족마다 가치 평가의 척도가 다르고, 그

척도에 따라 가치를 매기는 순위가 달라지지요. 몇 년 전부터 한국에서 간통은 이제 죄도 아닌 게 되었지만, 이슬람 지역에서는 여자를 죽여도 되는 가혹한 죄잖아요. 같은 행위에 대해서 사회나 민족마다 가치척도가 이렇게 다릅니다. 개인도 물론이고요. 역사적 감각이란 '역사적으로' 달라지는 이런 가치척도의 차이를 빠르게 알아차리는 감각입니다. '이 사람들은 이걸 아주 중시하는구나', '이 사회에서는 이걸 아주 하시(下視)하는구나' 하는 것을 빨리 포착하는 능력 말입니다.

이렇게 되면, 가령 자신이 중요하게 여기는 사회의 가치평가 기준을 빠르게 받아들여 자기화하게 됩니다. 가령 지금의 우리라면, 서구사회가 모델이자 지향이니, 서구적인 지식의 척도, 서구적인 미감 등을 받아들여 자기화하게 됩니다. 반면 중국처럼 이전에 중요한 척도였던 것들의 위상은 낮아지겠죠. 이런 게 섞이며 우리 시대의 감각이 만들어지는 겁니다. 이를 역사적 조건에 기인하는 역사적 감각이라 할 수 있겠지요.

니체는 제6감각이라고 할 이런 감각이 19세기에 고유한 것이라고 해요. 이유는 서로 분리되어 있던 문화나 생활방식이 섞이며 혼합된 시대가 바로 19세기이기 때문이라는 겁니다. 이는 자신이 중요하다고 믿는 것과 다른 것이 자기 안에 침투하는 것을 뜻하는데, 이는 가치판단의 혼돈을 뜻할 수 있지만, 우리는 다른 문화에 속한 것에 대한 감각을 갖게 되고 그것들에 대한 취향과 미각을 갖게 된다는 겁니다. 역사적 감각을 갖는다 함은 바로 이를 뜻합니다.

외국인이나 외부문화를 별로 접해 보지 못한 이들은 자기 문화 속에서 형성된 가치평가만을 갖고 살지요. 그래서 낯선 문화를 접하게 되면 이해하기 어렵고 그 결과 그에 대해 배타적인 태도를 취하기 쉽습니다. 그러나 섬처럼 고립되어 있던 한국도 요즘처럼 농촌에서도 외국인 노동자들을 쉽게 만나게 되니, 이전보다 그들에 대해 많이 이해하게 되었지요. 물론 아직도 멀었다고 하겠지만, 이전과 비교하면 그렇다는 말입니다. 역사적 감각이 없다는 말은 자기만의 가치척도 말고는 이해할 능력이 없다는 점에서 편협하다는 말입니다. 역으로 역사적 감각이 생긴다는 것은 시야가 넓게 열린다는 것을 뜻하겠지요.

그런데 니체는 모든 것이 섞이고, **이질적인 것들에 대한 취향과 감각을 갖게 된다**는 이유를 들어, 역사적 감각을 비천한 감각이라고 말합니다. 이유는 엔간한 것들을 이해할 수 있게 된 덕분에 새롭고 낯선 것에 대한 거부감은 호기심이 되고, 아무거나 먹을 수 있게 되기에 천박한 것에 대해 구토하지 않게 되는데, 이것이 비천한 감각의 증거라는 겁니다. 좋은 것, 싫은 것에 대해 분명하게 선호하던 감각이, 그 구별이 흐려지면서 둔해지고 **섬세한 것과 조야한 것의 혼합에 대해 호의와 신뢰를 갖게 되었다**는 겁니다. 그렇기에 역사적 감각을 가진 인간이 나름대로의 덕을 갖고 있음은 인정하지만, '좋은 취미'를 갖고 있다고는 할 수 없다는 거죠(224절).

저는 이런 니체의 생각은, 여성에 대해 종종 퍼붓는 독설만큼이나 동의하기 어렵습니다. 이런 부분이 가령 니체가 말하는 '귀족'이나 '고귀한 자'에 대해 흔히 하는 오해의 원천 아닌가 싶습니다. 세상에는 틀린 말만 하는 사람도 없고, 옳은 말만 하는 사람도 없다는 생각인데, 가령 하이데거처럼 파시스트라고 욕을 먹는 사람도 훌륭한 말을 할 수 있고, 니체나 맑스처럼 칭송받는 위대한 사상가라고 해도 맞는 말만 할 리는 없을 겁니다. 방금 인용한 니체의 말은 동의하기 어려울 뿐 아니라 틀렸다는 생각입니다.

이는 아마도 고귀함을 **순수함**이라 믿고, 순수함이란 **섞이지 않는 것**이라고 믿는 그 시대의 통념에 기인하는 것일 겁니다. 그런데 고귀한 취미, 감각이란 무엇일까요? 어떤 미적 감각을 극도로 섬세하게 밀고 올라가서, 좋은 것과 나쁜 것을 칼 같이 가르며 구별할 수 있는 감각? 그러나 단지 자기가 아는 것에 대해서만 그럴 수 있지요. 그렇다면 그 고귀한 감각이란 자기만의 시야에 갇힌 편협함의 산물일 수 있지 않을까요? 그런 감각을 진정 탁월하다 할 수 있을까요? 예를 들어 클래식에 대해선 아주 '고귀하고' 세련된 감각을 갖고 있지만, 재즈나 록에 대해선 모두를 하나로 묶어서 천하고 타락한 음악이라고 싸잡아 비난하는 사람이라면, 이 사람의 음악적 감각에 대해 탁월하다 할 수 있을까요? 가령 아도르노가 재즈에 대해서 했던 악평은 아주 유명합니다. 클래식 한 소절을 따서 듣기 좋게 속화하여 연주하는 것이라는 비난(『계몽의 변증법』)이지요. 그러나 이 악평은 그가 음악에 대해 정말 탁월한 감각을 가졌는지에 대해 의심하게 하는 평이란 점에서, 그 자신에게 악명을 가져다 준 '악평'

입니다. 이는 바흐의 위대함을 칭송하면서 라벨이나 드뷔시의 음악은 타락이고 속되다고 비난하는 것만큼이나 무식한 평가입니다. 재즈에는 재즈만의 고유한 어법과 가치척도가 있고 곡이나 뮤지션마다 고유한 음악적 능력이 있습니다. 록 음악도 그렇습니다. 아도르노는 이런 걸 제대로 알지 못한 상태에서 무식한 평가를 뱉어 낸 것입니다. 자기가 아는 것이 최고라는 편협한 착각에 갇혀 있었던 거지요.

이를 그저 '재즈에 대한 정보가 부족했다'고 말할 순 없습니다. 정보가 아니라 투시법이 문제인 것이고, 투시법의 복수성을 보지 못하는 나르시시즘적 편협함이 문제인 겁니다. 방향을 바꾸어 음악적 감각에 대해서 보자면, 능력의 부족이 거기에 있다고 할 수도 있겠습니다. 진정 탁월한 감각을 가졌다면, 아프리카 음악을 듣고도 음악성을 알아볼 수 있어야 하고, 몽골 음악을 듣고도 그걸 알아볼 수 있어야 합니다. 그래야 그걸 '음악적 감각'이라고 할 수 있습니다. 자기가 알거나 좋아하는 것 말고는 타락이나 잡스러운 것이라고 한다면, 아무리 자기 취향의 감각이 있다고 해도 '음악적 감각'이 있다고 할 순 없습니다. 그저 익숙한 것, 기존의 것을 알아볼 뿐, 낯선 것, 다른 종류의 음악을 알아볼 능력이 없는 겁니다.

이런 경우는 미학이나 예술분야에서 유명한 사람들 가운데서도 자주 볼 수 있습니다. 니체처럼 호메로스를 좋아했던 루카치는 19세기 유럽소설에 대해서 나름 세련된 감각을 갖고 있었지만, 카프카나 프루스트 같은 20세기 유럽소설의 가치를 전혀 알아보지 못했습니다. 아도르노처럼 서슴지 않고 자기 취향을 과시하는 악평을 날렸었죠. 그러나 카프카나 프루스트에 대한 그의 평가가 터무니없는 것이었음을 알게 되는 데는 그리 긴 시간이 필요하지 않았습니다. 지금은 루카치보다 카프카와 프루스트가 훨씬 더 뛰어난 감각과 안목을 갖고 있었다고들 믿지요. 루카치는 그들의 문학에 대해, 실은 20세기 유럽소설에 대해 아무것도 몰랐던 겁니다. 서슴없이 좋은 것 나쁜 것을 가리고, 거침없이 천박하고 조야하다고 구토를 할 줄 알았지만, 그가 탁월한 문학적 감각을 갖고 있었다고 하기는 어렵습니다. 그는 단지 19세기 문학에 갇혀 있었을 뿐입니다. 니체도 그렇습니다. 다른 모든 것을 저렇게 거침없이 천박하고 조야하다고 비판하게 하는 모델이 다들 탁월하다 칭송하는 호메로스라 하더라도, 그저 그것뿐이라면 그는 거기에 갇혀 있는 것이라고 해야 합니다.

니체는 호메로스로 표상되는 그리스 문화에 흠뻑 빠져 있었고, 그것의 고귀함에 대해 찬양하면서 그것을 고귀함의 전거로 삼습니다. 신화나 문학, 철학, 건축 등으로 전해지는 그리스 문화는 확실히 뛰어난 감각을 가진 문화임에 틀림없습니다. 그러나 그리스를 찬양하며 그리스를 지반으로 한 유럽의 문화를 정당화하는 것도, 유럽 문화를 비판하며 그것의 모태이자 고향인 그리스를 찬양하는 것은 아도르노나 루카치와 별로 다르지 않다고 생각합니다. 니체 식으로 말하자면, "그리스의 미감이 미의 모델"이라는 명제는 아름답지도 않으며 미학적으로 증명된 것도 아닙니다. "그리스 문화가 가장 고귀하다"는 문장은 고귀하지 않으며 인류학적으로 증명된 것도 아닙니다. 그리스 문화가 위대하다면, 이집트 문명도, 마야 문명도, 중국 문명도 위대하다 해야 합니다. 그리스 조각이 탁월하다고 하지만 인도나 중국, 마야의 조각도 탁월합니다. 니체 말대로 저 역시 역사적 감각이 발달한 족속에 속해서인지, 다른 문화들을 유심히 보면 어디나 다 나름대로의 위대함이 있고, 동시에 나름대로의 찌질함과 궁상이 있으며, 탁월함과 동시에 저열함이 있다고 보입니다. 그리스라고 다를까요? 그럴 리 없습니다. 다만 내 관심사나 사심에 부합하는 것이 탁월하면 그 문화는 탁월하게 보이고, 반대이면 저열하게 보이는 거죠. 내 관심사나 내 안목을 벗어나 있으면 아무리 탁월한 것도 보이지 않을 것이고 저열하게 보이겠지요.

　가령 한국의 전통음악은, 저는 민족주의자와는 아주 거리가 멀다는 말을 미리 해두고 하는 말인데, 정말 탁월합니다. 제가 음악은 좀 들었잖아요. 가곡이나 시조창처럼 메트로놈의 가장 느린 속도보다 느린 음악은 어디서도 찾아보기 힘든 음악인데, 김월하의 창으로 들어 보면 정말 고고하고 고귀한 감응이 놀랍습니다. 다른 한편 판소리는 한 사람의 가객이 북 하나만의 반주로 모든 등장인물의 모든 감응을 표현해야 하지요. 완창을 위해선 7시간 전후에 걸친 시간 동안 혼자서 그 모든 역을 감당하며 노래해야 하는데, 그 감응의 폭은 웃음을 자아내는 풍자와 유머로부터 억울함, 다정함, 애틋함, 눈물 나는 비감에 이르기까지 지극히 넓습니다. 수많은 이들이 오케스트라 반주로 3시간을 나누어 노래하는 오페라와 비교하면, 판소리를 하는 가객의 능력은 실로 '신'이라고 할 만큼 경이로운 수준입니다. 비교할 수 없는 것을 비교하는 우행이라 하겠지만, 한때 니체가 빠져있던 바그너의 오페라도, 바그너쟁어(Sänger, 가수)라고 따로 명명되는 그 오페라가수도 이에 비하면 미안한 말이지만 '저열하다'는 생각을 지울 수 없습니다. 이를 니체가 알았다면 어떻게 말했을까요? 모를 일이지만, 니체가 저렇게 그리스를 찬양하는 것은, 그가 아는 불교가 잘 보여 주듯, 그가 그리스를 아는 것에 비해 다른 문화를 너무 몰랐기 때문입니다.

고귀함을 '순수함'과 짝짓는 낡은 통념이 그런 찬양에 과도한 자신감을 부여합니다. 순수함이란 무엇일까요? 순수한 물, 아무것도 안 섞인 물도 이미 수소와 산소 분자가 **섞여 만들어진** 겁니다. 금이나 은처럼 주기율표에 들어있는 이른바 '원소'도 여러 개의 양성자와 중성자, 전자가 **섞여 만들어진 혼합물**입니다. 품격 있는 요리나 뛰어난 소스는 모두 여러 재료들을 **섞어서** 만들어집니다. 한때 미국 청년들이 백인들의 록 음악과 대비하여 추앙하던, 순수한 흑인성의 표현이라던 블루스는 유럽 출신 백인들의 포크 음악과 흑인들의 노동요, 교회의 찬송가 등이 흑인들의 아프리카적 리듬감 등과 **섞여 만들어진** 것이지요. 초기 블루스를 대표하는 머디 워터스(Muddy Waters)의 이름처럼, 미시시피강 하류의 '흙탕물'에서 시작한 것이었지요.

섞이지 않은 순수, 그런 건 없습니다. 오히려 어떻게 잘 섞는가에 따라, 섞여 들어간 것을 생각하기 힘들 만큼 새로운 것으로 태어났을 때 우리는 그것을 '순수'라고 말합니다. 가령 버르토크는 동구의 많은 민속음악을 수집했고 그것을 자기 음악의 재료로 사용했지만, 그의 음악에서 그것을 찾아내긴 쉽지 않습니다. 전혀 다른 어떤 것으로 바꾸어 버렸기 때문입니다. 그러니 섞인 것은 불순이고 타락이라고 하는 생각은 19세기 서구인의 바보 같은 통념이라고 웃어넘기는 게 좋습니다. 설령 니체가 그렇게 말을 했다고 하든, 맑스나 다윈이 그렇게 말을 했다고 하든 말입니다.

5. 그리스 환상

여기서 좀 더 나아가 봅시다. 반시대적 사유를 하고자 했던 니체조차 벗어나지 못한 시대적 한계 같은 것이 있으며, 또한 '시대정신'과도 같은 동시대의 뿌리 깊은 통념과 대결하기 위해 그가 취했던 입장과 그가 사용한 수사법으로 인해 야기되기 쉬운 어떤 '편향' 같은 것이 있기 때문입니다. 니체의 문제의식에 전적으로 동의한다 해도 받아들이기 어려운 부분이 있다는 겁니다. 니체 텍스트에 대한 비판적 독서가 필요한 부분이지요.

니체의 사유와 가치판단에서 중요한 지반이 되어 주고 있는 그리스의 유산도 그러합니다. 아시다시피 그는 문헌학자였고, 첫 저작 『비극의 탄생』은 그리스 문화에 대한 것이었으며,

이후에도 그리스는 그의 가치평가에서 중요한 척도가 됩니다. 뿐만 아니라 20세기의 하이데거, 아렌트 등에서도 보이듯, 그리스는 서구 사유의 '고향'으로서 대단히 중요한 지위를 갖습니다. 그런데 놀랍게도 이런 '그리스주의'가 그토록 비판적인 니체도 벗어나지 못한 환상이었다는 사실을 주목해야 합니다. 유럽문명의 기원이 그리스라는 주장은 이미 우리도 공유하고 있는 상식이지요. 다른 무엇과도 비교할 수 없는 그리스만의 순수하고 탁월한 문명이 있다는 주장도 그렇고요. 상식도 너무나 확고한 상식입니다. 그러나 잘 따져 보아야 합니다. 그것은 실은 19세기의 '시대정신'에 속하는 상식입니다. 고고학자들이나 역사가들 가운데 비판적인 몇몇 분이 이미 이에 대해 세세하게 지적한 바 있지요.

먼저 유럽문명의 기원이 그리스라고 하는데, 이때 '유럽'이란 중세사 용어로는 라틴-게르만 계통의 민족을 통칭하는 말입니다. 지금 유럽의 출발점이 만들어진 건 대략 서기 800년 프랑크 왕국의 샤를마뉴(카롤루스) 대제가 비잔틴(동로마) 제국의 황제로부터 '서로마 제국' 황제직을 수여받은 때입니다. 이른바 '카롤링거 르네상스'가 그 새로운 시작의 상징이지요. 이들과 그리스는 공간적으로만 거리가 먼 게 아니라 문화적으로도 아주 거리가 멀었습니다. 이들 '유럽인'들이 그리스 철학을 본격적으로 배운 것은 12세기인데, 아베로에스나 아베나리우스 같은 아랍 신학자를 통해서였습니다. 플라톤이란 이름을 알게 된 건 더 늦어서, 15세기 피렌체 공의회에서 비잔틴 제국 학자의 강의를 듣고서였다고 해요(주디스 헤린, 『비잔티움』, 이순호 옮김, 글항아리, 2010). 그 전에는 이름도(!) 몰랐다는 겁니다.

그리스 문명을 보존했던 것은, 당연히 그리스 땅을 영토의 일부로 삼았던 비잔틴 제국이었죠. 외부자였지만 오히려 그리스 문명을 대대적으로 번역하여 적극적으로 수용했던 것은 8~10세기 아바스 왕조의 아랍이었습니다. 200년에 걸쳐 지속적으로 아주 다양한 영역의 그리스 문헌을 아라비아어로 번역했다고 하는데, 이로 인해 그리스어가 라틴어를 뛰어넘는 제2의 고전어가 되었다고 하지요(디미트리 구타스, 『그리스 사상과 아랍 문명』, 정영목 옮김, 글항아리, 2013). 서양인들이 그리스어 번역을 할 수 있게 된 건 14세기가 지나서였고, 그나마 본격화된 건 15세기 피렌체에서였습니다.

아랍을 논외로 하고 말하자면, 그리스를 지리적으로나 정치적으로, 또 문화적 내지 사상적으로 잇고 있었던 것은 당연하게도 비잔틴 제국이었습니다. 수도를 콘스탄티노플로 옮긴 이후부터 오스만튀르크에 의해 멸망한 1450년대까지 1200년동안 그리스는 동로마 제국, 그리고 흔히 비잔틴 문명이라고 부르는 다민족제국에 속해 있었습니다. 동로마 제국은 라틴어에서 그리스어로 바뀐 공용어 외에도 동방언어, 심지어 중국어까지 수많은 언어가 섞여 사용되던 말 그대로 다언어 지역이었고, 아주 이질적인 문화가 섞여 있던 다문화 지역이었습니다. 국교는 동방 정교회로서 로마 교황청 중심의 라틴(유럽) 기독교와 구별되고 있었어요. 1095년 이래 200년 가까이 반복해서 진행된 십자군 전쟁은 이슬람 세력으로부터 성지를 탈환하겠다는 목표를 내걸었지만, 동방 정교회를 통합하여 지배하려는 교황 우르바노 2세의 야심과 무관하지 않았습니다. 그리스를 보존해 온 비잔틴 제국에 치명타를 가한 것이 바로 십자군이었습니다. 즉 제4차 십자군은 1204년 동로마 제국의 수도 콘스탄티노플까지 밀고 들어가 대대적인 약탈을 했고, 그 일대를 점령해 서유럽 국가들의 영토로 분할합니다. 물론 이들은 오래 버티지 못하고 쫓겨나지만, 어쨌든 비잔틴 제국은 이후 원래 영토를 회복하지 못했고, 제국을 통합하고 유지해 온 권력도 이때 치명적으로 약화되어 결국 오스만튀르크 제국에 멸망하는 이유가 됩니다. 유럽이 그리스를 본격적으로 알게 되고 배우기 시작한 15세기는 그리스 문명이 오스만튀르크에 의해 몰락하여 식민지가 된 시기였다는 사실은 매우 상징적이지 않나요?

따라서 그리스 문화가 4세기 이래 지속해 왔다면 그것은 유럽이 아니라 동로마 제국에서고, 거기서 섞여 지내다가 결국 15세기 중반 이래 그리스를 점령한 투르크 제국에 편입된 역사 속에서였다고 해야 합니다. 그리스의 전통은 유럽이 아니라 동로마 제국에서 투르크를 잇는 지역에서 이어졌던 거죠. 12세기의 고딕 르네상스나 15세기 피렌체 등에서의 '르네상스'(renaissance)가 그리스의 '재발견' 내지 '재탄생'(re-naissance)이라면, 이는 이들 지역과 무역이 확대되고 유럽이 그리스 책을 수입하며 이루어진 것이었습니다. 즉 그리스는 수입되어야 했던 **이국 문물**이었고, 유럽 기독교에 대한 **이교주의적 외부**로서 충격을 주었던 겁니다. 그리스는 오히려 동로마 제국과 비잔틴 문명과의 관계와 역사 속에 존속하고 이들 지역을 통해 이루어진 문물의 교류 속에서 확산될 수 있었던 겁니다.

유럽인들은 영국이나 프랑스에서 시작해 그리스 유적을 찾아가는 '그랜드 투어'가 대유행한 18세기에도 그리 환장하던 그리스에 가 볼 수 없었습니다. 거기는 튀르크의 식민지였으니까요. 그래서였겠지만 아리스토텔레스가 신학의 중심에 서게 된 스콜라 철학의 12세기에 유럽 신학자, 아니 유럽인 가운데 그리스어를 읽을 수 있는 사람은 없었습니다. 14세기인가에야 '바이킹'의 식민지였던 팔레르모와 무어인들이 지배하던 이베리아 반도에서 이슬람인들에게 그리스어를 배운 사람이 몇몇 나타났다고 하지요. 유럽인들이 본격적으로 그리스어를 배우고 그리스어 문헌을 읽을 수 있게된 것은 15세기, 멸망한 동로마 제국에서 피렌체로 망명한 인문학자 크리솔로라스와 그 친지들 덕분이었습니다. 플라톤이 번역되기 시작한 것도 그때였습니다. 12세기에 그리스 문헌을 수입하는 데 전재산을 쏟아부은 성직자가 있었지만, 그건 아무도 읽을 수 없어서 '미래의 독서'를 위해 도서관을 만들어 보관하는 데 그쳤지요.

따라서 그리스 문명이 자기 문화의 기초라는 주장이라면, 유럽보다는 차라리 동로마 제국이 있던 지역에서 주장하는 게 더 설득력이 있지 않을까요? 가령 종교도 그리스 정교는 동방 정교, 러시아 정교 등과 가깝지 가톨릭이나 개신교의 라틴 기독교와는 거리가 멉니다. 그리스 문명이 유럽에 본격 수입되기

시작한 것은 이른바 '르네상스' 시기의 몇몇 도시에서였습니다. 그때에도 그리스는 로마와 구별되지 않아서, 가령 초기 르네상스의 만능인 알베르티도 훗날 산타마리아노벨라 성당을 지으며 그리스와 로마의 건축 요소를 섞어 썼다고 비판받게 됩니다.

그리스에 본격적으로 미친 이들이 나온 건 18세기 중반입니다. 이를 선도한 대표적인 인물은 예술사의 '비조'라고도 하고, 그리스 고고학의 '기원'이 된 인물이기도 한 빈켈만(Johann Joachim Winckelmann)입니다. 이 사람은 그리스 미술을 좋아하다 못해 조각품 옆에 살고 싶어서, 조각품이 많은 로마 교황청에서 지내려고 사제가 된 사람입니다. 빈켈만이 지은 책 중 하나가 『그리스 미술 모방론』인데, 제목이 인상적이지요? 창작한다며 어설픈 미술하지 말고 그냥 그리스 미술 모방해, 그게 최고의 미술로 가는 길이야, 라는 게 이 책의 요지입니다. 그 책을 읽어 보면 놀라게 되는데, 가령 그리스 사람은 워낙에 미적이어서 천연두 같은, 얼굴을 긁어 미적 가치를 훼손하는 병은 앓지 않았다고 씌어 있어요. 정말 대단한 환상 아닌가요? 이 시기가 바로 그랜드 투어가 유행하기 시작한 때입니다. 귀족 자제라면 다 이렇게 그리스 유적을 둘러보고 와야 했대요. 이 와중에 반쯤 사기꾼 같은 사람이, 호메로스에 나오는 트로이 전쟁 얘기를 읽고, '이거 정말 있을지 몰라' 하면서 터키에 가서 일종의 '도굴'을 하다가 유적을 찾았답니다. 이것이 그리스 고고학의 시작이었지요.

이 시기 그리스 환상의 핵심적 요소 중 하나는 르네상스 때

『건축시론』의 표지 그림

와 달리 그리스를 로마와 이집트 등의 다른 문화와 분리하려
는 태도였어요. 특히 이런 시도가 뚜렷했던 건축에서 '신고전주
의'라고 불리는 사조를 낳는데, 1753년에 로지에(Marc Antoine
Laugier)가 쓴 『건축 시론』이라는 책이 그 기원이 됐지요. 이 책
은 표지가 아주 중요한 상징성을 갖고 있는데요, 원시인의 오두
막이라며 나뭇가지가 네 개 있고 그 위에 지붕을 얹어 놓은 '집'

을 보여 줍니다. 그 앞에 그리스풍의 옷을 입은 여자가 오두막을 가리키고 있어요. 원시인의 오두막이니 가장 원시적이고 기본적인 것만 갖고 있다며 그린 그림인데, 그게 기둥과 지붕으로만 되어 있다고 하면서 그리스 옷 입은 이가 알려 주는 거지요. 기단과 기둥, 기둥이 받치는 지붕, 이게 건축의 핵심이라고 하는 건데, 그리스 신전은 바로 이 건축의 본질적 요소만으로 지어진 것이란 생각을 역으로 투사해 보여 주고 있는 셈이지요. 그리스 신전에 건축의 모든 것, 본질이 들어 있다는 생각은 이후 모더니즘 건축가에게도 이어지는 주장입니다. 이를 분명하게 하기 위해 신고전주의자들은 기둥을 벽과 분리해야 한다고 주장합니다. 르네상스 초기 이탈리아의 건축가였던 알베르티는 벽체에 달라붙은 기둥을 썼는데, 이는 바로 이 그리스적 요체를 오해한 것이라고 하는 겁니다.

그런데 원시인의 오두막이 정말 이랬을까요? 즉 벽은 없고 기둥에 지붕을 얹은 것이었을까요? 그럴 리 없지요. 이런 걸 집이라고 지으면, 이런 집에서 어떻게 살아요. 추위도, 바람도, 외부의 침입자도 막을 수 없는데요. 티피(tepee)라는 인디언 천막집을 보시면, 골조 세우고 동물가죽으로 벽을 둘러쳐 놓았지요. 벽이 없으면 집이 될 수 없어요. 그리스인도 이런 집에선 살지 않았어요. 신전만 그렇게 만든 것인데, 신전에도 처음엔 벽이 있었는데, 나중에 점점 없어지게 된 겁니다. 그런데도 이렇게 벽없는 집을 일부러 '원시인의 집'이라고 그려 놓은 것은, 건축의 본질은 기둥이 지붕을 받치는 것이니, 최소한으로 만들어진 집이라면 당연히 벽 없는 오두막일 거라는 관념 때문인 겁니다. 일종의 '이념'이라 해야 할 관념이지요. 그리스 신전이 건축의 본질을 담고 있다는 생각에 따라 원시인의 오두막을 대신 만들어 준 겁니다. 그리스 옷 입은 여성의 손가락이 오두막을 그처럼 어이없이 만들어 낸 겁니다. 이는 건축과 관련해 그리스 환상이 어떤 것이었는지를 아주 잘 보여 주지요.

6. '블랙 아테나', 혹은 고귀함의 혼성적 기원

다음은 그리스 문명의 독자성에 대한 것인데요, 이 책에서 니체는 셰익스피어에서 느껴지는 영국 하층민의 역겨운 악취에 대해 별로 괴로움을 느끼지 않는다는 이유로 역사적 감각을 비판합니다. 호메로스의 그리스는 그런 하층민적 요소, 이문화의 요소가 섞여 있지 않다는 생각이 밑바탕에 깔려 있는 겁니다. 그러나 마틴 버낼(Martin Bernal)의 유명한 책 『블랙 아테나』는 **그리스조차** 사실은 자기만의 독자성 때문이 아니라 이질적인 외부문화를 수용하며 발생한 것임을 보여 줍니다. 무엇보다 거기서 중요한 건 이집트 문화인데요, 버낼이 이 책을 쓰게 된 계기부터가 그렇습니다. 셈족의 언어와 고대 이집트어 등을 연구하던 그는 그리스어 단어의 사분의 일 정도가 고대 이집트어에서 기원한 것이란 생각을 하게 되었다고 해요. 그런 생각이 들자 헤로도토스의 『역사』에 있는, 그리스가 이집트 식민지였다는 말이 눈에 들어오더랍니다. 책에 명시되었으나 플루타르코스 등이 무시하려는 발언을 한 것을 들어 다들 없었던 걸로 생각하던 일을 그리스인이 쓴 '최초의 역사책'에서 재발견한 거지요.

단어가 그만큼 수입되었다면, 어디 언어만 수입되었겠어요? 사회문화적인 영역 모두에서 그 정도로 수입되었을 거라고 봐야죠. 가령 그리스 신들에는 이집트 신들과 대응하는 것이 모두 있다고 하는데, 이는 로마의 신이 그리스 신과 대응하는 것과 유사합니다. 그리스 신과 종교가 이집트에서 수입된 것임을 뜻하지요. 그 위대한 그리스 신화도 이집트 신화의 '번역' 내지 '번안'과 변주일 가능성이 크다고 봐야지요. 종교적 제사방식도 이집트의 방식과 거의 유사했다고 해요. 그리스 타령을 하는 건축도 그렇습니다. 주두(柱頭)를 장식하여 지붕을 받친 독립적 기둥은 이집트 신전에 아주 흔하게 있는 것입니다. 주두 모양은 좀 더 다르고 다양하지만, 그거야 충분히 그럴 수 있는 거죠.

기하학은 또 어떤가요? 그리스 기하학의 기원이 이집트라는 것은 이젠 잘 알려진 이야기죠. 흔히 나일강 범람 때문에 발전했다고 하지만, 그건 측량을 발생시킬 순 있어도 체계화된 기하학으로 이어지진 않아요. 버낼은 기하학이 노동이나 다른 일을 하지 않을 수 있었던 '한가한' 이집트 사제들의 발명품이라고 말합니다. 요컨대 헬레니즘 문명이란 본질적으로 이집트 문명의 수입을 통해, 그것을 자신의 문화와 혼합하여 탄생했다는 겁니다. 더불어 버낼은 고대 이집트인이란 어떤 인종이었을까 묻습니다. 신중하게 말을 하지만, 지금의 아랍인이 아니라 아프리카의 흑인들이었을 것이라는 게 그의 생각입니다. 그리스 신화의 지혜의 여신 아테나가 실은 흑인적 기원을 갖는다는 의미에서 책 제목을 '블랙 아테나'라고 붙였던 겁니다.

고대는 물론 중세, 근대에 이르는 유럽문명에서 이런 이집트적 요소는 '헤르메스주의'라는 형태로 전승되어 왔다고 해요. 유럽 지식인 사이에 오랫동안 비전(祕傳)되어 온 『헤르메스 문서』가 그것인데, 예컨대 코페르니쿠스의 지동설도 그 영향 하에 나온 거라는 겁니다. 지구중심주의가 아닌 태양중심주의 사상이 지동설의 핵심인데, 이는 『헤르메스 문서』를 통해 전해진 이집트의 태양중심주의로부터 나온 겁니다.

사실 유럽인들도 오랫동안 이집트의 영향을 부인하지 않았습니다. 그러나 18세기 중반 이후, 다시 말해 아까 말했던 '그리스 만세'라 외쳐지던 그 시기 즈음부터 그리스에서 이집트적 요소나 기원을 지우려는 시도들이 본격적으로 시작된다고 해요. 니체나 하이데거의 그리스주의는 이때 이후 로마마저 배제하면서 탄생한 그리스 환상 속에서 나온 것입니다. 18세기 중반이 유럽의 식민주의적 지배가 전세계를 향해 본격화된 시기라는 점은, 그리스주의의 승리에 대해 사회학적 상상을 하게 해줍니다. 왜 그때 그리스주의가 로지에의 '오두막'처럼 유치할 만큼 저렇게 배타적이고 환상적인 형태로 강화되며 확산되어 갔던가 말입니다.

그리스주의 비판이 좀 길어졌지만, 이는 니체를 비판적으로 이해하는 데 매우 중요하기에 충분히 길게 말할 이유가 있습니다. 버넬의 책에서도 나오는 얘기지만, 그리스 문화는 물론, 이집트 문명, 그리고 후일의 비잔틴 문명 등 지중해 인근 지역에서 탁월한 문화가 발전했던 것은 각 민족의 감각과 사고가 탁월해서가 아니라, **상이한 문화들이 교류하며 섞이게 해주었던 지중해 덕분**이라고 해야 합니다. 즉 이질적인 것과 섞이지 않은 순수함이 탁월함이나 고귀함으로 이어진 게 아니라, 자기와 다른 것에게서 배우고 그것과 자기 것을 섞으며 탁월한 종합을 이루어 낸 것이 문화적 탁월함이나 고귀한 문화로 귀결된 것이라고 말입니다.

부르케르트는 버넬로 인해 벌어진 논쟁을 언급하면서, 그리스 문명이 이집트뿐 아니라 아시리아, 페니키아 등의 영향을 받았다고 하면서 "서양인들 가운데 가장 동쪽에 있었던 그들은 오히려 '그로 인해' 긍정적인 영향을 받았다"고 쓰고 있습니다 (『그리스 문명의 오리엔트 전통』, 남경태 옮김, 사계절, 2008). 그리스 문명은 이민족들이 만나고 경합하며 다양한 문화가 섞이는 지역이었기에 성립될 수 있었다는 말입니다. 이는 유럽도 그래요. 도시 간 교역이 유럽 안에서의 소통을 확산시켰고, 이슬람 지역과의 교역이 고딕 르네상스라고 불리기도 하는 문화적 발전의 이유가 되었고, 아까 말했던 것처럼 15세기 르네상스 역시 이슬람 지역과의 교류 때문에 가능했던 것입니다.

7. 고통과 동정

다음에 다룰 것은 동정에 대한 니체의 글입니다. 맹자는 '측은지심'을 선한 행위의 4가지 단서(端緒) 중 하나라고 하면서 인간의 본성에 속한다고 했다지요. 우물에 빠지려는 아이를 보면, 그게 누구든 얼른 달려가 구해 주려는 마음이라 한다는데, 고통에 빠지려는 자나 빠진 자에게 손을 내밀려는 덕성이라 하겠지요. 동정이나 연민이란 이와 유사한 태도인데, 맹자도 이를 '감정'——7정——이 아니라 덕성——4단——에 넣어 구분했습니다. 굳이 맹자를 빌릴 것도 없이 지금도 윤리나 도덕을 말할 때, 가장 빈번하게 언급하는 것이 '덕'입니다. 그러나 니체는 동정, 연민에 대해서 매우 비판적입니다. 생각해 보면 동정과 연민은 대개 약자에 대한 공감에서 나오고, 그것은 약자의 어려움을 덜어 주어 계속 약자로서 살아가게 하지요. 더구나 이런 동정은 강자의 힘, 강함에 대한 비난과 저주로 이어지기 십상이고, 그 비난 속에서 약함을 선함으로 오인하게 합니다.

그런데 여기서 니체는 동정 자체를 부정하기보다는 상이한 동정이 있다며 구별하고 있습니다. 하나는 병자나 약자, 실패한 자에 대한 동정입니다. 억압을 받으면서 불평하고 그에 반대하여 지배하기를 갈망하며 그런 지배를 '자유'라고 부르는 노예들에 대한 동정이지요. 다른 하나는 "보다 드높고 멀리까지 내다보는 동정"이라고 하면서 "인간이 자신을 어떤 식으로 왜소화하고 있"는지를 보고 동정하는 것이라고 합니다(225절). 이 책에서 '우리'라는 말로 지칭되는 니체 자신이 지향하는 동정은 후자입니다.

전자의 경우, 동정은 대개 '가능한 한 고통을 없애려 한다'면서, 고통의 제거를 향한 이 '가능한 한'처럼 어리석은 게 없다고 비판합니다. 사실 우리가 아는 동정은 대개 고통받는 이들에 대한 동정입니다. 동물권 개념을 일찍이 제기했던 피터 싱어도, 동물들의 고통에 초점을 맞추고 있지요. 고통의 전적인 제거는 불가능하다고 해도, 가능한 한, 다시 말해 같은 비용이면 ── 싱어는 공리주의자입니다 ── 동물이 겪는 고통을 최소화하는 것이 그가 동물해방에 대해 주장하는 기본 논지입니다.

인간을 대상으로 동정의 '윤리학' ── 실은 '도덕'이란 말에 더 부합합니다만 ── 을 사유의 근본적 지위까지 밀고 갔던 것은 레비나스였는데, 그 또한 '타자'를 '고통 받는 얼굴'로 규정합니다. 고통 받는 얼굴의 타자와 대면하면 안타깝다고 느끼지요. 맹자처럼 측은지심을 가정하진 않지만, 레비나스는 그걸 보면 고통을 덜어 주고 싶다고 느낀다고 생각하는 듯합니다. 타인이 느끼는 고통을, 고통의 이유를 알고자 하지만, 그걸 제대로 알기는 어렵지요. 그걸 알려면 상대를 단지 대상으로 마주하던 '나'를 넘어서야 합니다. 이 넘어섬을 그는 '초월'이라고 명명하는데, 이것이 바로 '윤리'를 가능하게 하는 행위라고 해요. 이렇게 넘어서도 타자란 본질적으로 '나'의 인식 너머에 있기에 충분히 알 수 없습니다. 그러니 다시 또 나를 초월해야 합니다. 아무리 초월해도 가닿을 수 없으니 타자란 일종의 '무한자'

인 셈입니다. 무한자란 곧 신입니다. 따라서 고통 받는 얼굴의 타자가 곧 신이라고 합니다. '나'는 그 타자를 통해 나를 초월하고, 그 반복되는 초월의 행위를 통해 신을 향해 간다는 것입니다. 신이라고 했지만, 레비나스의 신은 타자고, 고통 받는 얼굴입니다. 고통 받는 이가 곧 신이고, 동시에 신이란 고통 받는 자입니다. 고통을 덜어 주기 위한 초월은 윤리적 행위이자 신학적 행위인 거죠. '고통을 덜어 주려는 것'이 신학적 행위로까지 '승화'되어 있는 셈입니다.

반면 니체는 큰 고통이 강한 자를 만든다고 보지요. 고통 속의 훈련만이 인간의 향상을 가져 온다고, 그러니 고통의 크기가 커질수록 자유의 크기도 커진다고 합니다. 따라서 문제는 고통에 대해 어떤 태도를 갖는가, 고통과 어떻게 만나고 넘어서는가입니다. 고통을 줄여서 쉽게 넘어서게 해주려는 태도와 고통을 넘어섬으로써 그 고통 이상의 힘과 자유를 얻겠다는 태도. 흔한 동정의 관념을 니체가 비판하는 것은 이 때문입니다. 고통을 줄여서, 그걸 대면하고 넘어서는 자를 왜소하게 한다는 것, 그래서 그것은 약자의 도덕이라는 거지요. 강자란 고통이나 어려움을 만날 때마다, 이걸 넘어섬으로써 더욱 강해지고 더욱 자유로워지리라 생각한다는 거죠.

니체도 고통 받는 인간 안에서 '신'을, 정확히는 '창조자'를 봅니다. 인간 안에는 피조물과 창조자가 통일되어 있다는 겁니다. '피조물'이란 형성되고 부서지고 단련되고 찢겨지고 불태워지고 정화되어야 할 것, 그래서 필경 괴로워하기 마련인 것입니다. 동정의 도덕이 염두에 둔 것은 바로 이것이지요. 비록 레비나스처럼 '신'이라고 명명한다 해도 말입니다. 반면 고통마저 자신의 힘으로 바꾸는 자는 창조자고 형성자로서, 이들은 그 고통이나 고통 받는 자에 대해 해머 같은 냉혹함을 갖고 사태를 관조하는 자라면서 '창조하는 신', '관조하는 신'을 닮은 신성이라고 합니다(225절). 그렇기에 그가 말하는 동정은 고통을 통해 넘어서려는 자에게 공감하는 '동정'이고, 반대로 왜소하게 하는 동정에 대항하는 동정입니다.

이는 '타자'나 소수자에 대한 동정적인 시선들에 대해서 다시 생각해 볼 것을 요구합니다. 동정의 감정은 소수자를 대개 약자, '피해자', '희생자'로 다룹니다. 전에 「지슬」이란 영화를 본 적 있는데, 제주 4·3 사건을 다룬 영화입니다. 표현형식에서 보면 아주 잘 만들어진 영화지만, 내용이란 점에서 보면 많이 난감하게 하는 영화란 생각입니다. 4·3때 많은 제주도민이 군대와 경찰에 의해 죽었음은 잘 알려진 사실인데, 이 영화도 이런 관점에 '너무' 충실합니다. 죽은 이들을 죄없이 애꿎게 죽은 피해자로 그리려 했고, 그러다 보니 영화 속에 등장하는 주민들이 정말 어이없을 만큼 순진한, 냉정하게 말하면 어리석기 그지없는 '바보'로 그려집니다. 4·3을 두고 빨갱이라서 진압한 거라는 주장을 반박하려는 의도는 이해한다 해도, 아무리 그래도 그렇지 사람을 이렇게까지 바보로 만들어야 하나 싶었습니다. 잔인한 진압이 많은 경우 학살의 형태로까지 나아가기도 한 게 사실이지만, 4·3은 이승만 정부와 경찰의 탄압에 대항해 일어난 봉기 아니었나요? 역사적 복권을 위해 봉기라는 성격은 모두 지우고, 억울하고 무구한 피해자로 만드는 게 좋은 일인지 저는 의문입니다.

'광주사태'도 그래요. 저는 '광주민주화운동'이란 말보다 '광주사태'라는 말이 '그들'이 명명하기 곤란했던 당혹을 잘 표현해 준다고 보아 그냥 '광주사태'라고 부르는데요, 여러분은 이 '광주사태'에 대해 어떤 이미지를 갖고 계시나요? 광주사태 하면 떠오르는 건 대개는 도청 진압 장면이지요. 전두환의 군사 쿠데타에 대항해 투쟁하던 시민이 장악한 도청, 그러나 다시 전열을 정비해 무력진압을 하러 들어오는 군대, 죽을 줄 뻔히 알면서도 도청에 들어가 마지막 항거를 하는 투사들. 사람들은 죽고 체포되고 사태는 진압되었지만, 그래도 목숨을 건 대의는 남아 전두환 정부 통치기간 내내 정부를 괴롭히던 사태. 이는 대의를 위해 목숨을 던지는 영웅의 고전적인 비극과 가깝습니다. 대의를 위해 뻔히 죽음이 기다리는 곳으로 가는 것, 그럼으로써 대의를 목숨을 바칠 만한 숭고한 것으로 승화시키는 것, 이게 고전적 비극의 구조지요.

광주사태를 이렇게 본다면, 광주사태란 다시는 있어서는 안 될 역사의 비극 같은 게 되는 거 아닐까요? 저는 광주사태가 일어났을 때 일어난 줄도 몰랐던 사람이지만, 동시대인 중 많은 이가 그랬듯이, 대학 시절 이래 광주사태에 휘말려 살았다 해도 과언이 아닐 거 같은데, 정부의 잔혹한 탄압과 진압, 그에 따른 피해자로서의 광주, 다시는 없어야 할 쓰라린 비극, 광주사태를 정말 이렇게 보아도 좋을까요? 저 또한 광주사태 때 죽은 원혼들에 휘말려 생각하지 못했던 삶을 살게 되었지만, 그래도 광주사태는 맨손의 시민들이 무장한 공수부대와 맞서 봉기한 혁명적 사건이고, 그들과 싸워 도청에서 쫓아 낸 위대한 사건이란 생각입니다. 서울에서 군대의 쿠데타 위협으로 백만 시민이 후퇴했던 것을 생각하면, 정말 경이로운 사건입니다. 이렇게 본다면 당시 광주시민은 적어도 일차적으로는 피해자라기보다는 혁명적 대중이 될 겁니다. 나중에 죽고 다친 분들도 그저 피해만 입은 사람이 아니라, 목숨을 걸고 투쟁한 위대한 민중이라 해야 할 겁니다. 물론 이는 그분들이 피해자임을 강조하는 데는 불리할 수 있겠지만, 피해자임을 강조하기 위해 이 위대한 혁명성을, 놀라운 사건성을 축소하거나 포기하는 것이 좋은 일인지는 잘 모르겠습니다. 피해자로서 누군가를 규정하고 피해자임을 강조하는 것이 결코 공짜는 아닌 겁니다.

'피해자'의 포지션을 확보하는 건 무언가 말할 수 있는 자리를 확보하고, 말하거나 행동하기 유리한 위치에서 서는 데 유용하고 유리한 경우가 많습니다. 피해자로서 가해자에게, 혹은 그 피해의 '진실'을 제대로 알지 못하는 자들에게, '네가 피해자의 처지를 아는가?' 묻는 것은, 그 피해자를 둘러싼 어떤 것에 대해서도 **말할 수 없게** 합니다. 말할 자격을 박탈하는 거죠. 레비나스 식으로 말하면, 타자성에 대해 알지 못함을 환기시켜, 알지 못하니 말하지 말라고, 타자들이 말하는 것을 듣고 받아들이라고 요구하는 겁니다. 가령 전에 광주사태에 대한 이런 생각을 논문으로 써서 어느 심포지움에서 발표했을 때, 어느 목발 짚은 분——필경 광주사태의 '피해자'겠지요——이 일어서서 "당신, 광주에 대해서 알아?"라고 소리치더군요. 뭘 안다고 그런 소릴 하느냐는 말이겠지요. 제가 했던 말 전체를 지우려는 '타자'의 발언이었습니다. 타자란 때론 참 **무서운** 분들일 수 있구나 하는 생각을 했습니다.

여담이지만 심포지움 주최 측에서 그 글이 실린 발표문집을 관련자 분들께 보내드렸다는데, 발표 다음 날 학교 연구실에서 차명숙 선생의 전화를 받았습니다. 전옥주 씨와 더불어 5·18 직후 가두방송을 하다 붙잡혀 '간첩'이니 뭐니 고문까지 당하며 엄청나게 고생하셨던 분이죠. 광주사태 초기의 주역 중 한 분입니다. 제 논문에서 차명숙 선생 증언을 인용했는데, "시위하러 갔더니 빵도 주고…" 하며 즐겁게 시위에 참여했다고 하던 부분이 있어서, 발표장에서 비판적 논평을 들었던 데다, 전날 "당신, 광주 알아?"라는 호통에 난감해했던 터라, 마음 졸이며 조심스레 받았습니다. 그런데 놀랍게도 차명숙 선생은 "이 글이 지금까지 읽은 광주에 대한 글 가운데 내가 아는 광주에 가장 가까이 있다고 생각한다"고 말해 주시는 겁니다. 아, 얼마나 기쁘고 반갑던지! 글을 쓰면서 남들의 반응에 별로 신경을 쓰지 않는 편이지만, 제가 쓴 글에 대한 반응에 정말 기뻐했던 순간 중 하나였지요.

모든 발언을 지우는 저 무서운 타자의 발언이 허용되고 힘을 가질 수 있는 것은, 그를 둘러싸고 있는 동정의 대기(atmosphere) 때문일 겁니다. **피해자나 타자를 존중하고 그의 발언을 경청해도 모자란다**는 식의 생각 말입니다. 소수자들에게 이런 포지션에 서고자 하는 것은 대단한 유혹일 겁니다. 아주 강력한 발언권을 얻을 수 있으니까요. 하지만 남들의 발언자격을 박탈하기도 하는 이런 발언권이란 결코 적지 않은 대가, 어쩌면 매우 근본적이고 큰 대가를 치르는 것임을 상기해야 합니다. 왜냐하면 그 발언권을 위해선 <u>스스로</u> 그 피해자의 위치에서 벗어나면 안되기 때문이고, 피해자이길 지속하며, 오직 피해자로서 사고하고 행동해야 하기 때문입니다. 이는 **피해자란 입장의 감옥**에 갇히게 되는 것 아닐까요? 이는 동정의 윤리학에 함축된, '고통을 줄이며 왜소화되는 것'과는 다른 또 하나의 위험 아닐까 싶습니다.

8. 성실성과 잔인성

통상적 의미에서 '성실성'이란 정해진 것을 충실하게 지키는 것입니다. 많은 경우 이는 주어진 것, 의무나 규칙을 충실하게 지키는 것을 뜻합니다. 이런 의미에서 성실성에 대해 니체는 매우 비판적인 태도를 갖고 있습니다. "성실함으로 인해 마침내 성자나 따분한 존재가 되지 않도록 주의하자"고 해요(227절). 인생이란 이렇게 살기엔 너무 짧다고 하면서. 성실한 사람이란 정해진 것을 벗어날줄 모르기에 따분한 존재가 되기 십상이지요.

그러나 니체는 성실성을 그저 내쳐 버리지 않습니다. '악의'와 '사랑'으로 그것을 행하자고, 최후의 스토아주의자들이 되자고 합니다. 졸렬하고 어중간한 것을 거부하고, 어떤 긍정적 계기가 있다면 금지된 것이라도 갈망하며, 모험적인 용기로 가장 섬세하고 은밀하며 까다로운 것을 찾아 나서자고, 이로써 힘에의 의지나 세계극복의 의지 같은, '악마'라고 불리는 것을 성실하게 추구하자고 합니다(227절). 많은 이들이 불편하게 여기는 것을 우직하게 밀고 나가는 성실성, 지배적인 가치에 따라서 다들 포기하는 것을 바보같이 고수하는 올곧음 같은 것이 여기서 니체가 말하려는 성실성입니다.

이는 '잔인성'과 매우 가까이 있습니다. 성실성과 반대로 야만적인 잔인성에 대해서 대개의 도덕은 비난하고 비판합니다. 문명이란 야만성과 잔인성의 정복이라고 말하기도 하지요. 가령 형벌에서 잔인한 신체형을 감금과 노역이라는 문명화된 형벌로 바꾸는 것, 혹은 폭력을 국가가 독점함으로써 사람들 사이의 잔인하고 야만적인 충돌이나 대결을 순화하는 것 등이 그런 경우지요. 그러나 니체는 '고급문화'라고 부르는 거의 모든 것이 잔인성의 정신화와 심화에 기초하고 있다고 봅니다(229절). 앞서 간단히 말했지만 고전적인 비극은 대개 주인공을 빠져나올 수 없는 궁지로 몰고 가 죽음이나 그에 준하는 고통 속에 밀어 넣고 그것을 통해 어떤 대의를 살려 내려 합니다. 그렇기에 비극을 보며 느끼는 쾌감은 고통스러운 쾌감인데, 이것이야말로 잔인성의 표현이라 할 수 있지요. 십자가의 환희에

취한 기독교인, 투우를 즐기는 스페인인, 피비린내 나는 혁명에 향수를 느끼는 노동자들, 트리스탄과 이졸데의 비극을 즐기는 바그너광 등도 모두 잔인성의 향기로운 술에 빠진 사람들이라는 겁니다.

니체는 습속의 도덕을 형성하는 것, 문화라고 불리는 것은 모두 신체와 정신을 길들이는 잔인성을 동반하며, 바로 이 잔인성이야말로 어떤 것을 기억하고 실행하게 한다고 보지요. 하나하나의 동작에서 자기 자신의 한계와 대면하며 그것을 넘어서는 하타 요가는, 그것을 할 때마다 할까 말까 망설이게 하는 고통이 있으며, 그 고통으로 자신을 밀어붙이는 자기-잔인성을 요구합니다. 나이 들어 배우는 외국어와 달리 중고등학교 때 배운 외국어가 잊히지 않고 오래가는 것은, 잔인한 처벌이나 시험 등 때문이지요. 어려서 기억력이 좋아 안 잊는 게 아니라, 잔인성이 동반되기에 오래 기억하게 되는 겁니다. 이런 훈련을 통해 자기 스스로를 잔인성으로 훈련하는 자들이야말로 고도의 예민한 감각을 갖게 되며, 섬세한 식별능력을 갖게 되지요. 니체가 말하는 '악마적' 성실성은 스스로를 한계지점으로 밀어붙이는 잔인성을 통해 얻어지는 겁니다. 이게 바로 니체적 스토아주의 아닐까 싶습니다.

제8장

민족의 생리학

1. 미래의 유럽인

『선악의 저편』 8장은 '민족과 조국'이란 주제를 다루고 있습니다. 그러나 민족과 조국의 '발생'에 대한 흔히 예상할 법한 얘기를 하지는 않습니다. 그보다는 유럽이 통합되며 단일화되는 양상에 대해 말하면서, 그런 조건 속에서 몇몇 민족들, 특히 독일, 영국, 프랑스 민족의 특이한 기질에 대해서 말하고 있습니다. 저는 이런 민족성의 비교보다는 오히려 여기서 니체가 유럽에 대해 **말하는 방식**을 주목하는 것이 더 좋을 거라고 생각합니다.

　니체는 이 책에서 유럽의 민주주의화 운동에 대해 말하면서 유럽과 유럽인들이 모두 비슷해져 간다고 합니다. 앞서 본 것 같은, 민족적 차이를 만드는 풍토와 신분 등 민족의 발생조건으로부터 유럽인들이 갈수록 멀어져 가면서 본질적으로 "초민족적이며 유목민적인 유형의 인간"이, "최대한의 적응기술과 적응력을 지니고 있는 유형의 인간"이 출현하고 있다는 겁니다 (242절). 민족적 특질에서 벗어난 평균화된 '유럽인'이 출현하고 있다는 거지요. 이는 앞서 '역사적 감각'에 대해 했던 얘기와 상통하는 것입니다.

일단 이런 진단은 매우 뜻밖입니다. 당시 유럽은 민족주의의 열기 속에서 민족국가를 수립하려는 운동이 한창이었고, 그 결과 '독일'이라는 민족국가, 이탈리아라는 민족국가가 탄생한 시기니까요. 이런 진단은 차라리 EU가 탄생하던 근자의 시기라면 모르겠지만, 당시로선 어쩌면 정반대로 사태를 진단한 거 아닌가 해야 할 정도입니다. EU의 탄생을 예언한 것이라고 해야할까요? 그러나 그건 결과론적으로 두들겨 맞추는 것입니다. 니체 사후 20년도 안 되어 민족국가 간 최대 규모의 전쟁인 1차 대전이 벌어졌으니까요. 그 뒤에도 유럽은 또 한 번의 세계대전 속에 떠밀려 들어갔습니다. 그런 점에서 니체의 진단은 확실히 반시대적이라 해야 합니다. 그런데 니체의 이런 진단을 물정 모르는 철학자의 헛소리라고 할 수 없는 것은, 그런 진단의 이유가 개념적으로 분명하기 때문이고, 이는 정치적 세태에 반하면서도 오히려 저류를 흐르는 변화를 포착한 것이었다는 점에서 근본적이었다 해야 할 듯합니다. 요체는 '민족적' 특질로 구별되던 인간들이 교류하고 뒤섞이며, 그 적응력으로 인해 평균적이고 동질화된 인간으로 변화되고 있다는 것입니다.

니체는 이를 두고 '유럽 민주화 운동의 배후에 도도히 흐르는 어떤 생리적 과정'이라고까지 말합니다(242절). 이는 니체의 관점에서 보면 일단 부정적인 현상입니다. 니체는 민주주의에 대해서 사람들을 평균화하고 평균화된 한 사람을 숫자로 환원해 버리며, 모든 사람을 하나의 표로 동등화한다는 점에서 비범함에 대한 평범성의 승리를 표시한다고, 평균의 지배를 의미한다고 비판하지요. 적응이란 개념 역시 환경에 순응해 가는 삶의 방식을 뜻하니 니체로선 좋은 의미로는 결코 사용할 수 없는 단어입니다. 평준화되고 평균화되며, 유용하고 근면하여 다양하게 써먹을 수 있는 무리적 동물들이 출현했다는 말이 그것입니다. 여기서 떠오르는 미래 유럽인의 모습은 수다스럽고 의지박약한, 그저 재주만 많은 노동자들, 이런 인상이라고 하지요.

그런데 유럽인에 대한 니체의 진단은 여기에 머물지 않습니다. 이런 변화가 가장 유용하고 매력적인 성질의 인간을 발생시키기 적합한 조건이라는 겁니다. "편견이 배제된 교육과 엄청나게 다양한 기술과 훈련과 가장(假裝) 때문에 이제까지 있었던 어떤 인간보다도 강력하고 풍부한 인간이" 탄생할 거라는 거예요. 이런 점에서 유럽의 민주화는 정신적인 의미, **긍정적인 의미**에서 전제적인 지배자를, 사람들을 이끌 더없이 강력한 인간을 준비하고 있다고 해요. 여기서 '전제적인 지배자'란 말이 갖는 통상적 의미를 떠올리며 히틀러나 무솔리니를 끌어내는 것은 니체의 용어법이나 문체는 물론 그의 사상에 대한 무지 아니면 자의적 왜곡이라 해야 합니다. 왜냐하면 이 '전제적인 지배자'는 평범한 기존의 대중들을 수적으로 규합하여 권력을 만들고 그 권력을 이용해 민족과 국가의 발전이란 미명하에 다른 민족에 대해 폭력을 행사하는 그런 종류의 인간과는 거리가 멀기 때문입니다.

전제적 지배자란 그런 인간보다는 오히려 그 **평범성을 뒤흔드는 강력한 촉발능력을 가진 자**로서, 다른 감각, 다른 사고, 다른 삶의 방식을 스스로 밀고 나감으로써 사람들의 감각이나 사고, 삶의 방식을 바꾸어 내는 인간을 뜻합니다. 이 책에서 그가 염두에 두고 있는 것은 정치가보다는 오히려 예술가들인 듯합니다. 나폴레옹을 언급하기도 하지만, 괴테, 베토벤, 스탕달, 하이네, 쇼펜하우어, 바그너 같은 인물들이 이 장에서 그가 주로 언급하는 인물이란 점에서 말입니다. "'어떠한 희생도 불사하는' 표현의 광신자들"(256절)이 새로운 지배계급을 예고하는 인물들인 겁니다.

결국 이 장에서 니체는 민족주의적 분할과 대립이 강화되어 가는 와중에, 놀랍게도 유럽이 하나로 통합되어 가는 경향을 밑바닥에서 보고, "장차 유럽을 지배할 새로운 계급을 육성하는 문제"(251절)에 대해 이야기하고 있는 것이라 하겠습니다. 이는 "저 새로운 통합에 이르는 길을 준비하고 미래의 유럽인 상(像)을 시험적으로 형상화하는 것"(256절)이기도 합니다.

더불어 이 유럽인의 상에 대해 이렇게 말합니다. "그들 모두는 대담했고 화려한 힘으로 충만해 있었으며 드높이 비상하면서 다른 사람들도 높이 끌어올렸던 보다 높은 종류의 인간들"이라고. 그들은 민족이나 조국과 무관한 이들인데, "그들은 단지 외관상으로만 또는 예를 들어 노령으로 인해 정신력이 보다 약화된 순간에만 '조국'에 속했다"고 하지요. 즉 **조국에서 벗어난 자들, 민족적 기질에서 벗어난 자들**이야말로 미래의 유럽인들이라는 겁니다. 그들은 태어나면서부터 "논리와 직선의 적"이고 "낯설고 이국적이며 기괴하고 기형적이며 자기모순적인 것을 갈망"하는 자들입니다(256절), 이는 앞에서 호메로스와 셰익스피어에 대해 말하면서 이질적인 것, 혼합된 것 등에 대해 말하던 것과는 상반되는 얘기로 보이는데, 저로선 이것이 훨씬 더 적절하고 또한 니체답다고 보입니다.

2. 민족성과 민족주의

미래의 유럽인에 대해 말하는 것이 이 장에서 니체의 문제의식이지만, 더불어 몇몇 민족의 기질적 특성에 대해서 니체는 쓰고 있습니다. 주로 철학과 예술을 자원으로 삼은 것인데, 간단히 요약하면 먼저 '독일인은 심오하다'는 통상적인 평가에 대해 "우리끼리만 있을 때는 그것을 조소해도 좋지 않을까"라고 비판합니다(244절). 깊어 보인다고 하지만 독일인의 영혼이란 다양하고 이질적인 기원을 가지고 있으며, 맞춰지고 겹쳐 놓은 것이란 점에서 혼합되고 뒤얽힌 민족이란 겁니다. 이로 인해 정체불명이고 **이해하기 어렵다**는 것, 그래서 독일인 사이에서도 '무엇이 독일적인 것인가?'라는 물음이 사라지지 않는다는 겁니다. 바로 이것이 심오해 보이는 이유란 거지요. 독일적인 정직함 역시 위험하고 다행스러운 가장(假裝)인데, 심오하다 한다면 바로 이 점이 그렇다고 해요. 가면이야말로 심오한 것이라는 생각에서 하는 일종의 농담이지요.

영국인에 대해선 "영국인들은 철학적 종족이 아니다"라는 말로 시작하는데(252절), 우둔하기에 정신화되기 위해선 기독교라는 독(毒)이 필요하다고 독설을 퍼붓고 있습니다. 평범한 머리를 갖고 있기에 "사소하고 비속한 많은 사실을 확정하고 수집하며 그것들로부터 결론을 끌어내는 일"에 능숙하다고 하는데, 경험주의적 태도를 지적 평범성과 짝지어 주는 말처럼 보입니다. 편협함과 무미건조함, 부지런한 꼼꼼함이 '영국적인 어떤 것'이라면서 다윈의 발견 같은 것을 이런 기질과 연결하고 있습니다. 다윈의 발견도 그렇지만, 영미의 모든 학문을 지배하고 있는 실증주의야말로 이런 기질과 아주 딱 부합하는 것 아닌가 싶습니다. 이처럼 "철저한 평균성에 의해서 일찍이 유럽 정신의 전체적인 침체를 초래했다"고까지 말하는데(253절), 니체가 지금 살아있다면, 영국와 미국의 경제적 및 정치적 권력 덕분에 이 평범한 정신이 유럽뿐 아니라 한국을 포함해 전세계의 지성 전체를 저하시키고 있다고 하지 않을까 싶기도 합니다.

프랑스에 대해선 "유럽에서 가장 정신적이고 세련된 문화의 중심지이며 높은 취미를 키워 주는 학교"라며 호의와 찬사를 표합니다(254절). 그러나 높은 취미란 자신을 숨기는 데 능숙하기에 드러난 모습에서 그걸 발견할 수는 없다며 그러니 이

'취미의 프랑스'를 찾아 내는 법을 배워야 한다고 합니다. 즉 저호의와 찬사는 프랑스를 보고 흔히 느끼는 것과 다른 어떤 것에 대한 것이란 말입니다. 프랑스가 나머지 유럽에 대해 우월성을 보여 주는 징표가 세 가지 있는데, 첫째는 '형식'에의 헌신이라는 천부적인 예술가적 정열로, '예술을 위한 예술' 같은 많은 용어들이 이와 관련된 업적이라고 해요. 둘째는 오랜 역사를 가진 모럴리스트 문화인데, 이때 모럴리스트는 '도덕주의'가 아니라 인간의 심리와 내면을 심리학적 민감성과 호기심을 갖고 관찰하는, '모럴리스트'라고 불리던 문학적 철학적 경향을 뜻합니다. 셋째는 북유럽과 남유럽이 반쯤 성공적으로 종합되어 있다는 겁니다. 주기적으로 밝고 유쾌한 남유럽을 향해가기에 북유럽의 끔찍한 음울함과 음침한 개념, '독일병'에 걸리지 않을 수 있었다는 겁니다(254절).

　여기서 니체가 하는 말은 사람들이 흔히 말하는 '민족성'과 유사한 것으로 보입니다. 우리도 많이 말하지요. 한국인의 민족성은 어떻고 일본인은 민족성이 어떻고 등등. 확실히 기질적인 특질이 있지요. 일본인은 대단히 꼼꼼한 반면, 한국인은 '빨리빨리'라는 '대표부사'처럼 급해서 빨리 달아올랐다 빨리 식어버리고 등등. 아마도 지리나 기후 등의 영향도 있을 것이고, 전승되는 문화적 습속의 영향도 있을 겁니다. 이 말은 문화적 특질을 민족의 특질에 이입한 것 아닌가 싶기도 한데, 나름 고개를 끄덕이게 하는 면이 있지만, 자칫 개인들마저 어떤 민족에 속했다는 그 민족성을 공유하고 있다고 한다면, 이는 부적절한 판단이 될 가능성이 큽니다. 한국인 가운데에도 얼마나 다른 성격이나 기질을 가진 사람이 많은지 우리는 잘 알지요. 일본인이나 독일인, 영국인도 마찬가지일 겁니다. 그래서 민족성을 말할 때는, 그것이 개인에 대한 포괄적 판단이 되지 않도록 하는 게 중요합니다.

3. 민족은 언제 어떻게 태어나는가?

이 장에서 니체는 유럽의 민주주의적 동질화에 대해서 쓰고 있지만, 아시다시피 19세기는 민족주의의 시대였습니다. 국경이 뚜렷하게 획정되고 국경을 넘기 위해 까다로운 심사와 확인과정이 필요하게 된 것도 이 때문이지요. 그런데 민족이나 민족주의가 출현하게 된 것을 보면, 민족이란 무엇인가에 대해, 그 안에서 작용하고 있는 힘의 질에 대해 보게 됩니다. 니체가 말하지 않았지만 간단히 추가해서 말해 보지요.

민족이나 민족주의가 출현하는 것은 굉장히 **난감한 위기**에 몰렸거나 **큰 패배**를 경험했을 때예요. 한국(조선)이 이를 잘 보여 줍니다. 민족이란 말이 우리 역사에 우리가 아는 의미로 본격 등장한 것은 1907년 경입니다. 최초의 '민족신문'이라고 하는 『독립신문』에는 '민족'이란 단어가 전혀 나오지 않습니다. nation의 번역어로 이 신문에서 사용한 것은 '국민'이란 말입니다. 번역어이긴 하지만 우리가 지금 사용하는 '민족'과는 다른 뉘앙스로 사용됩니다. '민족'이란 단어가 처음 등장하는 건 1900년 1월에 발행된 『황성신문』입니다. 다만 그때에 '민족'은 '동방민족, 백인민족' 등과 같은 표현으로, 즉 인종이란 의미로 사용됩니다.

우리가 아는 '민족'은 1906~1907년 『대한매일신보』에 본격적으로 나오는데, 을지문덕이나 부여 땅 등과 더불어, 나중엔 단군이란 이름과 계열화되어 등장합니다. 그 시기는 1905년 을사조약으로 외교권을 뺏긴 뒤인데, 외교권을 행사하게 된 일본이 한일의정서를 맺으면서 만주철도부속권을 중국에게서 받는 대가로 두만강, 압록강 이북의 땅을 중국에게 넘겨 준 1907년을 전후입니다. 외교권 박탈조약에 대해 '시일야방성대곡'이라며 격분했지만, 그 결과가 끝내 국경의 확정이란 미명하에 과거 고구려 영토였고 당시 조선인들이 살던 땅을 중국에 넘겨 주는 걸로 귀착되자 비로소 사태의 심각성이 현실로 닥쳐 오게 된 거지요. 그 사태를 치명적인 것으로 받아들이게 되면서 위기에 처한 자국민을 '민족'이란 이름으로 호명하게 된 겁니다. 호명될 때부터 이미 민족주의적 의미로, 민족주의의 영탄과 외침 속에서 탄생하게 된 겁니다. 위기를 호소하며 단결할 것을, 정신 차릴 것을 호소하는 호명으로, 과거의 신화, 그리고 과거 북방영토를 호령하던 장수들의 이름과 함께, 위기 타개의 잠재력이 과거 속에 있다는 걸 보여 주는 호소의 방식으로 말입니다. 그러니 '조선민족'은 1907년 경 탄생했다 해야 합니다.

유럽에서도 민족은 모두 위기 속에서 인민들을 호명하기

위해 탄생했습니다. 민족을 뜻하는 말 nation이 유럽에서 처음 본격적으로 등장한 건, 프랑스 혁명에서 왕의 목이 잘려나간 것을 보고 섬뜩했을 프로이센과 합스부르크 왕국의 연합군이 프랑스를 향해 공격해 올 때였습니다. 그때 프랑스 정부는 프랑스를 지키자고, 혁명을 지키자면서 인민들을 군대로 불러 모으기 위해 프랑스 민족의 단결을 호소하면서 민족이란 이름으로 호명하지요. 프랑스 '국민/민족'이 탄생하게 된 겁니다. 유럽 전반에 민족주의가 좀 더 '보편화'되고 민족주의 운동이 본격화된 것은 나폴레옹전쟁 때문입니다. 나폴레옹은 민족의 이름으로 모은 전국적인 스케일의 군대를 기반으로 유럽 정복 전쟁을 일으키고, 그 결과 유럽 전체를 제패하게 됩니다.

이를 두고 나폴레옹이 위대한 천재라고들 하지만, 유심히 살펴보면 이는 사실 인구학적인 사실이 그 바탕에 깔려 있음을 알 수 있습니다. 유럽이라고 하지만 지금 우리가 익숙한 형태의 영토국가는 몇 개 없었거든요. 영국, 스페인, 프랑스, 그리고 러시아 정도가 있었지요. 나머지는 도시국가나 도시동맹체 내의 도시들, 그리고 봉건영주들의 영토였죠. 이탈리아도. 독일도 없었어요. 프로이센이나 합스부르크 왕가처럼 큰 땅을 가진 곳이 있긴 했지만, 그래봐야 봉건적 제후에 불과했습니다. 가령 나폴레옹이 지금 이탈리아 지역에 갔을 때, 나폴레옹 군대의 규모는 피렌체나 베네치아 같은 도시 인구 전체보다 훨씬 많았을 겁니다. 다른 봉건 영주의 땅도 마찬가지고요. 상대가 안 되는 겁니다. 반면 나폴레옹이 벽에 부딪친 곳, 즉 러시아와 영국은 모두 영토국가였습니다. 징병을 해서 나폴레옹 군대와 붙어볼 만한 스케일이 되었던 겁니다.

어쨌거나 나폴레옹에게 깨진 곳에서는 통탄했을 겁니다. 피히테의 유명한 연설 「독일 민족에게 고함」이 그렇듯, 패배자의 울분으로 호소했을 겁니다. 이렇게 깨지고 패배하는 역사를 반복하지 않으려면 우리도 국민/민족국가를 만들어야 한다고. 가리발디나 마치니 같은 이들로 표상되는 이탈리아 민족주의도 이런 맥락에서 시작된 것이겠지요. 그렇게 해도 이탈리아나 독일이 민족국가로 성립된 것은 1860년대 즈음이었지요. 따라서 '민족'이란 패배나 굴욕, 혹은 위기의 산물로 탄생한 것이고, 민족주의란 그 패배에 대한 설욕의 의지, 복수를 꿈꾸는 원한의 정신 속에서 탄생한 셈입니다. 패배 속에서 자라난 경쟁과 적대의 영혼이 그 안에 자리 잡고 있습니다.

민족주의라고 하는 것은, 그런 패배 속에서 나온, **패배한 영혼의 음각화**이지요. 패배의 크기만큼 과거나 미래의 영광을 상으로 만들어, 현재의 패배를 대체할 미래를 호소하며 민족으로 호명하는 거죠. 그러기 위해 민족의 동질성을 어떻게든 만들어 내고자 새로운 기원신화를 발명하고 그로부터 면면히 이어진 역사를 만들어, 남다른 위상을, 비록 그게 자기만의 것이라도 가르치려 하지요. 이를 위해 민족국가 내의 지역 간 갈등이나 적대의 역사를 지우고, 함께 무언가를 했던 기억, 혹은 공유되어야 할 기억들을 만들어 '민족의 역사', 이른바 '국사'를 만들어 내고, 그것을 가르칩니다. 자신을 부정하는 이들을 다시 부정하기 위해서, 패배의 역사를 딛고 승리자가 되기 위하여, 자신의 고유성을 주장하는 것이고, 그것을 위해서 자신의 위대성을 발명하는 게 민족주의라는 점에서, 민족적 동일성은 경쟁자나 적을 통해 확인되는 것이란 점에서 민족주의는 부정적 영혼, 배타적 영혼으로 가득 차 있다고 해야 합니다. 스스로의 힘이나 능력에 대한 긍정에서 나오는 강자 고유의 수용능력 내지 포용능력과 반대로, 부정의 힘에서 나오는 배타성을 자신의 힘으로 오인하는 약자의 편협한 정신이 거기 있습니다. 니체라면 분명 민족주의란 강자의 힘, 고귀한 힘과는 전혀 다른, 천민적인 힘에 의해서 만들어진 것이라고 말할 겁니다.

제9장

———

고귀함이란 무엇인가?

1. 니체의 눈으로 니체를

이 책의 9장은 '고귀함'에 대해 다루고 있습니다. 우리의 미덕들 가운데 '고귀한' 미덕에 대한 것입니다. 앞서 말했던 것 같기도 한데, 니체는 '고귀한 자'를 '귀족'이라는 말로 바꾸어 쓰곤 합니다. 노예의 도덕과 대비하여 귀족의 도덕을 말하고, 거기다 고대의 귀족들 얘기를 근대의 천한 인간들과 대비하여 끌어들이기도 하지요. 이런 식으로 쓰다 보니 귀족이란 말에 따라다니는 문법의 환상이 작동합니다. 과거에 '귀족'이라고 불리던 자들을 '고귀한 자'로 표상하고, 그들의 가시적 특성을 고귀함의 특성으로 간주하게 될 가능성이 크죠. 반면 "모든 고귀한 것은 어렵고도 드물다"로 끝나는 스피노자의 『에티카』 역시 노예의 삶과 대비하여 자유인의 삶을 위한 윤리학을 말하는데 이를 '자유인'이란 개념을 빌려 말합니다. 즉 스피노자의 고귀함이란 자유인의 윤리와 관계된 것이지요.

니체는 "자유를 향한 갈망, 행복에 대한 본능적 추구, 자유에 대한 민감함은 필연적으로 노예도덕과 노예의 덕성에 속한다"(260절)고 비판하는데, 자유인의 윤리학을 노예 도덕의 반대편에 설정했다면 이렇게 말할 수 없었을 겁니다. 스피노자 역시 자유의지 개념은 비판하지만, 그래도 그의 윤리학 마지막 장은 자유로 끝나고, 최대치의 행복인 지복에 대해 말합니다. 노예도덕의 반대편에 어떤 이름을 붙이는가가 이처럼 다른 결과로 이어지는 것 같습니다. 이름은 이름일 뿐이지만, 단지 이름만은 아닌 것이지요.

노예의 도덕 반대편이 이처럼 달라질 수 있다면, 그 비판을 통해 추구하는 '고귀함'도 당연히 달라지게 되겠지요. 그렇다면 고귀함이란 도대체 무엇일까. 니체가 얘기하는 고귀함은 뭐고, 스피노자가 얘기하는 고귀함은 뭘까 하는 질문을 가지고 그들의 책을 읽어야 하지 않을까 싶습니다. 반복하는 게 되겠지만, 저는 어떤 나쁜 평판의 저자도 나쁜 얘기만 하는 법은 없고, 아무리 믿을 만하고 훌륭한 저자라도 옳은 얘기만 하는 법은 없다고 생각합니다. 가령 저는 맑스주의자임을 자처하지만, 맑스의 이야기가 모두 다 옳다고 생각하지는 않습니다. 또 하이데거는 '나치'라고 비난을 받는 철학자인데, 나름 그의 철학을 열심히 공부해 보니, 단지 정치적 판단이 아니라 철학적인 이유에서 나치적인 면이 있다는 생각을 하게 되더군요. 그런데 그렇다고 하이데거가 나쁜 얘기만 했을 리는 없지 않겠어요? 니체도 마찬가지일 겁니다. 니체가 좋아서 이리 강의하고 있지만, 니체 얘기가 다 옳을 거라고는 생각하지 않습니다. 더구나 맑스도, 니체도 자신이 살던 시대라는 제약조건에서 결코 자유롭지 않았습니다. 니체는 자기 시대를 거슬러, '반시대적'으로 사유하고자 했지만, 그래도 벗어나지 못하는 게 있게 마련입니다. 그들이 탁월한 건, 그 시대적 제약 속에서도 시대를 넘어서는 어떤 것을 사유했다는 사실이지만, 그렇다고 모든 것이 시대를 넘어섰을 리는 없지요. 클로소프스키는 『니체의 악순환』이란 제목의 책을 썼는데, 이 말을 패러디하자면 '니체의 악조건'이라 할 것이 있단 말입니다. 이 가운데 그리스 환상 등에 대해선 앞서 말씀드린 바 있지요.

맑스를 읽든 니체를 읽든, 중요한 것은 **맑스의 문제설정에 비추어** 맑스 자신의 저작을 읽고 **니체의 문제설정에 비추어** 니체 자신의 저작을 읽는 것입니다. 맑스도, 니체도, 어떤 사상가도 자신의 사유 속에 밀려든 매우 이질적인 요소들을 담고 있습니다. 맑스주의자인 알튀세르는 맑스의 사상적 궤적 안에서 '인식론적 단절'을 발견하고 강조합니다. 청년 맑스는 맑스주의에 속하지 않는다면서 맑스로부터 지워가며 읽지요. 그런데 그게 청년기에만 있지도 않습니다. 『자본』 1권에는 헤겔적이고 인간학적인 노동의 개념이, 맑스적 노동의 개념과 섞여 있습니다. 니체도 마찬가지예요. 질스마리아에서의 새로운 사유가 덮쳐 온 사건에 대해 말하는데, 이는 분명 그의 궤적 안에 어떤 깊은 단절을 만들어 냈을 겁니다. 그래서 그는 『비극의 탄생』에 '자기비판에의 시도'란 제목으로 다시 서문을 붙이기도 했지요. 그렇다고 그 이후의 저작이 모두 니체적인 것만으로 채워졌을 거라고 생각하긴 어렵습니다. 그렇기에 니체의 근본적 문제설정이 무엇인지를 염두에 두고 그의 책을 읽어야 합니다.

일단 니체의 악조건들에 대해 좀 더 생각해 봅시다. 앞서 니체는 민족주의 시대에 민족을 넘어서 단일한 유럽을 꿈꾼 유럽주의자였다고 했는데, 먼저 민족에 대한 비판이 왜 단일한 유럽에 멈췄을까 물어야겠지요. 즉 유럽을 넘어서 단일한 국가를 생각할 순 없었을까 하는 겁니다. 유럽에서 멈출 특별한 이유는 없었지요? 그거 보면 별 생각 없이 거기서 멈춘 게 아닐까요? 인종주의나 민족주의를 넘어서는 '큰 정치'를 생각하면서 정작 유럽을 넘어서지 못한 겁니다. 지금이라 쉽게 하는 비판이라 할 수도 있겠지만, 우주적 스케일은 아니더라도 지구적 스케일은 돼야 하지 않을까요? 농담처럼 스케일의 문제에 대해 말했지만, '지구'라는 스케일을 빌려 말하고 싶었던 것은 짐작하시다시피 유럽중심주의에 대한 비판입니다. 그리스를 '기원'으로 하는 유럽의 관념, 기독교를 비판하지만 기독교 세계를 벗어나서, 실제로 그리스를 포함하는 동로마 제국의 영토로까지, 터키와 동유럽으로까지도 확대되지 못했던 사유의 스케일은 유럽이라는 '작은' 관념에 의해 제약되었던 것이라 하겠습니다.

니체는 쇼펜하우어의 영향으로 '동양'에 사고가 미쳤고, 동양의 종교나 사유를 적극적으로 이해하려 했습니다. 기독교의 한계를 넘어서 가령 '종교적인 것'에 대해 다룰 때, 브라만교를 가장 높은 것으로 다루었지요. 불교에 대해서도 기독교와 대비하여 매우 자주 언급합니다. 그러나 불교에 관한 이야기 또한 19세기 유럽의 지식이라는 '악조건'에 갇혀 있었습니다. 로베 폴 드루아가 쓴『철학자들과 붓다』란 책은 19세기 유럽인의 불교에 대한 담론이 어떻게 형성되고 변화되어 왔는가를 다루는 책인데, 간단히 말하자면, 불교에서 말하는 '무아'나 '공'이란 개념에 대해, '무의 종교'라고 이해했고, '염세주의'로 해석된 이러한 사유에 대단한 **두려움**을 느꼈다고 해요. 염세주의를 긍정했던 쇼펜하우어도, 무의 종교에 대한 가치평가만 반대값을 가졌지 해석의 방향은 대체로 19세기 유럽인의 인도담론 안에 갇혀 있었습니다.

  니체 또한 무의 종교를 염세주의와 허무주의로 해석했고, 그런 관점에서 비판하지요. '허무에의 의지'가 바로 거기서 니체가 읽어 낸 것입니다. 사실 불교에서 말하는 '무아'란 자아라는 실체가 없음을 말하는 것이고, 브라만교의 전통적인 '아트만' 개념에 대해 비판하는 것이었지만, 이러한 근본적인 차이조차 따로 언급되지 않습니다. 제대로 식별하지 못하고 있는 거지요. 그렇기에 불교 안에서도 원자론적 입장을 취했던 부파와 그것을 부정하는 부파, 나아가 '공'을 주장하는 대승불교와 '대상은 없고 식(識)만 있음'을 주장하는 유식불교 등의 차이를 알아주길 기대하기 어렵습니다. 이 모든 교리의 차이 근저에 있는 '연기법'이라는 붓다의 가르침, 즉 조건에 따라 모든 것이 달라진다는 불교의 근본 교의는 어쩌면 계보학적 사유와도 통하는 것이고, '제행무상'(諸行無常) 즉 변하지 않는 것은 없으며 오직 변화만이 있다는 사유는 니체의 생성의 사유와 상통하는 것이지만, 니체가 말하는 불교에선 이 기본적인 교의조차 보이지 않습니다. '공'이란 개념은 바로 연기라는 개념으로부터 나오는 것이고, 불변의 본질이 없음을 뜻하는 것인데, '무'를 뜻하는 것으로 오해된 것은 이를 알지 못했기 때문입니다. 지금은 기초적인 상식에 속하는 것이지만, 바로 이것이 100년 넘는 시간 속에서도 유럽 지식인이 제대로 이해하지 못했던 것이고, 니체의 불교 이해는 바로 이런 제약 속에 갇혀 있었던 것입니다. 불교를 수동적 허무주의라고 비판하는 것은 바로 이런 몰이해 속에서 나온 것입니다.

2. 니체와 생물학

또 다른 '악조건'은 **힘의 강함**을 사고하는 방법, 그리고 그것과 관련된 자연학적 지식입니다. 아시다시피 니체 사유의 핵심을 이루는 것 중 하나가 힘에의 의지(Wille zur Macht)지요. 이 개념은 예컨대 『차라투스트라』에서 말하듯 무엇보다 생명력, 생명을 지속하려는 의지와 관련된 것이고, 그 생명력을 긍정하려는 발상에서 나온 겁니다. '힘의 느낌'을 강조할 때도, 힘의 고양을 강조할 때도, 그런 고양에서 오는 기쁨의 감응, 혹은 웃음과 춤을 강조할 때도 모두 이 생명력의 긍정을 염두에 두고 있는 것입니다. 스피노자에게 감응이 능력의 고양과 감소 두 방향 모두 가능하듯이, 힘에의 의지란 개념도 긍정과 부정 모두 사용될 수 있는 개념입니다. 그래서 허무주의에 대한 분석도 이 개념을 통해서 이루어집니다만, 니체를 읽다 보면 힘에의 의지 자체가 긍정적인 뉘앙스로 사용되며 그 자체로 추구해야 할 것으로 서술된 부분을 자주 만나게 됩니다. 이는 이 개념의 발원지가 바로 생명력의 긍정을 위한 문제설정이기 때문이고, 그래서 개념 자체가 일차적으로 힘의 고양과 의지의 긍정이라는 방향을 갖기 때문입니다.

영원회귀의 아이디어가 찾아온 질스마리아의 사건 이후, 힘에의 의지와 영원회귀 개념을 발전시키기 위해 니체는 자연학 공부를 본격적으로 할 계획마저 갖고 있었다고 해요. 심지어 대학에서 다시 배울 생각마저 했던 것 같은데, 그 계획은 실현되지 않았지만 자연학 공부를 열심히 했으리라는 것은 충분히 짐작할 수 있지요. 생명력에 대한 관심이 컸던 만큼, 자연사나 생물학 공부도 했을 겁니다. 19세기는 뭐니뭐니해도 생물학의 시대였고, 진화론은 지금은 상상할 수 없는 큰 영향력을 19세기 지식인들에게 미쳤으리라고 봐야 합니다. 니체 자신도 진화론에 대해 반복하여 논평을 하곤 하지요.

니체는 다윈의 진화론이 넘어서는 자가 아니라 '적응하는 자'의 승리를 말한다는 점에서 약자의 자연학이라고 비판한 적이 있습니다. 그렇지만 니체 역시 '경쟁과 도태'가 생명의 본질이라는 생각은 공유하고 있었던 것 같습니다. 259절에는 생명에 대한 이런 관점이 선명하게 드러나 있습니다. 요약하면, 생명은 이질적인 것과 좀 더 약한 것을 자기 것으로 만드는 것이고, 침해하고 제압하고 억압하고 동화시키는 것, 냉혹한 것이고 착취라는 겁니다. 따라서 침해·폭력·착취를 억제하고 자기 의지를 남과 동일시하는 것은 선량한 풍습이지만, 생명의 원리에 반한다는 점에서 이를 '원리'로 끌어올리려 하면 해체와 타락의 원리가 된다는 겁니다. 즉 생명의 원리란 **약한 것을 먹고 착취하여 자기화하는 것**이란 것이고, 이 때문에 **경쟁과 투쟁이 필연적**이라는 것입니다. '생존경쟁'이란 관념을 단순할 만큼 선명하게 '원리'로 설정하고 있는 겁니다.

물론 이는 부정할 수 없는 사실입니다. 우리가 먹는다는 것은 식물이든 동물이든 남의 생명을 먹는 것이고, 이는 육식동물은 물론 초식동물도 마찬가지지요. 그러나 이는 유기체들의 행동에 국한된 것이고, 그중에서도 동물을 특권화하는 관점입니다. 앞서 니체는 의지라는 관념을 유기체에 귀속시키는 것을 비판하면서 유기체의 신체 안에 존재하는 무수한 미시적 의지들의 존재를 주목했음을 보았습니다. 이것이 쇼펜하우어와 니체의 '의지' 개념을 다르게 해주는 요체였습니다. 그런데 생명을 다룰 때, 그는 안타깝게도 다시 유기체를 '분할불가능한 실체'로, 즉 인디비주얼(individual)로 보는 관점으로 되돌아가는 듯합니다. 스피노자는 개체(individual)란 복수의 요소들이 하나로 결합하여 개체화된 결과라고 보기에 가령 세포 수준에서부터 기관, 유기체, 나아가 유기체 이상에서도 가능하다고 봅니다.

자연 전체도 하나의 개체라고 볼 수 있음을 지적하지요.

19세기는 생명을 실체화한 시대인데, 유기체가 바로 그 생명의 실체를 담고 있는 존재자라고 보았습니다. 신체의 부분들을 유기체의 생명을 유지하는 데 필요한 '도구'(organ)라고 보고, 생명 유지를 위해 어떤 기능을 하는가에 따라 기관을 분류하는 퀴비에의 동물분류학이 그것을 잘 보여 주지요. 그래서 어류의 아가미와 포유류의 허파는 다르게 생겼지만, 호흡기관이란 점에서 상동기관이라고 하잖아요? 그러다 보니 생명의 원리나 법칙을 모두 유기체의 생존으로만 사고했지요. 이 경우 개체, 즉 인디비주얼이란 말은 유기체를 뜻하는 게 됩니다. 여기이 팔과 제 몸의 다른 부분을 분할하면, 둘 중 하나는 죽습니다. 목을 자르면? 둘 다 죽지요. 그러니 유기체는 디비주얼(dividual, 분할할 수 있는)하지 않다, 즉 인디-비주얼이라는 것입니다. 이것이 19세기 초반 생물학 태동기의 발상이었던 겁니다. 그러나 아시다시피 19세기 중엽에 세포가 발견되고 그것이 생명체의 기본단위라는 생각에 이르게 되지요. 20세기 중반 경에 들어오면 세포를 분리배양할 수 있음을 알게 됩니다. 유기체란 분할불가능한 게 아니라 분할할 수 있는 것들이 다수 모여 만들어진 것이 확인된 겁니다. 수많은 디비주얼들이 나눌 수 없을 만큼 결합해 개체화된 결과가 바로 개체인 겁니다.

앞서 이기주의/이타주의에 대해 설명하며 우리 세포의 미토콘드리아 역시 먹고 먹히는 관계에서 발생한 공생체라고 말했었지요. 요컨대 원핵세포에서 진핵세포로의 진화는 이처럼 먹고 먹히는 것에서 비롯한 공생으로 시작된 것이었고, 이후 세포의 진화는 모두 이렇다는 겁니다.

이는 동물과 식물 모두에 해당하는 이야기입니다. 식물은 여기에 더해, 이 공생체가 녹색세균을 잡아먹었다가 다시 소화불량으로 인해 공생하게 되면서 엽록체를 얻음으로써 탄생합니다. 잡아먹은 '엽록체'를 소화하는 데 실패한 덕분에 먹이를 찾아 돌아다닐 필요가 없는 새로운 생명체가 탄생한 거죠. 나아가 군체의 경우가 보여 주듯, 이런 세포들의 연합체가 탄생한 것 역시 이유가 무어든 공생체로 귀착된 어떤 사건 때문이었을 겁니다. 지금의 다세포생물은 모두 이런 공생체입니다. 모든 생명체가 사실은 공생체라는 겁니다.

여기서 공생은 **선한 의도**를 전제하지 않습니다. 그러나 먹고 먹히는 관계에서 시작했다 해도 공생적 관계가 현존하는 생명체의 '본성'이나 '원리'에 속한다는 것을 부정할 순 없습니다. 발생인이 무엇이든, 현존하는 생명체는 모두 공생을 원리로 자신의 신체를 유지하고 생존하니까요. 대부분의 생명체가 공생체로서 존재하게 된 이유는 무엇일까요? 그것이 홀로 싸우며 생존하는 것보다 **좀 더 생존에 유리했기 때문**이겠지요. 가령 고깔해파리(physalia physalis)는 서로 다른 역할을 하는 수많은 해파리들의 군체인데, 이들이 군체를 이룬 까닭은 그것이 생존에 훨씬 더 유리했기 때문일 겁니다. 다세포생물 또한 마찬가지지요. 탄생의 첫째 계기가 무엇이든, 또 좋든 싫든 간에, 공생은 생명체가 애초의 박테리아들로 환원될 수 없는 새로운 층위의 생명체로 비약하며 '탄생'할 때 시작됩니다. 새로운 생명체로서 새로운 삶을 '시작'하게 된 것이란 말이지요.

우리의 신체도 그렇습니다. 60조 개 정도 되는 공생체 박테리아들의 연합체, 그게 우리 신체입니다. 다른 생명체도 그래요. 그렇다면 **공생이 생명의 원리**란 점은 분명합니다. 그렇다고 먹고 먹히는 관계가 없다고 할 순 없어요. 그러나 그것만이 생명의 원리라고 한다면 그건 사실과 부합하지 않는 게 될 겁니다. 이런 공생체를 두고 '약자들의 연합'이라고 한다면, 즉 그렇게 합쳐졌다는 사실이 오히려 약자임의 반증이라는 식으로 말한다면, 어떤 요소들이 결합하여 무언가 새로운 개체로 비약했을 때, **근본적으로 새로운 무언가가 시작된 것임**을 이해하지 못한 것입니다. 그 경우 생명의 역사는 약자들로의 퇴화과정에 지나지 않게 될 겁니다. 그렇다면 가장 강한 자는 일체의 공생을 거부하고 홀로 사는 박테리아라고 해야 하지요. 어때요, 믿음이 가시나요?

이는 우리의 삶 속에서도 '리얼하게' 확인할 수 있습니다. 가령 '이기적인'사람들, 즉 자기 이익만 추구하는 자들은 바로 그런 태도로 인해 다른 사람들의 견제와 경쟁, 혹은 외면이나 미움을 받으면서 고립되잖아요. 반대로 자기를 배려하는 가장 좋은 길은 남들을 배려하는 거죠, 남을 배려해 주는 사람을 보면, 대개의 경우 다른 이들의 배려를 받게 마련입니다. '쟤는 돈도 없는 주제에, 남들 챙겨 주며 살아서 걱정이야.' 결국 자기만 배려하는 것은 자기를 배려하는 가장 나쁜 방법이 되고, 남들을 배려해 주는 것은 자기를 배려하는 가장 좋은 방법이 되는 역설이 발생합니다.

　물론 니체가 공생발생이나 공생진화를 알았을 리 없습니다. 니체뿐이겠어요? 사실 생물학은 의외로 경제학의 강력한 영향을 받았습니다. 호모 에코노미쿠스, 오직 자신의 이해관계에 충실한 이기적 개인, 그리고 경제적 이해관계의 계산에 따라 행동하는 개인이라는 가정, 그것이 근대 경제학의 근본 공리지요. 다윈의 『종의 기원』을 읽어 보면 '생존경쟁'이라는 개념이 자연학적 관찰에서 나온 것이 아니라 맬서스와 스펜서의 책에서 나온 것임을 알 수 있습니다. 거기서 받아들인 공리를 갖고 관찰을 한 겁니다. 그렇게 관찰하면 그런 것이 보일 겁니다. 그런 것만 보이겠지요. 그래서 크로포트킨은 다윈과 반대로 '상호부조'라는 관념을 갖고 관찰을 해서 자연학적 현상을 찾아냅니다. 그것 또한 가능할 겁니다. 자연에는 이기적 생존경쟁과 상호부조 모두 있는 겁니다. 심지어 공생이란 사태는 이기적 생존경쟁과 이타적 상호부조가 하나의 동일한 사실인 경우를 보여 줍니다. 그러나 19세기의 '시대정신'은 생존경쟁이었던 것이고, 그에 따라 관찰하여 쓴 다윈이 더할 수 없이 크게 성공했기에, 그리고 크로포트킨은 생물학자가 아니라 상호부조의 이념을 표방한 사상가로 간주되었기에, 생존경쟁은 자연학적 사실이고 상호부조는 이념적 관념이라는 생각이 자리 잡게 되었을 겁니다. 이는 공생발생 가설을 제안했던 마굴리스의 논문이 20여 군데 학술지에서 게재거부를 당했던 이유이기도 하지요.

니체 역시 19세기의 이런 '시대정신'에서 자유롭지 못했습니다. 그러다 보니 생존경쟁에 함축된 착취와 폭력이 생명의 원리이며, 자기를 억제하고 공생하는 것은 생명의 원리에 반한다고 보았던 겁니다. 공생이 자기를 억제하는 것이 아니라고 반박할지도 모르겠습니다. 그렇게 말할 수도 있습니다. 그러나 억제 없이 공생하긴 쉽지 않습니다. 공생의 사례와 달리 자기를 억제하는 게 자신의 생존을 위한 것임을 보여 주는 아주 흥미로운 사례가 있습니다.

1859년 영국인들이 오스트레일리아를 식민화하고 자리 잡기 시작한 뒤 몇몇 사람이 유럽토끼(학명이 Oryctolagus cuniculus이랍니다)를 데려다 키웠답니다. 아마도 키워서 사냥을 하려고 그랬던 모양인데, 토끼의 천적이 없었기에 급속도로 번식을 했고, 그러다 보니 토끼들이 초원의 엄청난 풀을 다 먹어치워 양이나 소를 먹여야 할 풀마저 남지 않은 겁니다. 1950년 이들은 다시 토끼를 없애 버리기 위해 브라질토끼에게 치명적이었던 점액종바이러스(myxoma virus)를 유럽 토끼에게 퍼트립니다. 치사율이 99.8퍼센트일 정도로 치명적인 바이러스였다고 해요. 그런데 이후 치사율이 70~95퍼센트인 균주가 나타나기 시작했고, 급기야 7년 뒤에는 25%로 떨어졌다고 합니다(윌리엄 맥닐, 『전염병의 세계사』, 김우영 옮김, 이산, 2005, 78쪽). 그 뒤로는 더 떨어졌겠죠.

이를 두고 토끼가 자기의 치명적인 세균을 극복하면서 강해진 거라고 해석을 하기 쉽지요. 그것도 사실일 겁니다. 그러나 그것은 동시에 그 세균이 토끼의 신체에 적응을 해서 그렇게 된 거라고 해요. 그 세균 입장에서 자신이 기생하는 숙주가 죽어 버리면 자기도 죽잖아요. 토끼에 대한 독성이란 토끼를 죽이기 위한 게 아니라(그럴 이유가 전혀 없지요), 그 세균이 토끼의 신체에 '적응'하지 못해 나타난 결과란 겁니다. 따라서 그 세균은 자신의 생존을 위해 토끼의 신체에 적응하여 '독성'을 계속 낮추어 간 것이 바로 토끼의 치사율이 낮아진 이유라는 겁니다. 앞서 니체의 말을 빌리면 자신이 가진 어떤 성향을 '억제'하고 낮추어 숙주인 토끼가 죽지 않도록 했다는 겁니다. '의지'를 표시하는 말을 빼고 좀 더 정확히 말하면, 치사율 99퍼센트의 독성을 가진 바이러스는 숙주인 토끼가 죽으면서 같이 죽게 됩니다. 그 가운데 치사율이 낮도록 변이된 바이러스가 나타났을 텐데 이것들은 죽지 않고 살아남는 거죠. 그러면서 독성 낮은 바이러스가 점점 확대되니까 전체적으로 그 치사율이 낮아진 겁니다. 어떤 식으로든 숙주에 대한 독성을 억제하는 것이 바이러스로선 자신의 생존을 위한 것이었던 셈이지요. 그러니 이를 생명의 원리에 반한다고 할 수 있겠어요?

이런 점에서 '생존경쟁'이라는, **경쟁과 전쟁의 모델이 생명의 원리라는 발상**은 생명의 본성이 아니라 생명에 대한 **19세기적인** 관념일 뿐입니다. 토끼와 세균의 관계에서처럼, 세균은 자신이 생존하기 위해선 토끼와 함께 생존할 수 있는 길을 찾아야 합니다. 이것이 생명의 원리입니다. 생명을 지속하기 위한 방법입니다. 인간이 재배하는 벼나 콩, 밀 같은 식물의 생존을 위해 김을 매고 종자를 개량하고 하는 것도 마찬가지 아닐까요? 동물을 사육하는 것도 그래요. 자기 손 안에 사로잡힌 닭이나 돼지를 그냥 잡아먹지 않고 보살피며 키우는 것, 즉 자기를 '억제하며' 그들의 건강을 돌보고 좀 더 많이 번식하도록 배려하는 것 또한 인간의 착한 심성 때문이 아니라 자신이 좀 더 잘 먹고 잘 살기 위한 것 아닌가요? 인간의 생존을 위한 생명의 원리 아닌가요? 니체가 강자의 덕에 대해 말할 때 자주 언급하는 자신에 대한 '엄혹함'이란 바로 생명력의 고양을 위해, 좀 더 나은 생존의 조건을 만들기 위해 자기 안에 존재하는 직접적 의지들을 억제하고 통제하는 능력입니다. 따라서 생명과 자기 억제를 이렇게 쉽게 대비하는 것은 안이한 발상 아닐까 싶어요.

3. 자연학에서 강함과 약함

이런 점에서 생명에 대한 관점은 물론 생명력을 요체로 하는 힘에의 의지의 본질에 대해, 혹은 강함과 약함에 대해 니체가 하는 말은 이 19세기적인 '시대정신' 속에서 이해해야 한다는 생각입니다. 비록 니체가 시대정신에 반하여 '반시대성'을 강조했던 사상가라고 해도, 자신을 둘러싸고 있던 시대적 조건에서 자유롭지 못했다는 것입니다. 따라서 지금이라면 당연히 19세기를 넘어선 자연학적 지식의 바탕 위에서 다시 생각해야 합니다. 무엇보다도 '강함', '약함' 같은 근본 개념이 그렇습니다. 이는 생명력에서 도출된 의지의 개념 자체를 떠받치는 지반인데, 바로 그렇기에 그 시대의 '악조건'에 대한 비판적 해석을 통해, 생명과학에 대한 진전된 이해를 통해 다시 읽어 내야 합니다. 이는 니체의 사상을 이해하는 데 어쩌면 치명적인 오해를 야기하는 지점이라 보입니다. 그렇기에 니체를 읽는 데 아주 중요한 문제이기도 합니다.

반복하는 말이지만 니체에게 강함이란 양적인 것일 뿐 아니라 질적인 것입니다. 이때 강함이란 시작할 수 있고 창안할 수 있는 능동성을 뜻합니다. 그러나 대결적인 상황의 가정 속에서 강함은 종종 힘의 크기에 대한 것으로 오인되기 쉽습니다. **싸워서 이기는 것, 정복하고 지배하는 것이 강함이라는 통념** 때문이지요. 사실 니체 자신도 '지배'에 대해 자주 말하기에 오해의 여지는 더욱 큽니다. 물론 양적으로 보면 싸워서 이기는 게 강한 것이지만, 이렇게 보면 강한 물리력을 가진 권력자가 어느새 강자로 오해됩니다. '투쟁'이나 '경쟁'이라는 앞서 말한 19세기적 관념이 여기서도 작동하고 있는 겁니다. 손자가 그랬다죠, 최고의 승리는 싸우지 않고 이기는 것이라고. 싸워서 이기고 정복한다는 식의 관념은 상대방에 대해 과도하게 긴장해야 하는 자들, 즉 남들에 의해 자신의 생존이 좌우되는 자들에게나 해당하는 것입니다. 동물행동학이 가르쳐 주듯, 낯선 자를 보고 짖거나 덤비는 공격성은 많은 경우 자신의 힘에 대한 확신이 없어서 발생하는 불안감이나 두려움 때문입니다. 정말 강한 자라면 악악대며 대드는 상대조차 웃으면서 대할 수 있을 겁니다. 화가 나서 덤벼 드는 꼬마 아이에 대해 투쟁심을 발동하는 '어른'이 있다면, '이 사람 뭔가?' 싶지 않나요? 자신이 힘이 있다면 웃으며 느긋하게 받아 넘기거나 달래게 되겠지요. 작은 개에겐 전혀 긴장하지 않지만, 크고 사나워 보이는 개에 대해선 긴장하는 것, 싸워 이겨야지 하는 생각을 하게 되는 것도, 그의 힘에 비해 내 힘이 충분히 크지 않아서 그런 거지요.

강자란 어떤 상대를 대결적 상황, 적대적 상황으로 몰고 가지 않고 내 편으로 끌어들이는 능력, 혹은 적대자조차 내 편으로 승복시키는 능력, 이질적인 것을 수용하는 능력(capacity)이 있는 자입니다. 동양에서 말하는 '그릇의 크기'라고 할 수 있겠습니다. **공격성**이나 **정복욕**을 강자의 징표라고 생각하는 것은 투쟁이나 경쟁에 대한 '생존경쟁' 모델에서 나오는 유치한 관념입니다. 과도한 공격성은 대개 불안이나 공포의 표현입니다. 아랫것들이라고 대놓고 경멸하고 그러다가 열 받은 아랫것과 악악대며 싸우고 굴복시키는 걸 보고, 이 사람 '강자'구나 하며 탄복하기는 결코 쉽지 않습니다. 이런 자가 고귀한 자라는 생각을 하는 건 더욱 어렵습니다. 아무리 봐도 천한 자들, 약자의 모습이지요. 투쟁하고 정복하는 것, 이건 진실로 고귀한 자의 속성이 아닙니다. 비슷한 넘들끼리 다투는 천한 모습일 뿐입니다.

니체가 자주 말하는 '지배'도 그래요. **지배하는 힘이 강한 힘**이라는 게 통념입니다만, 니체가 실제로 하고자 하는 말은 차라리 반대입니다. 강한 힘이, **질적으로 강한 힘이 지배해야 한다**는 겁니다. 현실에선 약자들이 모여 강자를 지배하지요. 돈이나 기성의 가치에 포섭된 자들이 창조하고 시작할 수 있는 자를 지배하지요. 약한 힘을 모아 양적 크기에 의해, 질적인 강자를 지배합니다. 그래서 『도덕의 계보』 제3논문에서 니체는 약자와 강자를 혼동하지 말아야 한다고 합니다. **지배자**를 **강자**로 혼동하지 말아야 합니다. 지배자가 된 약자는 강자를 두려워합니다. 왜냐하면 그냥 두면 자연학적 힘의 위계에 따라 강자에게 밀려나게 될 것이기 때문입니다. 앞에서도 예로 든 「아마데우스」에서 궁정악장 자리에 있는 살리에리가 특별한 지위를 갖지 못한 모차르트를 두려워하는 것은, 그리하여 그를 제거하기 위해 음모를 꾸미는 것은 이 때문입니다. 지배하는 힘이 강한 힘이 아니라, 강한 힘이 지배하게 해야 한다는 말입니다.

우리 신체의 특이적 면역반응도 그렇습니다. 면역력이 강하다, 약하다는 말을 자주 들어 보셨지요. 가령 대상포진은 몸속에 있는 수두 바이러스가 면역력이 약해지면서 병으로 나타나는 것이라고 하지요. 이 말은 바이러스가 이미 내 몸 안에 있지만 면역력이 강하면 병으로 나타나지 않고, 그걸 감당할 수 없을 만큼 면역력이 약해지면 병으로 나타난다는 뜻입니다. 신체의 강함은 여기서 이질적인 균을 **감당하여 수용할 수 있는 능력**을 뜻합니다. 수용능력(capacity)으로서의 능력이지요. 외부에서 들어오는 것에 대해 민감하게 반응하여 공격하는 것은 신체의 이 수용능력이 약할 때입니다. 강한 신체는 수용능력이 있으니 외부에서 엔간한 세균이 들어와도 여유있게 수용할 수 있습니다. 반면 약한 신체는 조금만 거슬리는 것이 들어와도 공격해서 제거해야 합니다.

이는 굳이 면역을 예로 들 것도 없이, 여러분 자신이 경험으로 잘 아는 것입니다. 몸이 아플 때는 조금만 자극이 들어와도 민감해지지요. 반면 몸이 건강한 상태일 때는, 엔간한 자극에 대해서도 '됐어. 괜찮아' 이렇게 되죠. 화를 잘 내는 사람은 절대로 강자들이 아닙니다. 약자들이에요. 조금만 생각이 달라도, 혹은 조금만 불편한 것이 생겨도 싸우겠다고 덤벼드는 자들 또한 강자가 아닙니다. 약자들이지요. 사회도 그래요. 외부자나 '비정상인'에 배타적이고 공격성이 강한 사회는 강한 사회가 아니라 약한 사회입니다. 정치적으로 조금만 다른 생각이나 행동도 그대로 두지 못하고 공격하는 독재체제는 강한 사회가 아니라 약한 사회입니다. 공격성이 강한 사회는 약한 사회예요. 그렇게 해서 **다른 생각을 가진 이들을 정복하고 그런 생각을 갖지 못하게 길들여 이질성이 최소화된 '순수함'을 얻으려는 자들**은 약한 자들입니다.

4. 투쟁하는 자와 적응하는 자

니체는 하나의 종이 나타나 유형이 확립되고 강화되는 것은 **불리한 조건들과의 투쟁**을 통해서라고 말합니다. 영양이 과잉되고 지나치게 보호받는 종은 유형의 변질을 초래하고 변종이나 기형을 낳게 된다고 쓰고 있어요(262절). 뿐만 아니라 다윈을 비판할 때 보이듯, 투쟁을 통한 극복을 '적응'이란 개념과 대립시키고 있습니다. 그런데 불리한 조건과의 투쟁이란 무엇일까요? 혹한이라는 환경과의 투쟁이란 무엇일까요? 혹한을 정복하는 것은 기후를 자신의지의 지배 아래 두는 것일까요? 사막의 가혹한 환경과 투쟁한다는 건 무엇일까요? 사막의 기후를 맘대로 하는 것? 어느 것도 무의미한 허세 아니면 불가능한 일입니다. 가혹한 환경과 '투쟁'한다함은 가령 혹한에 자신을 노출시켜 더 추운 기후에서도 살 수 있게 단련시키는 것, 바람 불면 바람을 이겨 내며 나는 것, 더우면 더위에 견디고, 추우면 추위에 견디는 신체를 만드는 것 아닌가요? 할수 있으면 자기를 단련시키는 아주 좋은 방법이고, 강자가 되는 길이라고 생각합니다. 그런데 이는 자연학자가 말하는 '적응'과 얼마나 다를까요?

물론 다윈이 말하는 '적자생존'은 싸우는 이미지의 투쟁보다는 신체적 특성이 살아남는 데 유리한 경우를 의미합니다. 그러나 '투쟁'이 가령 기후를 지배하고 통제하는 것이 아니라면, 이런 식의 적응과 얼마나 다른 것일 수 있는지 의문입니다. 어쩌면 '투쟁'과 '적응'이라는 말에 포함된 문법의 환상 때문에, 적응은 약자, 투쟁은 강자라는 표상이 생겨난 건 아닐까요? 니체가 말하는 '강자'라는 말에 충실하게 생각해 보면, 강자란 변화된 환경에서 새로운 생존방식을 시작할 수 있는 자, 즉 변화된 환경에 따라 자신의 생존방식을 변화시킬 수 있는 자라고 해야 하지 않을까요? 변화한 환경에 대해 생존방식을 바꾸고 신체를 바꾸는 것은 변환능력이고 수용능력이며 강함이지만, 일상어법에서는 투쟁보다는 적응에 더 가까이 있는 것 같습니다.

투쟁과 적응을 대비하는 것은 쉽지 않습니다. 혹한의 극지방에서 두터운 털 덕분에 추위를 잘 넘기며 사는 북극곰은 환경에 '적응'한 약자고, 맨들대는 피부에 털 하나 없이 추위와 싸워 이기는 바다표범이나 펭귄은 환경과 '투쟁'하여 승리한 강자라고 해야 할까요? 태풍이 불고 비바람치는 날씨에 하려던 일 접고 동굴이나 집에 숨듯이 피해있는 것은 약자의 '적응'이고, 그런 자들을 비웃으며 가벼운 옷 하나 입고 그것과 싸우며 하려던 일을 하는 것은 강자의 '투쟁'일까요? 혹한과 싸우겠다며 옷 벗고 고통을 감수하며 몸으로 이겨보려고 덤벼드는 분이나, 난로 피우는 걸 조롱하며 추위를 몸으로 견디며 싸우는 분을 보면, 남의 털로 만든 옷의 '보호'를 거부한 채 가혹한 환경과 싸워 이기려는 강자들의 영웅적 '투쟁'이란 생각이 드시나요? 털 없는 몸의 보호를 위해 옷과 집을 만들어 혹한에 '적응'해 온 인간은 어떤가요?

멋지게 기후와 '투쟁'하는 분은 강자고 보호장비를 발전시켜 온 분은 약자라는 말을 수긍하기 어려운 건 단지 인간중심적 편견 때문만은 아닙니다. 기후와 싸우려는 저 분은 강자가 아니라 '투쟁'이라는 말과 이미지에 사로잡힌 무모한 멍청이에 지나지 않습니다. '보호'와 '적응'이라는 말에 어울린다고 해도, 옷과 집을 발전시켜 온 것은 근육이 아니라 머리를 써서, 도구를 써서 싸워 이기는 법 아니었을까요? 페니실린 같은 약에 죽지 않는 박테리아는 그 약에 '적응'한 것일까요? 투쟁으로 자신을 죽이려는 독극물의 힘을 극복한 것일까요?

문제는 '투쟁'이니 '적응'이니 하는 말에 포함된 문법의 환상을 벗어나서, 진정 강함이란 무엇인가를 생각하는 것입니다. 변종이 많은 종, 변형능력이 강한 종이야말로 '불리한 환경', 심지어 급변하는 환경에서도 살아남을 수 있습니다. 「공각기동대」란 영화에서 자신이 생명체임을 주장하는 '인형사'라는 프로그램은 주인공인 쿠사나기 소령과 합체하고자 하는 이유에 대해 이렇게 말합니다. 다른 것과 섞여서 변형될 수 없는 것은 치명적인 바이러스 하나만으로도 죽기 때문이라고, 즉 변형능력을 얻기 위해서라고. 40억 년 생명의 역사를 죽지 않고 생존해 온 박테리아의 탁월함은 바로 그 변형능력입니다. 최근 결핵균이 다시 돌아왔다고 하지요? 결핵약을 견뎌내는 강력한 슈퍼세균이 되어서 말입니다. 자신에게 치명적인 '약'과 싸워 이겨낸 자들이니 이들이야말로 진정 강자라고 해야 하지 않을까요? 이들의 강함은 자신을 위협하는 조건을 이겨 내는 신체적 변형능력에서, 변종을 만들어내는 능력에서 나온 겁니다. 그러나 이는 또한 위협하는 조건에 적응하여 살아남는 능력이기도 합니다. 이것이 '생성능력'입니다. 그렇다면 생성을 긍정하려는 니체의 사유에서 '귀족'이나 '고귀함'을 빌려 '순수성'에 대해 예찬하는 것은 허용되기 힘든 것 아닐까요? 공생이란 변종이 출현하는 계기이고, 적극적으로 말하면 변종을 만드는 법입니다. 순수함이 아니라 **섞이는 것이야말로** 생성능력이고 새로운 생명이 시작되는 출발점입니다.

이런 투쟁과 경쟁이란 관념은 유기체를 '실체화된' 개체의 관념과 결부하고 있습니다. 사실 생명체의 경우에도 개체란 유기체만이 아닙니다. 아주 다른 개체화의 힘들이 중첩되어 있습니다. 가령 아까 말했던 오스트레일리아의 토끼와 점액종바이러스의 경우, 경쟁과 투쟁이란 관념은 침입자 바이러스에 대항해 살아남으려 '투쟁'하는 토끼란 유기체를 중심으로 작용합니다. 그러나 토끼 속에 들어가 살게 된, '적응'하여 죽지 않고 살아남은 토끼 몸속의 바이러스는 토끼와 다른 신체일까요 같은 신체일까요? 비교하자면, 우리의 몸 속에는 수십조 개에 가까운 세균들이 살고 있습니다. 이들이 없으면 소화도 잘 되지 않아서, 일삼아 유산균을 배양해서 마시기도 하지요. 면역학에서 '노말 플로라'라고 부르는 것들은 외부에서 유입되었으나 면역계의 일부로 작동하는 세균들입니다. 이들은 우리 몸의 일부일까요 아닐까요? 기원이 어디든, 들어와서 함께 생존하게 되었다면 신체의 일부가 된 거라고 해야 하지 않을까요? 그것들이 우리 몸에 들어와 새로이 개체화에 참여하면서 변화된 개체의 일부가 된 것이라고요.

이를 잘 보여 주는 유명한 예가 있습니다. 한국계 미국인인 생물학자 전광우 박사라고 있습니다. 아메바 연구를 하는 분인데, 한 번은 실험에 쓰려고 배양 중인 아메바들이 치명적인 세균에 감염돼서 거의 다 죽어 버렸답니다. 그러자 이 분이 문득 호기심이 생겨서 살아남은 아메바를 다시 배양했답니다. 그런데 이렇게 배양된 놈들 몸에서 치명적이었던 세균을 떼어 내자 그 놈들도 모두 죽어 버렸답니다. '적과의 동침'이라 해야 하나요? 며칠이나 됐다고, 치명적인 놈들과 결합하여 하나의 몸이 되어 버렸던 겁니다. 공생체가 된 거죠.

얼마 전까지만 해도 치명적인 세균이었던 것이 며칠 사이에 아메바와 결합하여 새로운 신체를 갖는 새로운 개체화 속에 들어간 것이고, 새로운 개체를 형성한 겁니다. 살아남은 원래 아메바는 투쟁해서 세균을 정복한 것일까요, 아니면 그 놈의 독에 적응한 것일까요? 이미 새로운 개체로 합체한 것을 두고 경쟁이니 투쟁이니 하는 건 우스운 일이 될 겁니다. 세균 입장에서도 '환경'이나 '조건'이라고 해야 할 아메바와 결합하여 그것의 일부가 된 것인데, 이를 두고 투쟁이나 경쟁이라 말한다면 그 역시 우스운 게 되겠지요. 그보다는 차라리 결합과 공생의 방법을 찾는 것이 생명의 원리라고 해야 하지 않을까요? 그렇다면 우리 같은 인간, 혹은 동물이나 식물 역시 자신이 처한 환경과 결합하여 공생할 수 있을 때 생명력의 고양을 얻게 되는 것 아닐까요? 자기 인근의 것들과 더불어 공동체라고 부르는 새로운 차원의 개체를 형성하는 개체화에 말려들어 가는 것 말입니다. 강함이나 약함이란 그런 능력의 강함을 뜻하는 것 아닐까요? 자기 인근의 것들을 자기와 결합하여 다른 개체화 속으로 끌어들일 수 있는 수용능력 말입니다. 경쟁, 투쟁과 정복이 아니라 이러한 수용과 결합이야말로 "생명의 의지 자체인 본래의 힘에의 의지에서 비롯되는 것"(259절)이라고 하겠습니다.

따라서 '힘에의 의지'라는 개념은 19세기와는 다른 이 변화된 자연학의 바탕 위에서, 그리고 아직도 잔존하는 그 시대

언어의 문법의 환상에서 벗어나 재정의되어야 한다고 생각합니다. 투쟁과 협력, 이런 것들을 대비시키는 것은 어리석은 일입니다. 그때그때의 조건에서 투쟁도 하고 협력도 하는 것일 뿐 아니라, 공생처럼 투쟁과 협력 내지 투쟁과 적응이 구별되지 않는 경우도 있으며, 어느 수준에서 보면 투쟁이지만 다른 수준에서 보면 결합인 경우도 있습니다.

이기주의와 이타주의도 그래요. 265절에서 니체는 이기심이 고귀한 영혼의 본질에 속한다고 합니다. 이기심이란 고귀한 자인 '우리' 같은 인간에게 다른 인간들이 당연히 복종해야 한다는 믿음이라고 말합니다. 또한 자신과 동등한 자격을 가진 자에 대해선 자기 자신에게 갖는 예의와 외경심을 표하기도 한다고 덧붙입니다. 이는 자기 자신에 대한 자긍심이란 점에서 통상적인 싸구려 이기심과는 거리가 먼 것이지만, 이러한 의미에서조차 이기주의와 이타주의를 대립시키는 것은 그리 적절치 않아 보입니다. '노블리스 오블리주'라고 하나요? 귀족이나 부자들이 남들을 위해 돈이나 물자를 베푸는 것은 명백히 '이타적' 행위지만, 단지 그것뿐이겠어요? 자신의 이름이나 명예를 위한 것이지요. 명백히 '이기적' 행위입니다. 어떤 게 진짜일까요? 경우마다 정도 차가 있겠지만, 둘 다 진짜라 해야 합니다. 자긍심을 가진 자, 동정이나 연민과 구별되는 고귀한 자의 이타주의가 있는 것이고, 이는 고귀한 자의 이기주의와 사실 다른 것이 아닙니다.

이런 이유에서 저는 투쟁과 비관용, 폐쇄성 같은 것을 고귀한 자의 특성이라고 하기는 어렵다고 봅니다. 그건 오히려 이질성이나 차이를 감당할 수 없는 **무능력의 표현**이라고 해야 합니다. 강한 자들은 말할 겁니다. '아, 그 정도 이상한 애들은 그냥 둬. 그것에 좌우될 만큼 내가 약하진 않으니 말야.' 반면 '아, 저놈들 때문에, 내가 죽고 말거야', '저런 넘들이 이 사회를 망하게 할 거야. 그러니 그냥 두어선 안 돼' 같은 말은 그 정도의 이질성이나 '독'만으로도 쓰러질 약자들의 말입니다.

니체는 '자랑할 만한 적을 가지라'고 하면서 '괴물과 싸울 때는 괴물과 닮지 않도록 조심해야 한다'고 했는데, 적과 싸우다 보면 적과 닮아 가기 쉽기 때문입니다. 가령 '여성혐오'에 대항하기 위해서 그것을 미러링하는 여성들의 투쟁은 분명히 이유가 있는 것이었고, 그래서 저 또한 지지했지만, 그것은 '미러링'이란 방법을 사용했기에 더더욱 적과 닮아 갈 위험성이 큰 것이었지요. 이는 아주 세심한 주의를 필요로 합니다. 안 그러면 괴물과 싸우다 괴물이 되는 사태를 피할 수 없거든요. 하지만 그게 쉽지는 않습니다. 더구나 통제하기 힘든 대규모의 싸움에서 그런 세심함은 힘을 얻기 어렵고 거칠고 과격한 주장, 목소리 큰 주장이 언제나 득세하기 마련이지요. 결국 잘 아시는 것처럼 여성혐오와 대칭적인 '남성혐오'가 그 결과 출현했지요. 이를 멀리 밀고 가려는 이들은 남성에 대한 폭력마저 '대칭성'을 이유로 정당화했으며, 동성애자 같은 또 다른 소수자들을 남성의 이득을 다 누리고 여성 흉내를 내려는 자들로 비난하는 지점까지 나아갔습니다. 이전에 남성중심주의를 근거 짓던 생물학적 성에 대한 실체화된 관념이 다시 등장하여, 트랜스젠더나 퀴어에 대한 비난을, 충실한 남성중심 이성애주의자들이 퍼붓던 비난을 유사하게 반복하고 있는 겁니다. 대단히 안타까운 일입니다. 그러나 사실 어디서나 쉽게 벌어지는 일이기도 합니다.

니체도 그런 면이 있지 않나 싶어요. 미러링과는 전혀 거리가 멀었지만, 노예나 천민들하고 싸우다 보니까 때로는 그들과 비슷한 형상을 취하게 되는 건 아닌가 싶은 생각이 들 때가 있습니다. 통상적인 사람들이라면 쉽게 지나칠 것을 드러내고 들리게 하기 위해 일부러 그들 귀를 거스르는 자극적인 언어와 스타일을 사용하게 되었을 겁니다. 여기에 19세기적인 제약조건이 달라붙어서 대단히 오해받기 쉬운 자극적 주장들이 불쑥불쑥 튀어나옵니다. 예전에 레닌은 『무엇을 할 것인가?』에서 경제주의자들과 싸우기 위해 아주 강하게 자신의 주장을 반대방향으로 밀고 가게 되었고, 이를 두고 나중에 구부러진 막대를 펴기 위해 반대편으로 구부린 것이라고 한 적이 있었는데, 니체역시 이런 면이 있지 않나 싶습니다. '막대 구부리기'라고 하죠. 그러나 그러다 보면 스스로 또한 구부러진 막대가 되어 버리는 함정에 빠지게 되지요.

따라서 이렇게 구부러진 막대를 곧이곧대로 읽고 받아들여선 곤란하다는 생각입니다. 논적이 있는 글은 언제나 그 상대편을 염두에 두고, 논쟁이라는 맥락 속에서 읽어야 합니다. 거기서 제기된 주장을 지금 다시 사용하려면, 그 맥락을 고려하며 구부러진 것을 펴 주어야 합니다. 이기주의 예찬, 악덕의 예찬

같은 것은 모두 이런 식으로 읽지 않으면, 고의적으로 사용한 위악적인 표현들에 말려들게 됩니다. 말려들어 따라가거나, 따라가기 싫어서 니체가 말하려던 중요한 것을 같이 내버리게 되지요. 니체의 글을 니체의 문제설정에 비추어 읽어내는 것, 간단히 말해 니체를 니체 식으로 읽는 것이 필요합니다. 그의 표현에 등장하는 '귀족'을 표상하는 방식으로 '고귀한 자'에 대해 읽는 게 아니라, 역으로 고귀함에 대한 규정, 강함에 대한 규정을 통해 귀족마저 재정의하는 식으로 말입니다. 그래서 상이한 힘들이 어떤 방식으로 작용하는가를 세밀하게 분석할 수 있어야 니체가 말하려던 게 살아난다고 생각해요.

5. 생명과 도덕

다시 9장으로 돌아가지요. 이 책의 마지막 장인 9장은 제목이 '고귀함이란 무엇인가'인데, 위치로 봐도 그렇지만, '고귀함'이란 말이 니체에게 갖는 의미를 안다면, 매우 중요하고 중심적인 장임을 알 수 있을 겁니다. 이 장을 읽다 보면 두 부분으로 나눠져 있다는 느낌이 들지 않나요? 니체가 명시적으로 나누지는 않고 있지만, 앞부분은 매우 비판적인 언어로 서술되어 있지요. 부패, 침해와 폭력, 착취, 허영심, 교활함, 비열함, 무절제, 질투, 자기정당화 등 비판의 대상이거나 흔히 부정적으로 다루어지는 것에 대해 씁니다. 268절은 이를 '고귀함'과 대비하여 총괄하려는 듯, '비속함이란 결국 무엇인가'라는 문장으로 시작합니다. 여기서 니체는 비속함의 요체란 '신속하고 용이하게 의견의 일치에 이를 수 있게 해주는 것'임을 지적합니다. 쉽게 전달되는 것, 공동의 체험이야말로 가장 큰 폭력이라고 말하는데, 이유는 그것이 좀 더 예민하고 희귀한 자, 좀 더 특이한 자들을 쉽게 고립시키고, 유사한 것, 일상적인 것, 평균적인 것, 결국 패거리를 이루는 것이 지배하게 하기 때문입니다. 남다른 것, 예민하고 희귀한 것을 평균과 일상 속으로, '패거리' 속으로 끌어내리는 것이 바로 비속함이라고 니체는 말합니다.

여기서 생명이란 기본적으로 무언가에 대한 '침해'라는 말을 다시 보게 됩니다. 내가 살기 위해서는 뭔가를 먹어야 되는데, 이는 나 아닌 것들에 대한 침해고 폭력이고 착취지요. 이와 대비해 '부패'란 이런 본능적 권리를 포기하여 생명이란 감응의 기초가 흔들리는 것이라고 니체는 말합니다. 프랑스 혁명 때 라파예트 같은 이들은 혁명을 위해 자신의 귀족적 특권을 포기한 바 있었는데, 이들처럼 과도한 도덕적 감정을 위해 자신의 권리를 포기하는 것을 부패라고 합니다. 반대로 약한 자들의 희생을 양심의 가책 없이 받아들여 선택된 종류의 인간이 보다 높은 존재로 고양될 수 있는 발판으로 삼는 것을 니체는 생명과 본능에 속하는 침해의 권리라고 말합니다(258절).

생명 자체는 본질적으로 자신보다 약한 타자를 자기 것으로 하고 그것에게 위해를 가하고 그것을 억압하는 것이다. 그것은 냉혹하며, 자신의 형식을 타자에게 강제하고 타자를 자신에게 동

화시키는 것이고, 가장 부드럽게 말한다고 해도 최소한 착취하는 것이다. (259절)

'그래, 사실 그렇긴 하지'라고 생각한다 해도 그대로 수긍하기는 힘든 매우 당혹스러운 말이지요? 파시즘이 니체를 끌어들였다면, 아마도 이런 식의 말 때문일 겁니다. 하지만 제가 보기엔 이런 식의 문장은 앞서 말했던 '막대 구부리기'의 일종이라고 보아야 합니다. 남들의 권리나 신체를 침해해선 안 되며, 억압과 동화, 착취는 나쁜 것이라는 생각은 당시에도 그렇고 지금도 그렇고 아주 강력한 통념입니다. 침해하지 말고, 억압하지 말고 '착하게 살자'는 게 대부분 도덕의 근간이지요. 그러나 '착하게 살자'라는 문신을 하고 다니는 분들에 대한 잘 알려진 농담은, 그런 말을 하는 이들이야말로 폭력적으로 침해하고 억압하며 착취하는 자라는 걸 전제하고 있다는 사실 때문에 가능한 것이지요.

마찬가지로 모든 도덕이 "침해하지 말고 착하게 살자"고 써 붙이고 다닌다면, 그렇게 가르치고 요구한다면 그런 얘길 들을 땐 '착하게 살자'고 팔뚝에 문신하고 다니는 분들을 떠올려야 하는 게 아닐까요? 그분들처럼 도덕 역시 실제론 '착하지' 않기 때문이라 해야 하지 않을까요? 그래서 니체는 반대로 말하는 겁니다. 그게 실상이라고, 이유는 생명체가 남의 신체를 뜯어 먹어야 살 수 있다는 사실에서 나온다고, 그게 자연적인 것이라고요. 그러면서 마치 안 그럴 수 있는 양 실상을 가리는 도덕을 겨냥하여, 일종의 대항-도덕(counter-moral)을 설파하는 겁니다. 침해와 억압, 착취야말로 보다 높은 자들의 덕목이라고. 당혹을 야기하는 '막대 구부리기'이고 일종의 반어적 어법인 셈이지요.

약간 더 덧붙이자면 침해하는 방식의 생존은 생명체 전체라기보다는 동물에 국한된 특징입니다. 가령 식물은 어떤가요? 침해하는 방식으로 생존하지 않으며, 반대로 내주는 방식으로 생존하고 번식하지요. '독립영양생물'이라는 말처럼, 식물은 햇빛과 물만 있으면 살 수 있습니다. 이런 점에서 식물은 동물보다 훨씬 더 탁월한 생존능력을 갖고 있습니다. '식물인간'이란 말에서 보이듯, 우리는 식물 알기를 우습게 알지만, 실은 식물이 동물보다 훨씬 더 '진화'된 생물입니다. 실제로 진화의 역사에서도 현화식물은 포유류보다 더 나중에 출현합니다. 진화의 통념은 흔히 더 나중에 출현한 것이 더 진화된 것이라고 하는데, 그에 따라 보아도 식물이 더 진화된 생물이란 말입니다. 흙속에서 흡수하는 성분도 남을 침해하지 않은 채 '먹습니다'. 더 정확히는 흙 속에 있는 균사 등 다른 생물과 공생관계를 이루며 살고 있습니다. 그래서 누구는 흙 속에 있는 거대한 균사들의 연결망을 월드와이드웹(World Wide Web, www)에 빗대어, '우드 와이드 웹'(Wood wide web)이라고 부르기도 합니다. 열매를 동물에게 내주어 씨를 퍼뜨리며, 신체의 일부를 남들이 뜯어먹어도 치명적 임계점을 넘지 않는 한 느긋하게 생존합니다. 누구는 생존을 위한 식물의 치열한 경쟁을 몰라서, 심지어 토마토에 기생하여 착취하는 미국실새삼 같이 다른 식물에 기생하는 넘들이 있음을 몰라서 그렇다 하겠지만, 남의 신체를 먹고 섭취하는 우리 동물에다 비교할 수야 있겠어요?

반복하는 게 되겠지만, 능력이란 싸우는 능력이기 이전에 수용하는 능력입니다. 수용능력을 넘어선 선에 대해서 우리는 비로소 싸우기 시작합니다. 병법을 다루며 손자도 말했다지요? 싸우지 않고 이기는 것이 최고의 승리라고. 니체도 사실 이를 잘 알고 있습니다. 『도덕의 계보』 제2논문에서 그는 강함에도 '위계'가 있고, 상이한 차원이 있음을 언급합니다. 거기서 그는 한 사회에서 '정의'라고 하는 것이 어떻게 출현하는가에 대해 말합니다. 경쟁하고 투쟁하는 수준, 이질적인 것을 감당하기 힘들어 그것과 싸워서 이겨야 되는 수준의 공동체라면, 한 사람의 위반이나 한 사람의 침해행위조차 공동체의 생존 자체를 쉽게 위협할 수 있습니다. 그런 공동체라면 정의는 위반행위를 한 사람이 가진 것들을 다 뺏어 버리거나 침해해 버리는 식의 처벌, 형벌로 나타납니다. 그러나 공동체의 힘이 그 행위에 의해 좌우되지 않을 만큼 강해졌을 때는 그럴 필요가 없지요. '기생충이 내 안에 존재한다는 게 내 생명하고 무슨 상관이 있어? 그거 하나쯤은 번성해도 괜찮아'라고 하며 그대로 둔 채 수용한다는 겁니다. 나아가 가해자에 대한 개인적인 복수를 제어하고 원한의 감정 없이 가해자에 대한 '객관적' 판단을 하는 걸 '정의'라고 한다고 하지요. 정의가 복수로부터 독립하는 것은 이럼으로써입니다.

우리 신체도 그럴 겁니다. 개인이든 사회든, 어떤 신체가 수용할 수 없어서 처벌하고 내치는 것이 바로 그 신체의 한계를, 그 신체의 능력을 드러냅니다. 강함에도 상이한 레벨이 있고, 강함에도 위계가 있습니다. 밀쳐 내고 싸우고 제거하는 수준의 강함이 있다면, 방치하고 수용하는 수준의 강함이 있습니다. 더 나아가면 자신의 새로운 능력을 위해, 즉 변이를 위해 이질성이나 차이를, 심지어 적조차 좋다고 긍정하는 종류의 강함도 있을 수 있겠지요. 뿌리혹 박테리아를 신체 안으로 받아들여 질소를 분해해 단백질을 만든 콩과 식물들이 생각납니다. 앞서 말했던, 치명적 박테리아와 결합해 새로운 공생체가 되었던 아메바도, 혹은 먹었으나 소화불량인 채 살아남은 놈과 공생체가 된 박테리아도 이런 경우지요. '차이의 긍정'을 말하는 차이의 철학이 주장하는 게 이겁니다. 강함에 위계가 있다는 말은 차이의 긍정에도 위계가, 즉 수준 차이가 있다는 말로 바꿔 말해도 좋을 겁니다. 차이를 거부하고 동일화하려는 것과 차이를 인정하고 관용하는 것, 차이를 보면 반가워하며 자기변용의 계기로 삼는 것은 수준이 다른 겁니다.

260절에서는 '주인의 도덕'과 '노예의 도덕'이란 개념이 등장합니다. 좋음과 나쁨, 선과 악의 개념적 차이에 대해 말하고, 자기긍정의 도덕으로서의 고귀한 자의 도덕과 유용성의 도덕으로서 노예의 도덕을 대비합니다. 이는 다음 해에 쓰여진『도덕의 계보』에서 본격적으로 다루어지는 주제입니다. 그리고 262절에서 강자의 도덕과 약자의 도덕의 발생사를 다룹니다.

이 또한 『도덕의 계보』 첫 번째 논문에서 다루어지는데, 이는 『도덕의 계보』에 대한 강의에서 다시 말하겠지만, 거기서는 주로 어원학적 관점에서 다루어집니다.

어원학적 관점은 하이데거 식으로 말해 언어에 포함된 어떤 사유의 흔적을 추적하는 데 유용하긴 하지만, 그 시대의 통념에 기댄다는 점에서 그만큼 어떤 편견을 '기원'으로 삼기 쉽다는 대가를 치러야 합니다. 나아가 말에 포함된 문법의 환상에 사로잡히기 쉽다는 난점이 있습니다. '문법의 환상'에 대해 말했던 것이 니체인데, 그의 어원학적 비판은 니체 자신도 그로부터 자유롭지는 못했음을 보여 주기도 합니다. 가령 니체는 '한 유형이 **고정된다, 굳세어진다**'라는 말을 강함의 징표라고 얘기합니다. '굳세어진다' 함은 강함과 동의어로 들리지요? 그런데 고정된다는 말과 병치되는 굳세어짐이란 대단히 고체적인 표상 아닌가요? 가령 아이의 신체는 부드럽고 유연하며 고정성이 적고 다치기 쉬우니 굳세다 하기 어렵습니다. 반대로 노쇠한 신체는 어떤가요? 아니 죽은 신체가 더 확실하지요. 고정되고 경직되어 단단하며 '굳센' 고체적 성격을 갖습니다. 더는 다칠 것도 없지요. 이런 신체가 강한 신체이고 어린 아이의 신체는 약한 신체라고 할 수 있을까요? 차라리 반대로 말하는 게 더 낫지 않을까요? '영혼'도 그래요. 자아가 확고해지면 영혼의 패턴이 고정되고 굳세어집니다. 새로운 사태를 받아들이는 유연성이 떨어지게 됩니다. 이게 좀 더 굳어지면 어떤 새로운 것도 입력되지 않고 그저 있는 것만 출력되는 상태로 진행됩니다. '늙었다'

함은 바로 이런 걸 뜻하지요. **고집세고 변할 줄 모르는 단단함**, 고체적 경직성을 갖게 됩니다. 이게 강한 영혼일까요?

우리는 다시 물어야 합니다. 어떤 게 강해지는 건가? 고정되고 굳세어지는 게 강해지는 것인가? 이는 '굳셈'이란 말에 포함된 문법의 환상 아닐까요? 강한 것은 패턴이 고정되고 굳세게 묻어 버린 것이 아니라 유연하고 가변적인 것 아닐까요? 고체적인 것이 강함의 표상을 지배하지만, 실제로는 액체적인 것이 훨씬 더 강합니다. 고체적인 것들은 단단하고 굳어 있기에 부서지고 깨지기 쉽지만 액체적인 것들은 유연하기 때문에 어떻게 해도 부서지지 않죠. 자르고 '부수어도' 소용이 없지요. 다시 섞이고 붙어 버리니까요.

무술이나 무용처럼 신체를 다루는 사람들은 이를 잘 알고 있습니다. 저도 요가를 오래 해서, 적어도 요가하는 신체에 대해서는 확실하게 말할 수 있는데, 강한 신체는 굳은 신체가 아니라 유연한 신체입니다. 힘으로 말해도, 강하다는 것과 굳고 고정된 것은 같지 않으며, 차라리 반대입니다. 힘이 없으면서 힘을 과시하려는 자들이 택하는 게 바로 굳고 고정된 이미지, 강함의 표상이지요. 이런 종류의 강함이 사실은 변화와 생성을 강조하는 니체의 문제의식에도 훨씬 더 잘 부합하지 않을까요? 그런 점에서 문법의 환상이나 통념에서 벗어나, 또한 특유의 반어적인 '막대 구부리기'식 어법을 간취하면서 '강함'을 니체적 문제의식 속에서 사고하는 것, 니체의 텍스트마저 그런 방식으로 다시 읽는 것이 니체적인 독해의 방식 아닐까 생각합니다.

나중에 『도덕의 계보』에서도 저는 이런 방식으로 읽고 해석하려 할 겁니다. 니체의 눈으로 니체를 읽으려 할 겁니다.

6. 청결함과 고귀함

269절에서 니체는 동정 때문에 질식하는 위험에 대해 말하면서 이런 것을 피하기 위해서 냉혹함과 명랑함이 필요하다고 합니다. 니체가 중요하게 여기는 긍정적 '덕목'이 등장하지만, 니체가 부정하는 '도덕'이 여전히 등장하고 있으며, 양자는 짝지어져 있습니다. 그런데 270절로 넘어가면 "이 고통을 겪어 본 인간에게는 누구나 자부심과 구토감이 있다"라고 고통에 대한 긍정적 서술이 시작됩니다. 이 고통은 곧바로 고귀함이라는 핵심 주제로 이어집니다. "깊은 고통은 사람을 고귀하게 한다. 이것이 사람을 구별해 준다." 정신적인 자부심과 구토감을 느끼는 자들은 그 고통 속으로 가장 깊숙이 들어가는 자일 겁니다. 우리의 신체는 고통이 크면 구토를 하게 하지요.

과음으로, 혹은 두통이나 다른 병으로 구토해 보신 분은 잘 아시겠지만, 구토란 신체가 더는 견딜 수 없음을 유기체에게 알리는 방법입니다. 고통이 신체적 임계치에 이르렀음을 표시하는 징후지요. 건강한 신체는 고통이나 자극에 더 민감합니다. 고통이란 신체를 보호하기 위한 장치지만, 고통스러운 상태가 지속되면 고통 자체가 견디기 힘들어지기에 고통의 감각은 무려집니다. 고통에 둔감해지면, 고통을 주는 원인에 대해 둔감해지게 됩니다. 고통이란 지금 상태가 몸에 안 좋으니 얼른 신체상태를 바꾸라는 세포들의 함성인데, 그 함성소리를 듣지 못하고, 상태나 습관을 지속하게 됩니다. 결국 몸이 더욱더 망가지게 되지요. 고통에는 더욱더 둔감해지고, 그래서 몸은 더 나빠지고 등등으로 이어지는 되먹임이 발생합니다. 반면 몸이 치유되기 시작하면 안좋은 부분이 더 아파지는 현상이 발생합니다. '명현반응'이라고 하지요. 고통에 둔감하던 감각이 깨어나기 때문에 발생하는 현상입니다.

고통에 둔감해지면 현재 상태를 견디기 쉬워집니다. 고통스러운 상태를 바꾸는 대신, **참고 견디는 신체**가 나타나게 됩니다. '참고 견디며 사막을 건너는 낙타의 정신', 니체가 이를 얼마나 혐오했는지는 잘 알려져 있지요. 고통이란 내 신체나 영혼의 상태가 외부세계와 부조화상태에 있다는 표시입니다. 그 고통에 민감할 때, 세계의 변화에 맞추어 내 신체와 영혼의 상태를 바꾸어 갈 수 있습니다. 깊은 고통은 영혼과 신체를 근저에서부터 바꾸어 놓습니다. 니체는 그런 영혼은 "'그대들은 아무것도 알지 못한다!'고 말할 수 있을 정도로 멀고도 무서운 많은 세계를 잘 알고"(270절) 있다고 쓰고 있습니다. 남들이 느껴 보지 못한 세계를 다녀온 것이니까요. 심연의 어둠을 본 영혼이 남다른 것은 이 때문입니다. 그런 영혼은 잠재적 고통에 대해서도 민감할 겁니다. 나의 고통뿐 아니라 남들의 고통에 대해서도. 깊은 고통은 신체와 영혼이 주파하는 길을, '삶'이라는 이름의 길을 바꾸어 놓습니다. 영혼의 깊이도, 삶의 깊이도 거기서 나옵니다. 넘어선 고통의 깊이가 사람이 나는 자유의 높이를 규정한다는 니체의 말(『즐거운 학문』)은 이를 뒤집어 표현한 것이라 하겠습니다.

다음으로, 청결에 관해 쓰고 있지요. "두 인간을 가장 깊이 있게 구분하는 것은 청결에 대한 감각"이라고 합니다. 옆에 있는 누군가를 더 이상 참을 수 없게 만드는 것, 그게 바로 청결이란 본능이고, 그것이 누군가를 '성자'로 만들고 가장 위험한 고독 속에 들어가게 한다고 합니다. 비속한 것, 천한 것은 '더러운 것'이라는 말로 대체될 수 있다는 말이지요. 그러나 이 역시 조심스러운 독해가 필요합니다. 여기서 말하는 청결이 평소에 청소를 열심히 하는 자, 강박적일 만큼 정리정돈에 열심인 자를 뜻하는 건 아닐 테니 말입니다. 니체가 말하려는 건 "혼탁과 고뇌 속에서도 찬란히 빛나는 것, 깊이 있고 섬세한 것으로 몰아가는"(271절) 어떤 욕망 같은 것입니다. 세간의 통념, 평균적이고 일상적인 것, 흔히들 말하고 생각하는 것, 그게 바로 니체가 말하는 더러움입니다. 청결함이란 **그 속에 있어도** 물들지 않고 자신의 남다른 감각과 태도를 견지함입니다.

이런 게 바로 진정한 고독입니다. 그런 힘이 강한 이들일수록 더러움 속에 있을 수 있습니다. 더러움 속에 있어도, 그것들과 함께 있어도 흔들리지 않으니까요. 그런 이들이 더러움 속에 있을 때, 그 주위는 청결의 힘에 물들게 될 겁니다. 반면 힘이 부족하면 더러움에 의해 쉽게 물들게 됩니다. 더러움에 흔들리지 않을 정도는 안 되지만 나름의 청결함을 가진 분은 그래서 산 속으로, 혼자 있을 수 있는 곳으로 올라가게 됩니다. 그곳에서 힘을 닦아 더욱더 강하게 되었을 때에야 시장통의 더러움 속에서 살 수 있게 됩니다.

시장통에서 세속사의 '더러움'과 함께하며 살았던 원효대사야말로 최고의 강자라고 할 수 있는 건 정확히 이런 이유에서입니다. 이건 힘의 문제여서, 맘먹는다고 되지 않습니다. 더러움에 물들지 않고 시장통의 소란에 흔들리지 않을 능력이 없다면, 차라리 고요한 곳을 찾아 올라가는 게 좋습니다. 차라투스트라가 산에서 도시로 내려오는 것도, 또 세상을 주유하다 다시 산으로 올라가는 것도 저는 이런 식으로 이해해야 한다는 생각입니다. 주제도 모르면서 시장통을 헤매며 자신이 물들지 않고 청결하다고 믿는 것도, 청결함이란 더러움 없는 세상에 머물러 있는 것이라고 믿는 것도 모두 많이 모자라는 생각입니다. 최고의 청결함이란 더러움 속에서 청결하게 있는 것이고, 그렇게 있는 것만으로도 그 더러움을 청결하게 만드는 청결함입니다.

면역과 청결의 관계도 마찬가지 아닐까 싶습니다. 파스퇴르와 코흐가 세균을 발견한 이래, 더러움은 죄악이 되었고 '청결'은 의무를 넘어 강제가 되었지요. 여기서 자세히 말하진 않겠지만, 이는 단지 은유가 아닙니다. 서양에선 중세 이래 물이 죽음과 결부되어 있다는 믿음이 나타나면서 잘 씻지 않게 되었다고 해요. 중세의 목욕탕이 매춘의 장소, 따라서 매독의 장소이기도 했다는 점 때문인지도 모르겠어요. 어쨌건 잘 씻지 않으려는 문화 속에서, 남녀가 신체적 접촉을 해야 했기에 궁정사회에서 향수가 발달했다는 사실은 잘 알려져 있지요. 『사생활의 역사』에서 읽은 것 같은데, 30년 동안 씻지 않은 노파의 얘기가 어딘가 기록되어 있다고 하더군요. 그러나 세균을 발견한 뒤에는 사태가 달라집니다. 노동자와 군인들을 소방호스로 세척하고, 위생을 위한 집과 거리의 청소는 시민의 의무가 되었으며, 살균과 소독이 '병균'으로부터 우리를 지켜 주리라는 믿음이 근대인의 내면에 자리잡게 됩니다.

그러나 세균은 **병균**이 아니며, 우리 신체 내부에는 엄청나게 다양한 종류의 세균이 살고 있습니다. 살균과 소독으로 지나치게 위생적인 환경에서 자란 아이들이 백혈병에 걸리는 비율이 높다는 연구를 얼마전에 읽은 적이 있어요. 세균 없는 환경에 과적합되어, 약간의 세균에 대해서도 과잉반응하게 되면서 백혈구가 과잉생산되기 때문입니다. 저와 비슷한 연배인 분들은 땅에서 구르고 구정물 속을 달리고 흙 묻은 걸 먹는 생활을 거쳤을 텐데, 그렇게 살던 시대에는 없던 병들이 '위생적인, 너무나 위생적인' 환경에서 자란 분들에게는 흔히 발견되는 또다른 사례도 있습니다. 아토피가 그렇지요. 너무 깨끗하게 살다 보니 공기나 물, 음식이 약간만 깨끗하지 않아도 과잉 반응하며 병이 되는 경우 아닐까요? 위생과는 거리가 먼 시대에는 이름조차 알지 못하던 병이지요.

백신이란 미리 세균을 몸에 투입하여 면역력을 강화하는 방법이지요. 이를 확장해서 생각해 보면, 세균들과 자주 접촉하는 것이 면역력을 강화하는 길이란 뜻 아닌가요? 저는 헝그리 정신 때문이기도 하지만, 유통기한 지난 것이나 약간 맛이 간 것, 혹은 테이블이나 바닥에 떨어진 것도 엔간하면 그냥 먹습니다. 매일 샤워하는 것은 몸에 안 좋다는 신념을 갖고 있기에, 가능한 적게 씻으려는 편입니다. 아, 하하하, 갑자기 두려워지셨나요? 그래도 남 불편하게 하진 않을 정도로 씻으니 너무 걱정하지는 않으셔도 됩니다.^^ 어쨌건 그래서라고 믿는데, 엔간히 상한 것을 먹어선 탈이 나지 않습니다. 세균성 질병도 거의 걸리지 않습니다. 반면 제가 아는 한 친구는, 아버지가 의사였던 관계로 매주 소독을 하며 아주 위생적으로 사는데, 병에 자주 걸리더군요. 이런 얘기를 했더니, 역시 위생적으로 사는 한 친구가 그럽디다. 전에는 안 그랬지만 요즘은 그 말을 믿게 되었다고. 자기와 딸은 자주 씻고 깨끗하게 생활하지만 병에 자주 걸리는데, 샤워는커녕 손도 잘 안 씻고 사는 남편은 병에 거의 걸리지 않는다고 말입니다.

물론 무작정 더럽게 살자는 말은 아닙니다. 스스로 청결하지 않다고 생각하지도 않습니다. 깔끔을 떠는 건 좋아하지 않지만, 저 역시 나름 청결한 감각을 갖고 있으며, 더러운 것에 대해선 감각적으로 거부감이 있습니다. 다만 그 깨끗함과 더러움의 관념이 남들과 조금 다른 거지요. '조금'이 아니라고요?^^;; 어쨌건 몸이 견딜 수 없는 '더러움'이나 세균에 대해서야 방어해야겠지만, 너무 위생적이고 너무 깨끗하게 살면 오히려 병이 나기 쉽다는 겁니다. 정말 더러운 곳, 세균에 오염된 곳에서도 건

강하게 살 수 있는 자가 가장 큰 신체적 능력을 가진 자입니다. 그 능력이 모자라면 깨끗하게 살아야 하지만, 그렇게만 살면 결코 신체적 능력이 증가하지 않을 거라고 저는 믿습니다. 백혈병이나 자가면역질환 같은 과잉면역반응도 문제지만, 어차피 세균과 '오염'이 피할 수 없는 것이라면 그런 환경에서 살 수 있는 능력을 형성해야 하지 않을까 싶습니다. 요컨대 '청결'이란 외면적인 깨끗함이 아니라 강도적인 깨끗함이란 것입니다. 깨끗함과 더러움이 외면적인 대개념이라면, **맑음**과 **탁함**이 강도적인 대개념이라 하겠습니다. 먼지를 덮어쓰고 때가 묻었지만 맑은 사람이 있고, 깨끗하게 씻었으나 탁한 사람이 있지요.

7. 기다림, 혹은 우정에 대하여

274절에서 니체는 기다림에 대해서 얘기를 합니다. 적절한 때를 기다리는 것이 중요함은 우리도 많이 듣는 얘기입니다. 그러나 그렇게 기다리기만 한다면, 때가 와서 벌떡 일어섰을 때, "사지가 마비되어 있고 정신이 이미 너무 무거워져 제대로 움직일 수 없다는 사실을" 알고 '너무 늦었다'고 탄식하게 되는 경우가 많다고 니체는 말합니다. 천재보다 더 드문 것이 '적절한 때'라고 하면서, 그 적절한 때라는 우연을 붙잡기 위해선 오백 개의 손이 필요하다고 말합니다.

　　미리 말하자면, 니체의 이 말은 기다릴 줄 모르는 성급함을 말하려는 것이 아닙니다. 적절한 때의 중요성을 부정하려는 것도 아닙니다. 다만 그저 기다리기만 한다면, 적절한 때가 되어도, 기다리던 사건이 도래했을 때에도 아무것도 못하게 됨을 지적하는 것입니다. 그런 점에서 기다림이란 **사건을 찾아가는 것이고, 때를 만들어 가는 것입니다.** 물론 사건이 도래할 때, 그것은 **찾던 것과는 다른 것으로** 도래할 것이고, 필경 **예상을 벗어난 지점에서** 출현할 겁니다. 그래도 그렇게 찾아가고 만들어 가지 않는다면, 사건이나 때는 결코 오지 않으며, 와도 기다리던 것인 줄 모르는 채 그냥 지나가게 할 겁니다. 그래서 적절한 때를 위해선 오백 개의 손이 필요하다고 하는 겁니다.

일이나 능력도 그렇습니다. '언젠가는 피아노를 배워야지', '바쁜 게 끝나면 니체를 읽어야지' 하는 생각으로 때가 되길 기다리는 분도, 대개는 기다리다 결국은 하지 못할 가능성이 큽니다. 막연한 기다림은 막연함으로 끝나게 마련이지요. 피아노를 배우려면, 나중에 수정하더라도 구체적으로 계획을 세우고 그걸 준비하려 해야 배울 수 있을 겁니다. 바쁜 게 끝나길 기다리는 게 아니라, 언제 어떤 식으로 바쁜 걸 마무리할 건지, 언제쯤 니체를 읽을 건지를 생각하고 준비하지 않으면 결국 못 읽게 될 겁니다. 나중에 실제로 하는 건 달라질 수 있으며, 피아노 대신 기타를 배우고 니체 대신 프루스트를 읽게 될 수도 있습니다만, 무언가를 할 준비를 하지 않는 한, 기다림은 그저 기다림 이상이 되기 어렵습니다.

이 부분을 읽으면서 저는 카프카의 「법 앞에서」라는 유명한 우화가 생각났습니다. 아시겠지만, 간단히 요약하면 내용은 이렇습니다. 어떤 시골 사람이 법의 성에 들어가려고 왔지만 문지기가 못 들어가게 막아섭니다. 문지기를 이리저리 꼬드겨 들어가려고 했더니, '내가 들여보내 주는 것은 어려운 게 아닌데, 나보다 더 험한 놈들이 문마다 끝도 없이 있어, 괜찮겠나?'라며 포기하게 합니다. 시골 사람은 결국 그 앞에서 서성이다 끝내 들어가지 못한 채 늙어서 죽을 때를 맞이합니다. 그때 문지기가 다가와 농부에게 말합니다. "이 입구는 오직 당신만을 위한 것이었소. 이제 나는 가서 이 문을 닫아 걸겠소." 이 작품에 대해서는 여러 사상가들이 한마디씩 했고, 카프카 자신도 『소송』이란 소설에서 신부와의 대화를 통해 다양한 해석의 가능성들을 펼쳐보여 줍니다. 그러니 이 작품에 대해 '정답' 같은 건 없다 해야겠지만 적어도 이 작품이 '기다림'에 대한 것임은 부정하기 힘들지 않을까 싶어요. 그저 기다릴 뿐이라면, 혹은 그 뒤에 어떤 난관이 기다릴지라도 과감히 밀치고 들어가려 하지 않는다면, 나를 위해 있는 문 안으로조차 들어갈 수 없다는 것 말입니다. 법이란 끝없는 규칙 같은 것이어서, 나를 위해 있는 것조차 규칙만을 따라간다면 바깥을 맴돌 수 있을 뿐, 안으로 들어가지 못한다는 말이기도 합니다. 어쩌면 법이란 규칙을 '밀치고' 들어가는 위법행위를 통해서만 안으로 들어가게 되는 성 같은 것이란 말이겠지요. 물론 법 안으로 들어가는 것이 좋은 건지 나쁜 건지는 각자 알아서 판단하셔야죠.

『소송』에서 변호사 사무실에서 일하는 레니라는 비서가

"모든 피고는 아름다워요"라고 하는 말은 이런 맥락에서 이해할 수 있습니다. 피고, 즉 법을 어기는 자가 없다면, 법은 누구도 들어갈 수 없는 것으로서 군림할 겁니다. 깨지더라도 어기는 자가 있을 때, 그리고 그에 대해 그저 법을 적용하는 것이 쉽지 않은 '사정'이 있을 때, 그리고 그런 피고가 반복하여 출현할 때, 법은 바뀌게 될 계기를 갖습니다. 누군가가 단단히 걸린 법의 문을 밀고 들어가는 것입니다. '정의'가 법을 정하고 바꾸는 상위의 원칙이라고 한다면, 정의란 사실 이처럼 법의 문을 열고 들어가 법을 바꾸는 것을 통해 작동한다 할 겁니다. 그런 점에서 카프카에게 정의의 담지자는 법관이 아니라 피고입니다. 피고가 없으면 법만 있을 뿐 정의는 공허한 문구가 됩니다. 법의 문을 여는 정의는 피고의 손에 들려 있는 겁니다.

2001년 오이도 역에서 리프트를 타던 장애인 한 분이 사망하자, 장애인들은 '이동권'이란 개념을 제시하면서 엘리베이터나 저상버스 도입 등을 요구하는 헌법소원을 제기했습니다. 헌법재판소는 그것을 받아들이지 않았는데, 그러자 장애인들은 자신들의 생존권을 부정하는 헌법을 지키지 않겠다며 투쟁을 시작했습니다. 결국 나중에 장애인 이동수단들을 도입하게 되면서 장애인의 이동권은 법적인 권리가 되었습니다. 헌법재판소가 부정한 장애인의 권리가, 법을 어기는 피고가 되길 자처했던 장애인들에 의해 새로운 법이 되며 새로운 권리로 자리 잡게 된 겁니다.

생각해 보면, 여성들의 선거권과 피선거권도 마찬가지였지요. 노동자들의 파업권도 그래요. 한국 법원은 오랫동안 경영권, 업무방해 등을 이유로 헌법에 보장되어 있는 파업권을 실질적으로 부정해 왔습니다. 그러나 노동조합은 투옥이나 손해배상 소송 등에 시달리면서도 파업을, 즉 법을 어기는 피고가 되기를 계속했고, 2011년 대전지방법원에서 이를 뒤집고 파업권을 인정하는 판결을 냅니다. 이후 대법원에서도 유사한 판결이 나오면서 법이 실질적으로 달라지게 됩니다. 피고가 되기를 자처함으로써 법의 문 안으로 밀고 들어간 겁니다.

법의 문이 열리고 자신들이 법의 이름으로 문 안으로 들어가는 일을 기다리는 한, 그렇게 되는 일은 일어나지 않을 겁니다. 머리 들이밀고 법을 어기고 벌금 물고 투옥되고 하는 일을 하는 것은 분명 '아직 때가 되지 않은 일'을 하는 겁니다. 그러나 '때가 되지 않은 일'을 하는 이들이 **시간의 문을 여는 것입니다**. '때'라는 시간의 문을. 그처럼 때가 되지 않은 일을 하는 이들이 없으면, 법의 문이 열리는 일은 결코 없을 겁니다. 비록 그 법이 '모든 이'의 이름으로, '모든 이'에 속하는 우리 자신을 위한 문을 갖고 있다고 해도 말입니다. 그 문은 밀고 들어갈 줄 모르는 자를 위해 문지기를 세워 놓았고, 그 문지기의 임무는 들어가려는 자를 막고 기다리게 하는 것이니까요. 그러니 카프카의 소설은 위반하고 밀치고 들어가지 않으면 어디에도 우리는 못 들어간다, 알아서 해라 하면서 불법성을 조장하고, 우리를 피고로 만들려는 소설 아닐까 싶습니다. 아주 악마적인 소설이지요.^^

다른 종류의 기다림도 있는 것 같습니다. 예를 들면 친구나 동료들이 어떤 행동을 할 때, 종종 내가 이해할 수 없는 행동을 하는 경우들이 있지요. 심지어 등을 돌리는 것처럼 보이는 경우도 있습니다. 그 경우 그런 행동을 이해하거나 도와주는 것은 생각하기 힘듭니다. '배신'이라면서 반대편으로 등을 돌리는 경우가 흔하지요. 그런데 '친구'라는 말을 강하게 생각해 본다면, 그 흔한 일들이 과연 적절한 것인가 싶은 생각이 듭니다. 「친구」라는 제목의 오래된 영화가 생각나네요. 아주 친하게 지냈으나 조직을 떠나 반대편으로 가자, 칼로 '담궈' 죽여 버립니다. 장의사이기도 한 그의 아버지가 묻습니다. 죽인다 해도 그렇게까지 많이 찔러 죽여야 했느냐고. 생각해 보면 그렇지요. 내가 이해할 수 있고 내 맘에 들면 친구라 말하며 좋아하고, 내가 이해하지 못하고 동의할 수 없으면 '배신'이라 비난하고 등을 돌린다면, 그게 친구인가 물어야 합니다. 사실 친구가 아니어도 모두 그렇게 합니다. 우정이 없어도 그렇게 합니다. 그건 정확하게 내 이해관계나 내 일방적인 생각(이해수준)에서 행동하는 것일 뿐 우정과는 사실 상관이 없습니다. '의리'라는 말도 마찬가집니다. 조폭들의 의리, 정치인들의 의리란, 이해관계가 달라지면 '배신자'라며 칼을 들이대는 의리지요. 이때 의리란 말은 **이해관계란 말을 듣기 좋게 포장하는 말**이며, 나와 거리를 두면 배신자라는 비난이 예비된 말입니다.

이는 국가나 정당 같은 집단의 정치적 행동에서도 마찬가지로 발견됩니다. 나치 정치학자 칼 슈미트는 "정치란 적과 친구를 가르는 문제"라고 정의한 바 있습니다. 친구와 적은 따로 정해져 있는 게 아니라, 이해관계 등에 의해 경계를 가르는 판단에 의해 결정되는 것이란 말입니다. 경계를 다르게 가르면 적이었던 게 친구가 되고, 친구였던 게 적이 됩니다. 「친구」란 영화가 보여 준 게 정확히 이런 거죠. 그래서 "영원한 적도, 영원한 친구도 없다"며 심오한 진리를 깨달은 양 설파하는 분들 자주 보셨죠? 이런 분들, 믿지 않는 게 좋습니다. 이해관계가 달라지거나 자기가 이해할 수 없다 싶으면 어느새 적이 되어 우리를 공격할 사람일 테니까요. 여기에는 **이해관계만 있을 뿐** 우정은 없습니다. 우정이란 게 이해관계와 다른 어떤 것으로 유의미하게 정의될 수 있다면, '이해관계를 같이 하는 자의 관계'가 아니라 이해관계와 상관없는 호의적 관계가 되어야 합니다.

저는 사람들이 싸우고 갈라지는 일들을 많이 겪었습니다. 친구가 '배신자'가 되고 '적'이 되는 일들을 많이 겪었지요. 운동을 하면서도 그랬고, 공동체를 하면서도 그랬습니다. 그런 일이 벌어지면 가까웠던 이들도 '적'이 되는 일이 벌어집니다. 이해관계가 아니라 원칙이나 대의 때문에 갈라지면 사태는 더욱더 격렬하고 난감하게 됩니다. 이전의 적보다도 더 미워하며 더 격렬하게 비난하고 싸우게 됩니다. 좌파는 이론과 원칙, 대의와 명분에 따라 운동을 하거나 생각을 하기에, 분열은 새로운 이해관계를 통해서도 메울 수 없는 것이 됩니다. 좌파가 유난히 분열로 망하는 일이 많은 것은 이 때문일 겁니다. 아, 그런데 가까운 이들이 갈라서는 것은 원칙과 대의 같이 '큰' 것보다는 감정이나 감각 같이 '사소한' 것에 기인하는 경우가 많다는 걸 덧붙여 두고 싶습니다. 감정적인 이유 때문에 싸우고 멀어지게 되지만, 그걸 표면에 내세우거나 말로 인정하여 갈라서는 일은 쉽지 않습니다. 자기가 생각해도 부끄러운 일이니까요. 그래서 그걸 가리기 위해 크고 거창한 이유를 찾게 됩니다. 대의와 원칙의 차이가 그때 등장하게 되지요. 그래서 원칙과 대의를 강하게 말하는 분을 보면, 그가 말하는 것 이상으로 말하지 않은 어떤 이유가 있을지 생각해 보는 게 문제를 해결하는 데 훨씬 도움이 됩니다. 사소한 다툼이나 언행으로 인해 감정 상했던 일이 있었을 가능성이 크니까요. 그러나 불행은 그런 일을 원칙과 대의 대신 꺼내 놓고 솔직하게 말하는 게 사태 해결에 도움이 되지는 않는다는 사실입니다. 일단 아니라고, 단지 그것만은 아니라고 부정할 겁니다. 부끄러운 일을 끄집어 내서, 자신을 쪼잔하고 속좁은 인간으로 만들었다고 더 화를 낼 가능성이 크지요.

이런 일들을 반복해 겪으면서 생각했습니다. 대체 '친구'란 뭐고, '우정'이란 뭘까? 친구라는 게 이해관계나 이념, 원칙 등에 의해 갈라졌을 때, 혹은 감정적 충돌로 인해 싸우게 되었을 때 어느새 적이 되는 이들과 다르다면 뭐가 다른 걸까? 그렇다고 친구 얘기라면 원칙도 없고 이념도 없이 그저 따라가는 것을 지지할 수도 없지 않겠어요? 그거야말로 '의리' 때문에 핵심을 망각하는 것이니까요. 이런 와중에 '기다릴 줄 아는 것'이란 생각을 하게 되었습니다. 친구란 내가 이해할 수 없을 때에도, 그래서 함께하거나 지지할 수 없는 경우에도, **무언가 이유가 있겠**

지 하며 기다려줄 줄 아는 것이란 생각 말입니다. 따라가지도, 비난하지도, 싸우지도, 무시하지도 않고 그의 언행을 내가 이해할 수 있거나 그가 다시 언행을 바꿀 때를 기다려줄 줄 아는 것이 우정이고, 따라감과 비난 사이의 그 여백이 우정의 공간 아닐까 하는 것입니다. 두 극단 사이에서 기다려줄 줄 아는 것, 심지어 분노와 미움의 감정이 가라앉길 기다릴 줄 알고, 반동적 감정이 소멸하길 기다릴 줄 아는 것, 그것이 우정을 이해관계나 이념에 따른 관계와 다르게 하는 요인이란 생각입니다.

8. 거리의 파토스

다른 사람의 고귀한 점을 보지 않으려는 사람은 다른 사람의 천박하고 표면적인 점은 그만큼 더 예리하게 포착한다. 그리고 그것으로 자기 자신의 정체를 폭로한다. (275절)

사람뿐 아닙니다. 어떤 작품이 탁월한 것인지 알아볼 수 있는 자는 그런 안목을 가진 자입니다. 고귀한 사람인지 알아보려면 그런 눈이 있어야 하는데, 그런 눈은 고귀함의 높이에 다가간 사람, 혹은 그러려는 사람 아니면 얻기 어렵습니다. 고귀함을 찾는 자라면 남에게서도 그런 게 주로 보일 겁니다. 역으로 사람에게서 고귀함을 보려 하지 않는 자는 고귀함과는 거리가 먼 자, 천박한 자라고 해야지요.

천박한 자는 천박함을 잘 찾습니다. 아는 것만 보이는 법인데, 자신이 잘 아는 것, 자신이 갖고 있는 것이 그거니 얼마나 잘 보이겠어요. 그래서 이런 분들 주변에서는 천박함의 경쟁이 발생하곤 합니다. 자신이 천박하다고 느끼기에, 남들에게 지지 않기 위해 남들의 천박함을 재빨리 찾아내고 어느새 공격할 틈을 노리니까요. 자신이 남들보다 낫다는 걸 증명하기 위해 남들의 단점을 어느새 잽싸게 포착하여 그것을 드러내고 지적합니다. 그러니 단점 잘 찾고 남들 천박함을 쉽게 비난하는 분들, 조심하는 게 좋습니다. 그런 분들의 눈은 여러분을 보면서 어느새 단점과 천박함을 찾고 있을 테니까요. 모든 종류의 협조는 이 저열한 단점 찾기 경쟁 앞에서 무력화되고 맙니다. 반대로 남들의 장점을 잘 찾는 분들 가까이 가면 좋습니다. 여러분이 모르는 여러분의 장점을 알아보고 찾아 줄 가능성이 크니까요. 그런 분 근처에서는 장점을 통해 협조의 공동성이 만들어집니다. 뒤집어, 여러분이 남의 단점을 주로 찾는지, 장점을 주로 찾는지, 천박함을 보는지 고귀함을 보는지 잘 살펴보세요. 그게 바로 여러분 자신의 '정체'니까요.

니체가 자주 언급하는 '거리의 파토스'도 그렇습니다. 앞서 나온 '청결'에서도 그렇고, '부패' 같은 다른 관념들에 대해서도 그러한데, 고귀함에 대해서 니체가 하려는 말의 요체는 이 장(9장)의 첫 번째 글(257절)에 나오는 '거리의 파토스'(Pathos der Distanz)라는 개념에 요약되어 있습니다. 앞에서 몇 번 언급한 바 있지만, 남들과 자신 사이에 있는 '거리'를 긍정하고 그것을 확대하려는 감응 내지 기분이 바로 거리의 파토스입니다. 좀 더 높이 올라가려 하고, 좀 더 드문 무언가가 되려는 감응이지요. 니체가 보기에 대중들은 반대로 갑니다. 남들이 알고 있는 것을 알고자 하고, 남들이 좋다고 하는 것을 좋아하려 합니다. 유행이나 소문, '대중성'이 모두 이런 성향과 짝지어져 있습니다.

거리의 파토스는 남들과 다른 자신의 감각을 긍정하는 것이고, 남들과 다른 자신의 생각을 더 멀리 밀고 가는 것입니다. 남들의 이해를 구하지 않고 애써 설득하거나 변명 같은 해설을 다는 대신, 이해받지 못하는 고독 속에 머무는 것입니다. 그러나 그것은 혼자 잘났다고 생각하는 자아도취나 '왕자병' 같은 것은 아닙니다. **그 남다른 감각으로 다른 이들을 촉발하고 남다른 생각을 표현하며, 그들의 감각과 생각이 바뀌도록 하는 것**입니다. 그 촉발을 통해 남들이 고독의 장소로 올라오도록 하는 겁니다. 예술에서 아방가르드가 하려던 것이 바로 이런 것이었지요. 정치적 전위도 그래야 합니다. 앞서 이야기했던 일본 사상가 다니가와 간의 말을 한 번 더 반복하자면, "연대를 구하되 고립을 두려워하지 말라!"는 말이 바로 이런 멘탈을 잘 보여 주는 듯합니다. 후일 일본 전공투 운동가들이 모토로 삼아서 유명해진 문장이라고 하는데, '전공투' 운동의 평가를 떠나서 거리의 파토스를 잘 보여 주는 문장으로 읽힙니다.

거리의 긍정은 천박함을 찾아 내는 것도 아니고 자기보다 낮아 보이는 것을 비난하는 것도 아닙니다. 중요한 것은 거리 속에 있는 것이 니체 말로 고귀함인지, 높이인지를 알아채는 것이고, 거리의 긍정 속에서 더 높이 올라가려는 것입니다. 거리의 파토스라는 개념에서 중요한 건 **천한 것을 비난하는 부정의 정신이 아니라 높은 것을 감지하는 긍정의 정신**입니다. 그 높은 것이 자기 것이든 남의 것이든 말입니다. 이는 비슷해 보이지만 아주 다른 겁니다. 남의 천박함에 대한 비난은 대개 자신의 높이를 과시하고 과장하기 위한 '부정'이지요. 있지도 않은 높이를 과시하려니 남들 낮은 걸 찾고 남들을 낮추는 수밖에 없겠지요.

자신의 고귀함을 알아채는 것은 남들의 고귀함 또한 알아채는 것이며, 그 고귀함을 향해 좀 더 높이 올라가는 긍정입니다. 천박함을 부정하는 비난은 남들에게 이길 수는 있어도 자신을 더 높이 올라가게 하진 못합니다. 고귀함의 긍정은 자신을 더 높이 올라가게 하지만, 그런다고 이기거나 인정받게 하진 못합니다. 인정은커녕 몰이해의 고독이 더 커질 것이며, 이기긴커녕 천한 자들의 세론에 패배하기 십상입니다. 그래도 올라가는 겁니다. 자기의 현재 높이를 극복하며 더 높이 올라가는 겁니다. 그래서 니체는 거리의 파토스란 '지속적인 자기 극복'이라고 말합니다(257절). 자기를 넘어서는 자, 그걸 니체는 초인이라고 하지요. 거리의 파토스는 바로 초인의 파토스입니다. 초인을 초인으로 정의해 주는 것, 그것은 지속적인 자기극복을 통해 좀 더 높이 올라가려는 의지입니다. 바로 그것이 고귀함의 요체입니다.

이런 점에서 보면, "가장 위대한 사건과 사상은 가장 뒤늦게 이해된다"(285절)는 말은 쉽게 이해됩니다. 가장 위대한 사상은 최대의 거리를 둔 높이에 있는 사상이니 알아볼 수 있는 자가 희소하기 마련입니다. 여러 번 이야기한 『에티카』의 마지막 문장을 다시 한 번 떠올려 보겠습니다. "모든 고귀한 것은 어렵고도 드물다." 도달하기 어렵고 이해하기 어렵다는 말이며, 그러니 도달한 자도 이해한 자도 드물 수밖에 없지요. 니체가 말하는 위대한 사상이란 고귀한 사상입니다. 고독을 피할 수 없는 사상이지요. 따라서 가장 늦게 이해되겠지요.

위대한 사건 또한 세간의 흔하고 통념적인 '이해'와는 크게 '거리'를 둔 사건입니다. 상식이나 통념, 흔한 감각으로는 이해될 수 없는 사건입니다. "대체 무슨 일이 일어난 거지?" 묻지만 쉽게 답이 나오지 않는 사건, 혹은 그런 질문조차 던질 여지 없이 멀리 있는 사건입니다. 이런 사건을 "동시대의 세대는 경험하지 못한다"고 씁니다. 그런 점에서 옆에 있어도 있는 줄 모르는 사건이고, '반시대적'(unzeitlich) 사건입니다. 반시대성이란 동시대와의 거리를 표시하는 말이고, 그 거리의 파토스를 담은 말입니다.

나를 넘어선 나, 새로운 친구를 기다리느니…

마지막으로 '높은 산에서'라는 제목의 후곡이 나옵니다. 서곡이 작품을 시작하며 전체의 분위기를 미리 예시하는 곡이라면, 후곡은 작품을 마무리하며 펼쳐졌던 것을 살며시 모아 주는 곡이라 할 겁니다. '높은 산에서'란 제목은 9장이 고귀함에 대한 것임을 안다면 꽤 자연스러워 보입니다. 시로 쓰여진 이 후곡의 첫 연에서 니체는 "생명의 정오"를 언급하며 "때가 왔다!"고 쓰고 있습니다. 조금 전에 '기다림'에 대해 말하면서 얘기했던 거지요. "때"는 이렇게 높은 산으로 찾아옵니다. 낮은 곳에선 기다려도 오지 않습니다. **그걸 찾아 높은 산에 오르는 자만이** 발견할 수 있는 겁니다.

3연에서 니체는 말합니다. "가장 높은 곳에 그대들을 위한 식탁이 마련되었다"고. 높이 올라감은 촉발을 통해 그 높은 곳으로 찾아올 이들을 위한 것이라고 했던 말이 생각나시죠? 높은 곳은 고독의 장소지만, 그 고독은 그렇게 찾아올 친구들로 붐비는 고독입니다. 그런데 그 고독의 장소, 높이 올라간 그곳에서 '내'가 발견하는 것은 다른 '나'입니다. "내가 그렇게 변했는가? 손도, 걸음걸이도, 얼굴도 변해버렸단 말인가?"(5연) 고귀함, 높은 곳으로 올라가는 것은 지속적인 자기극복이라고 했지요? 자기를 넘어서길 반복한다 함은 나로부터, 현재의 나로부터 멀어지는 것입니다. 그렇게 올라가 도달한 곳은 바로 내가 나 아닌 곳, 다른 누군가로 변해 버린 어떤 곳 아니겠어요? 그러니 높은 산이란 지리적인 것도, 지형적인 것도 아닙니다. 그것은 무엇보다 우선 **나 자신으로부터 높이 올라간 곳**이고, 그런 만큼 **나 자신에게서 멀어진** 곳입니다. 나 자신에게서 생겨난 것인지조차 알아보기 힘들 만큼 먼 곳입니다. "나는 다른 사람이 되었는가? 나 자신에게도 낯설게 되었는가? 나 자신에게서 생겨났던가?"(6연)

니체는 이를 '자기 자신을 제어하는 격투사'라는 말로 바꾸어 표현하기도 합니다. 주권적 개인이란 말에 대해 했던 얘기를 기억하신다면, 그렇게 자기극복하며 올라간 높은 곳과 주권적 개인이 연결되어 있음을 알기 어렵지 않을 겁니다. 높은 산, 그곳은 조용하고 편안한 곳이 아닙니다. 높은 곳은 바람도 세기 마련이지요. 그곳은 '바람이 매섭게 부는 곳'이고 '아무도 살지 않는 곳, 북극곰이 사는 황량한 극지'입니다(7연). "아득히 먼 얼음과 암벽의 나라 사이에 있는" 곳입니다(8연). 그곳에서 "나는 나쁜 사냥꾼이 되었다"고 합니다(9연). 여기서 '나쁜'이란 말에 니체는 강조 표시를 해두고 있습니다. 흔히 말하는 좋은 사냥꾼이 아니라 나쁜 사냥꾼이 되었다고 강조하려는 것이지만, 동시에 '나쁜'이란 말이 일종의 반어임을 표시하고 있는 것입니다. 그러곤 나쁜 사냥꾼이 되어 활을 팽팽하게 당긴 자는 "가장 강한 자"였다고 씁니다. 자신이 생존하기 위해 남을 침해하고 착취하는 것의 필연성에 대해, 제가 '막대 구부리기'라고 했던 니체의 말이 생각나실 겁니다.

　이런 이해하기 힘든 행동에, 사람들은 발길을 돌릴 겁니다. 높은 곳으로 찾아왔던 친구조차 발길을 돌릴 수 있습니다. 그것조차 수긍하고 받아들일 수 있어야 합니다. '버림받은 자의 정신승리법' 생각나시죠? 견뎌 낼 수 있어야 합니다. "그대들은 발길을 돌리는구나. 오, 마음이여, 너는 잘도 견뎌 내고." 그래도 니체는 희망을 접지 않습니다. "내 희망은 강하게 남아 있다. 새로운 친구들에게 내 문을 활짝 열어 두어라! 낡은 것을 버리고, 기억도 버리고!"(10연) 여기서 다시 '새로운'에 니체는 강조표시를 해둡니다. 새로운 친구와 대비되는 이들, 더 이상 "친구가 아니라 친구의 유령"이라 해야 할 것들과 결별합니다. '우리는 친구였지'라며 강조된 과거시제가 그것입니다(12연). "오직 변하는 자만이 나의 형제로 머문다"(13연)고 합니다.

　14연, 다시 "생명의 정오"를 말하며 새로운 친구들을 기다린다고 씁니다. 때가 왔다고. "정오의 친구"(15연)라고도 하는 그 친구의 이름은 '차라투스트라'입니다. 그는 "손님들 중의 손님"입니다. 그렇게 "하나로 뭉친 승리를 확신"하며 축제를 벌인다고, "빛과 어둠을 위한 결혼식이 시작되었다"고 씁니다(16연). 이렇게 『선악이 저편』은 막을 내립니다. 스스로가 차라투스트라의 친구, 차라투스트라를 부르는 자임을 암시하면서 말입니다. 차라투스트라를 부르는 자, 그것은 디오니소스입니다. 긍정의 신, 순수한 긍정의 힘을 표현하는 형상이 디오니소스지요. 자, 여러분은 어쩌시겠습니까? 니체가 부르는 저곳, 높은 산 위로 가서야 하지 않겠습니까? 고귀함을 찾아, 스스로 고귀한 자가 되며, 어렵고도 드물다는 그곳으로 가서야 하지 않겠습니까? 지속적인 자기극복을 통해 높은 곳으로 올라가는 고양의 선을 그려야 하지 않겠어요? 진정한 사건이란 그 전과 후가 결코 같을 수 없는 변환의 지점입니다. 개인의 삶에서 위대한 사건이란 삶이 그렇게 변환되는 변곡점이겠지요. 그것은 찾아가는 자에게만 옵니다. 찾던 것과 다른 방식으로 오지만, 찾아가지 않으면 오지 않습니다. 위대한 사건이 여러분들께 도래하기를….

니체의 눈으로 읽는 니체, 「선악의 저편」

사랑할 만한 삶이란 어떤 삶인가

지은이 이진경 ǀ 발행인 유재건 ǀ 펴낸곳 엑스북스

주간 임유진 ǀ 편집 방원경, 신효섭, 홍민기 ǀ 마케팅 유하나

디자인 권희원 ǀ 경영관리 유수진 ǀ 물류유통 유재영, 이다윗

등록번호 105-87-33826호 ǀ 주소 서울시 마포구 와우산로 180, 4층

대표전화 02-334-1412 ǀ 팩스 02-334-1413 ǀ 이메일 editor@greenbee.co.kr

초판 1쇄 발행 2020년 6월 25일

엑스북스(xbooks)는 (주)그린비출판사의 책읽기·글쓰기 전문 임프린트입니다. 이 도서의
국립중앙도서관 출판예정도서목록(CIP)은 서지정보유통지원시스템(http://seoji.nl.go.kr)과
국가자료종합목록구축시스템(http://kolis-net.nl.go.kr)에서 이용하실 수 있습니다.(CIP제어
번호: CIP2020023851)

책값은 뒤표지에 있습니다. 잘못 만들어진 책은 구입처에서 바꿔 드립니다.

ISBN 979-11-90216-34-0 03160